# 高等职业教育"十四五"规划旅游大类精品教材

### 总主编

马 勇　教育部高等学校旅游管理类专业教学指导委员会副主任
　　　　湖北大学旅游发展研究院院长，教授、博士生导师

### 编 委（排名不分先后）

朱承强　全国旅游职业教育教学指导委员会委员
　　　　上海杉达学院管理学院、旅游与酒店管理学院院长，教授

郑耀星　全国旅游职业教育教学指导委员会委员
　　　　中国旅游协会理事，福建师范大学教授、博士生导师

王昆欣　全国旅游职业教育教学指导委员会委员
　　　　浙江旅游职业学院党委书记，教授

谢 苏　全国旅游职业教育教学指导委员会委员
　　　　武汉职业技术学院旅游与航空服务学院名誉院长，教授

狄保荣　全国旅游职业教育教学指导委员会委员
　　　　中国旅游协会旅游教育分会副会长，教授

邱 萍　全国旅游职业教育教学指导委员会委员
　　　　四川旅游学院旅游发展研究中心主任，教授

郭 沙　全国旅游职业教育教学指导委员会委员
　　　　武汉职业技术学院旅游副院长，副教授

罗兹柏　中国旅游未来研究会副会长，重庆旅游发展研究中心主任，教授

徐文苑　天津职业大学旅游管理学院教授

叶娅丽　成都纺织高等专科学校旅游教研室主任，教授

赵利民　深圳信息职业技术学院旅游英语专业教研室主任，教授

刘亚轩　河南牧业经济学院旅游管理系副教授

张树坤　湖北职业技术学院旅游与酒店管理学院院长，副教授

熊鹤群　武汉职业技术学院旅游与航空服务学院党委书记，副教授

韩 鹏　武汉职业技术学院旅游与航空服务学院酒店管理教研室主任，副教授

沈晨仕　湖州职业技术学院人文旅游分院副院长，副教授

褚 倍　浙江旅游职业学院人力资源管理专业带头人，教授

孙东亮　天津青年职业学院旅游专业负责人，副教授

闫立媛　天津职业大学旅游管理学院旅游系专业带头人，副教授

殷开明　重庆城市管理职业学院副教授

莫志明　重庆城市管理职业学院副教授

蒋永业　武汉职业技术学院旅游与航空服务学院副院长、副教授

温 燕　浙江旅游职业学院休闲专业教研室主任

 高等职业教育"十四五"规划旅游大类精品教材

全国导游讲解范例系列教材

Daoyou Chenzhou

主　　　编◎胡建英　戴冬香　唐晓红
副　主　编◎周小红　黎明球　廖慧敏
参　　　编◎刘列夫　欧阳义维　尹娅娴　陈莺莺
行业指导专家◎罗　茜　刘　波　吴昌军　章　术

华中科技大学出版社
http://press.hust.edu.cn
中国·武汉

图书在版编目(CIP)数据

导游郴州/胡建英，戴冬香，唐晓红主编. —武汉：华中科技大学出版社，2023.8
ISBN 978-7-5680-9900-4

Ⅰ.①导… Ⅱ.①胡… ②戴… ③唐… Ⅲ.①导游-郴州-职业教育-教材
Ⅳ.①K928.964.3

中国国家版本馆CIP数据核字(2023)第152349号

导游郴州　　　　　　　　　　　　　　　　　　　　　　胡建英　戴冬香　唐晓红　主编
Daoyou Chenzhou

策划编辑：胡弘扬
责任编辑：贺翠翠
封面设计：原色设计
责任校对：刘　竣
责任监印：周治超

出版发行：华中科技大学出版社(中国·武汉)　　　　电话：(027)81321913
　　　　　武汉市东湖新技术开发区华工科技园　　　　邮编：430223

录　　排：孙雅丽
印　　刷：武汉市洪林印务有限公司
开　　本：787mm×1092mm　1/16
印　　张：14.75
字　　数：293千字
版　　次：2023年8月第1版第1次印刷
定　　价：49.80元

本书若有印装质量问题，请向出版社营销中心调换
全国免费服务热线：400-16679-118　　竭诚为您服务
版权所有　侵权必究

内容提要 Abstract

  本书作为旅游类专业区域特色课程"导游郴州"配套教材,旨在增强教材与地方产业的适应性,目的是培养适应地方产业发展的具备地方特色的人才,从而促进地方职业教育和地方产业人才需求的精准对接。本书根据"教学做合一"理念,通过强化行业发展趋势和就业意识,采用项目化任务式的体例编排。全书共分为8个项目30个任务,包括认识郴州、"游"在郴州、"吃"在郴州、"住"在郴州、"行"在郴州、"购"在郴州、"娱"在郴州、推荐郴州旅游线路等。本书不仅适用于郴州中、高职院校旅游管理专业学生学习,也适用于旅游从业人员学习或作为工具书。

# 总序

伴随着我国社会和经济步入新发展阶段,我国的旅游业也进入转型升级与结构调整的重要时期。旅游业将在推动并形成以国内大循环为主体、国内国际双循环相互促进的新发展格局中发挥独特的作用。旅游业的大发展在客观上对我国高等旅游教育和人才培养提出了更高的要求,希望高等旅游教育和人才培养能在促进我国旅游业高质量发展中发挥更大更好的作用。以"职教二十条"的发布和"双高计划"的启动为标志,中国旅游职业教育发展进入新阶段。

这些新局面有力推动着我国旅游职业教育在"十四五"期间迈入发展新阶段,高素质旅游职业经理人和应用型人才的需求将十分旺盛。因此,出版一套把握时代新趋势、面向未来的高品质规划教材便成为我国旅游职业教育和人才培养的迫切需要。

基于此,在教育部高等学校旅游管理类专业教学指导委员会和全国旅游职业教育教学指导委员会的大力支持下,教育部直属的全国重点大学出版社——华中科技大学出版社汇聚了全国近百所旅游职业院校的知名教授、学科专业带头人、一线骨干"双师型"教师和"教练型"名师,以及旅游行业专家等参与本套教材的编撰工作,在成功组编出版了"高等职业教育旅游大类'十三五'规划教材"的基础上,再次联合编撰出版"高等职业教育'十四五'规划旅游大类精品教材"。本套教材从选题策划到成稿出版,从编写团队到出版团队,从主题选择到内容创新,均作出积极的创新和突破,具有以下特点:

一、以"新理念"出版并不断沉淀和改版

"高等职业教育旅游大类'十三五'规划教材"在出版后获得全国数百所高等学校的选用和良好反响。编委会在教材出版后积极收集院校的一线教学反馈,紧扣行业新变化,吸纳新知识点,对教材内容及配套教育资源不断地进行更新升级,并紧密把握我国旅游职业教育人才的最新培养目标,借鉴优质高等职业院校骨干专业建设经验,紧密围绕提高旅游专业学生人文素养、职业道德、职业技能和可持续发展能力,尽可能全面地凸显旅游行业的新动态与新热点,进而形成本套"高等职业教育'十四五'规划旅游大类精品教材",以期助力全国高等职业院校旅游师生在创建"双高"工作中拥有优质规划教材的支持。

二、对标"双高计划"和"金课"进行高水平建设

本套教材积极研判"双高计划"对专业课程的建设要求,对标高职院校"金课"建设,进行内容优化与编撰,以期促进广大旅游院校的教学高质量建设与特色化发展。其中《现代酒店营销实务》《酒店客房服务与管理》《调酒技艺与酒吧运营》等教材获评教育部"十三五"职业教育国家规划教材,或成为国家精品在线开放课程(高职)配套教材。

三、以"名团队"为核心组建编委会

本套教材由教育部高等学校旅游管理类专业教学指导委员会副主任、国家"万人计划"教学名师马勇教授担任总主编,由中国旅游教育界的知名专家学者、骨干"双师型"教师和业界精英人士组成编写团队,他们的教学与实践经验丰富,保证了本套教材兼备理论权威性与应用实务性。

四、全面配套教学资源,打造立体化互动教材

华中科技大学出版社为本套教材建设了内容全面的线上教材课程资源服务平台,在横向资源配套上,提供全系列教学计划书、教学课件、习题库、案例库、参考答案、教学视频等配套教学资源;在纵向资源开发上,构建了覆盖课程开发、习题管理、学生评论、班级管理等集开发、使用、管理、评价于一体的教学生态链,打造了线上线下、课内课外的新形态立体化互动教材。

本套教材的组织策划与编写出版,得到了全国旅游业内专家学者和业界精英的大力支持与积极参与,在此一并表示衷心的感谢!编撰一套高质量的教材是一项十分艰巨的任务,本套教材难免存在一些疏忽与缺失,希望广大读者批评指正,以期在教材修订再版时予以补充、完善。希望这套教材能够满足"十四五"时期旅游职业教育发展的新要求,让我们一起为现代旅游职业教育的新发展而共同努力吧!

总主编

2021年7月

# 前言 Preface

区域特色教材开发是新时代职业教育发展的新需求。2020年9月,教育部等九部门正式发布《职业教育提质培优行动计划(2020—2023年)》,开启了职业教育"提质培优、增值赋能"的新时代。新时代,我国将实施职业教育"三教"改革攻坚行动,实行教材分层规划制度,引导地方建设国家规划教材领域以外的区域特色教材。

区域特色教材开发是促进地方职业教育与地方产业发展精准对接的关键。教材作为培养人才的关键载体,其与产业的适应性是教材改革的重点。深化职业教育产教融合,开发区域特色教材,就是为了增强教材与地方产业的适应性,培养适应地方产业发展的具备地方特色的人才,从而促进地方职业教育与地方产业人才需求的精准对接。

随着文旅产业的不断发展,各地文旅产业呈现出各具特色的区域性新产品、新业态。郴州市实施千亿文旅产业创优发展工程,形成了红色旅游、生态康养、体育休闲等旅游产品,本书就是为了适应郴州文旅产业发展的需求而开发的区域特色教材,目的是提高郴州旅游职业教育与郴州文旅产业的适应性,从而精准服务郴州文旅产业。本书是2021年度湖南省教育科学"十四五"规划课题"精准服务地方文旅产业的区域特色教材开发研究——以郴州市为例"(项目编号:XJK21CZJ066)的研究成果,具有以下几个特色:

第一,以立德树人为核心目标,弘扬和传承地方文化精神。本书是旅游管理专业精准服务地方文旅产业的区域特色课程教材,着力挖掘具有郴州特色的思政元素,培养学生对郴州地方文化的热爱之情,使学生深刻理解郴州地方文化中"开放包容,求实创新"的担当和努力拼搏的女排精神,强化文旅服务业需要的服务意识、奉献精神、工匠精神等,着力打造具有区域特色的课程思政示范课程。

第二,以职业岗位能力需求为依据构建课程体系,设置教学项目。以职业岗位能力需求为依据,以能力模块为核心,以项目实施为驱动,以"教、学、做"一体化为目的构建课程体系,设置教学项目。本书主要以当地旅游企业导游、计调等岗位的能力需求为核心,围绕郴州旅游活动所需的"吃、住、行、游、购、娱"六要素构建课程体系,并突出其核心要素"游"的内容。

第三,以具体的工作任务为导向,可操作性强。根据做好郴州旅游服务所需的职业能力,本书设计了八个相应的能力项目,围绕每个项目设计了相应的学习任务,每个学习任务都明晰了任务实施的方式及考核手段,具有很强的可操作性。

第四,突出地方旅游企业的发展需求,具有区域特色。本书是由当地校企"双元"共同开发的区域特色教材,编写团队由旅游管理专业骨干教师和地方旅行社、旅游景区等行业、企业专家共同组成,教学内容以当地旅游发展需求为准,教学素材则主要来源于当地旅游企业一线的实际案例,具有很强的区域针对性,充分体现了为当地旅游发展服务的区域特色。

本书不仅适用于郴州中、高职院校旅游管理专业学生学习,也适用于旅游从业人员学习或作为工具书。

本书由郴州职业技术学院胡建英教授、戴冬香老师和资兴市职业技术学校唐晓红老师任主编,郴州职业技术学院周小红老师、黎明球老师、廖慧敏老师任副主编。其中,胡建英老师编写项目一的任务一、项目七的任务一、项目八的任务二,戴冬香老师编写项目一的任务三,以及项目二的任务一、任务二、任务三、任务五和任务六,唐晓红老师、黎明球老师和廖慧敏老师编写项目一的任务二,周小红老师编写项目二的任务四、任务七至任务十一。参加本书编写的还有郴州职业技术学院刘列夫老师(参与编写项目二的任务十二、任务十三和项目六)、欧阳义维老师(参与编写项目三、项目四、项目八的任务一)、尹娅娴老师(参与编写项目五,以及项目七的任务二、任务三),郴州职业技术学院陈莺莺老师参与了本书的文字校对和资料收集等方面的工作。本书得到了郴州市导游协会会长、湖南海外旅游快乐行国际旅行社副总经理罗茜,以及郴州合一研学旅行有限公司总经理刘波、苏仙岭—万华岩风景名胜区管理处高级工程师吴昌军、湖南顺峰旅游投资开发有限公司飞天山分公司副总经理章术等行业、企业专家的指导,还得到了郴州市文化旅游广电体育局的帮助,同时本书在编写过程中浏览并收集了大量的网上信息,在此对各位专家及网上信息提供者表示衷心感谢!

由于编者的社会实践和知识水平有限,加上编写时间仓促,书中难免有疏漏之处,诚请读者提出宝贵意见,以便今后修改和补充。

编者

2023 年 6 月

# 目录 Contents

## 项目一　认识郴州　　1
　　任务一　认识郴州概况　　2
　　任务二　认识郴州各县市区　　7
　　任务三　认识郴州文旅产业　　14

## 项目二　"游"在郴州　　21
　　任务一　鉴赏汝城沙洲红色旅游资源　　24
　　任务二　鉴赏郴州女排训练基地旅游资源　　29
　　任务三　鉴赏资兴东江湖旅游资源　　34
　　任务四　鉴赏苏仙岭旅游资源　　41
　　任务五　鉴赏宜章莽山旅游资源　　48
　　任务六　鉴赏万华岩旅游资源　　58
　　任务七　鉴赏飞天山国家地质公园、高椅岭旅游区旅游资源　　64
　　任务八　鉴赏汝城热水温泉旅游资源　　72
　　任务九　鉴赏汝城九龙江国家森林公园旅游资源　　79
　　任务十　鉴赏永兴板梁古村旅游资源　　83
　　任务十一　鉴赏临武西瑶绿谷旅游资源　　88
　　任务十二　鉴赏湖南宝山国家矿山公园旅游资源　　93
　　任务十三　鉴赏安仁稻田公园旅游资源　　97

## 项目三　"吃"在郴州　　100
　　任务一　体验郴州特色美食　　102
　　任务二　体验郴州特色小吃　　113

## 项目四　"住"在郴州　　124
　　任务一　体验郴州酒店　　125

任务二　体验郴州特色民宿　　133

**项目五　"行"在郴州　　146**
　　任务一　认识郴州的公路　　148
　　任务二　认识郴州的铁路　　153
　　任务三　认识郴州的航线　　156

**项目六　"购"在郴州　　160**
　　任务一　品鉴郴州特色土产品　　162
　　任务二　鉴赏郴州特色旅游纪念品　　168

**项目七　"娱"在郴州　　174**
　　任务一　鉴赏郴州传统艺术文化　　175
　　任务二　体验郴州传统民俗文化　　185
　　任务三　体验郴州传统技艺文化　　194

**项目八　推荐郴州旅游线路　　200**
　　任务一　郴州传统旅游线路　　202
　　任务二　郴州特色旅游线路设计　　218

**参考文献　　220**

# 项目一
# 认识郴州

## 学习目标

**【素质目标】**

1. 热爱郴州地方文化,具有文化自信和文化传承意识。
2. 具有为郴州本地旅游服务的意识。

**【知识目标】**

1. 了解郴州的区位与面积、地形地貌、人口与行政区划、民族等基本情况。
2. 了解郴州各县市区的基本概况和旅游特色。
3. 掌握郴州的人文历史和文旅产业发展特色。

**【能力目标】**

1. 能为游客讲解郴州区位与面积、地形地貌、人口与行政区划、民族等基本情况。
2. 能为游客介绍郴州的人文历史和风土人情等。
3. 能为游客介绍郴州各县市区的旅游特色。
4. 能为游客介绍郴州文旅产业基本概况。

## 项目导读

旅游者初来郴州,首先需要大概地了解郴州的基本情况,如人口、面积、地形地貌、气候、历史文化等。导游致完欢迎词后,可在首次沿途导游中介绍郴州概况,也可在其他旅游时间穿插讲解。本项目主要从郴州概况、郴州各县市区情况、郴州文旅产业特色三个方面来介绍郴州。

导游郴州

## 思维导图

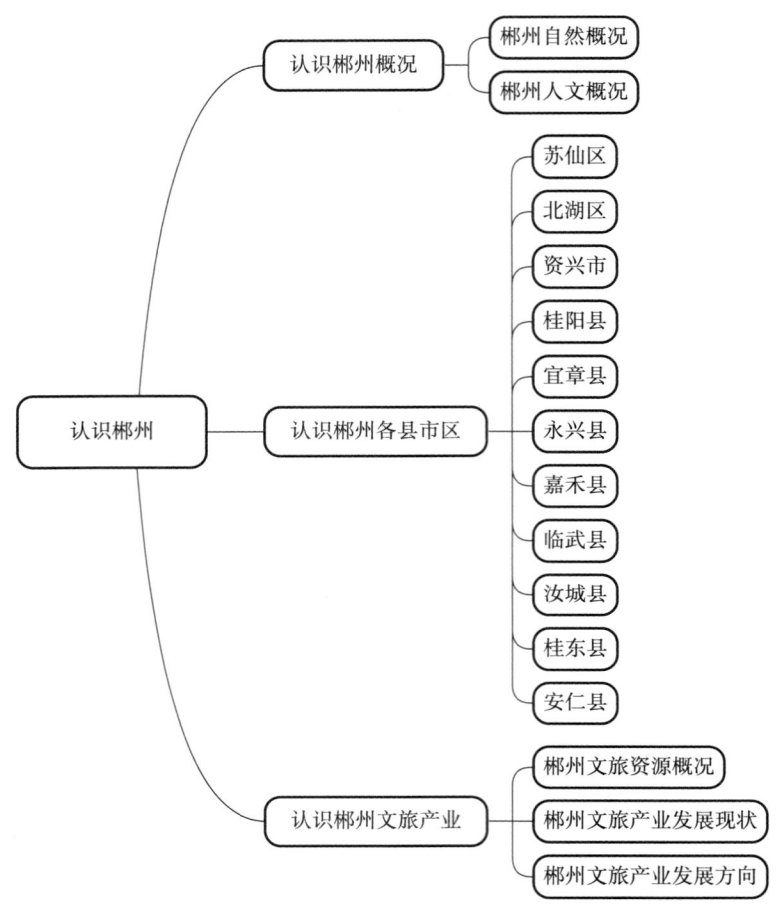

## 任务一 认识郴州概况

📎 **任务导入**

　　地陪小王接待了一个从上海来郴州考察的旅游团,旅游团成员都是第一次来郴州,从下飞机开始,他们便纷纷表现出对郴州的好奇和兴趣,如果你是小王,你应如何为游客介绍郴州基本概况?

## 任务探究

### 一、郴州自然概况

#### （一）地理位置

郴州市位于湖南省东南部，地处南岭山脉与罗霄山脉交错、长江水系与珠江水系分流的地带；东接江西赣州，南邻广东韶关，西接湖南永州，北连湖南衡阳、株洲，素称湖南的"南大门"；东西宽194千米，南北长217千米，总面积1.94万平方千米。

#### （二）地形地貌

郴州市境内地貌复杂多样，其特点以山丘为主，岗地、平原相当，水面较少。山地丘陵面积约占总面积的四分之三。其东南部山系重叠，群山环抱；西部山势低矮，向北开口；中部丘陵、平原、岗地交错；地势自东南向西北倾斜，呈东高西低、南高北低的箕形。东部是南北延伸的罗霄山脉，最高峰海拔2061.3米；南部是东西走向的南岭山脉，最高峰海拔1913.8米；西部郴道盆地横跨，北部有醴攸盆地和茶永盆地深入，形成低平的地势，一般海拔200～400米，最低处海拔70米。

#### （三）气候

郴州地处亚热带气候带，属中亚热带季风性湿润气候区，具有四季分明、春早多变、夏热期长、秋晴多旱、冬寒期短的特点。郴州位于南岭山脉北麓，南岭山脉的几条主要山系在郴州呈东北—西南向走势，对北方南下的冷空气起阻挡抬升作用，对西南暖湿气流起屏障作用，使郴州的气候除了有亚热带湿润气候的主要特征外，还有明显的地方性小气候特征，即既具有光、热、水同季而且配合良好的四季分明的大气候特征，也有受地形地貌影响，光、热、水等气候要素重新分配，而形成的气温南高北低、西高东低，降水山区多、平地丘陵区少，局地存在暖区和降水集中区的小气候。

郴州多年平均气温17.4 ℃，多年平均降水量1452.1毫米，比全省平均数多19.7毫米，为全国多年平均降水量的2.22倍，为全球陆地多年平均降水量的1.3倍。由于气候温暖湿润，郴州山清水秀、风光旖旎，被誉为"四面青山列翠屏，山川之秀甲湖南"。

#### （四）水文

郴州市分属长江和珠江两大流域，湘江、北江和赣江三大水系。属长江流域面积为15718.8平方千米，属珠江流域面积为3674.5平方千米。境内春陵水、耒水、永乐江及宜水从北部进入衡阳市汇入湘江入洞庭湖；泉江、上犹江（章江）从东部汇入江西省的赣江入鄱阳湖；城口水（浈江）、武江从南部汇入广东省的北江入珠江。

郴江河是湘江二级支流、郴州的"母亲河"，发源于五岭之一的宜章县骑田岭之巅，一路向北流去，一直流到风景秀丽的飞天山脚下，一头扎入耒水怀抱。

西河发源于北湖区鲁塘镇粗石园村,流经北湖区、桂阳县、苏仙区、永兴县,在永兴县便江镇西河村汇入耒水。

便江乃湘江最长支流耒水在永兴县境内的名称,即永兴县便江镇锦里村至塘门口镇塘市村一段,属耒水中游,绵延百里,横穿永兴县县城,上接资兴市东江,下泻耒水,注入湘江,素有"小漓江"之称。以便江上游为中心,形成了便江水利风景区,丹霞地貌遍布,两岸含秀吐绿,孕育着一方水土。

东江湖位于资兴市境内,纯净浩瀚,湖面面积160平方千米,蓄水量81.2亿立方米,相当于半个洞庭湖的蓄水量,其水质达到了国家一级饮用水标准。东江湖旅游区是国家级风景名胜区、国家5A级旅游景区、国家湿地公园。2019年,在湖南省河湖强监管工作推进会上,郴州东江湖、西河、便江获得省级"美丽河湖"荣誉称号。

郴州是"中国温泉之城",地下热水资源点多面广、流量大、水温高、水质优,已发现地下热泉38处,占全省38.64%,热水、汤湖、龙女温泉闻名遐迩。

(五)矿产资源

郴州有"中国有色金属之乡""微晶石墨之乡""中国银都"之称。郴州现已经发现的矿种达110种,其中钨储量全球第一,铋储量全球第一,钼储量全国第一,石墨储量全国第一,锡储量全国第三,锌储量全国第四,白银产量约占全国三分之一,其他矿石品种也极其丰富。

## 二、郴州人文概况

(一)历史沿革

郴州具有悠久的历史。早在一万多年前,郴州一带就有原始人在这块土地上繁衍生息。"郴"字独属郴州,最早见于秦朝,为篆体"郴",由林、邑二字合成,意谓"林中之城"。郴州有文字可考的历史,已有两千余年。自秦代以来,一直为郡、州、府、县的治所。

郴州,春秋战国属楚地;秦代置郴县;汉高祖五年(前202年),分长沙郡南部地区置桂阳郡;后经发展,隋开皇九年(589年),统为郴州。后,时称桂阳郡,时称郴州。唐天宝元年(742年),称郴州桂阳郡。五代后晋天福元年(936年),郴州改称敦州。后汉乾祐三年(950年),复称郴州。宋,为郴州军、桂阳军。元,为郴州路、桂阳路。明、清时,为郴州(郴州直隶州)、桂阳州(桂阳直隶州)。

1913年,郴州直隶州改为郴县,桂阳直隶州改为桂阳县。1937年,为湖南省第八行政督察区。1940年,改为第三行政督察区,辖郴县、资兴、桂东、汝城、宜章、临武、蓝山、嘉禾、桂阳、永兴10县。

中华人民共和国成立初,原第三行政督察区各县由衡阳专区代管。1949年11月,成立郴县专区。1950年11月,更名郴州专区。1952年11月,郴州、衡阳、零陵3专区合为湘南行政区。1954年7月,撤销湘南行政区,分设衡阳、郴县两专区。郴县专区较原郴州专区增辖新田、耒阳、安仁、酃县。1959年3月,资兴并入郴县,桂东并入汝城称汝桂县,临武并入宜章县,嘉禾并入蓝山称蓝嘉县,新田并入桂阳县,酃县划归湘潭专区茶陵县。1959年11月,郴州市升为县级市,成立郴县东江市。1960年7月,改郴县专区为郴州专区。1961年6—7月,撤销汝桂县,恢复汝城县、桂东县,撤销蓝嘉县,恢复蓝山县、嘉禾县,恢复资兴县、新田县、临武县。同时,东江市升为县级市。1962年11月,撤销县级东江市,其行政区域分别划归原所属县(资兴县、郴县)管辖。1962年12月,新田县、蓝山县划归零陵专区管辖。1963年5月,撤销郴州市,改为郴县郴州镇,但仍为县级建制。1967年3月,郴州专区改称郴州地区。1977年12月,郴州镇恢复为地辖县级市。1983年5月,耒阳县划归衡阳市。1984年12月,资兴县改为资兴市。1994年12月,经国务院批准,撤销郴州地区,设立地级郴州市;撤销县级郴州市和郴县,设立北湖区和苏仙区。

### (二)历史文化

郴州是湖南首批历史文化名城,也是中华民族农耕文化的发祥地之一,是炎帝神农氏发现"嘉谷"、教民耕种、开创中国原始农耕文化的神奇地方。耒水、耒山,都因神农及其后裔在此制作耒耜而得名。

郴州自古被誉为"九仙二佛之地",是道教文化和佛教文化发扬壮大的福地,苏仙、王仙、成仙得道的故事在民间广泛流传,通医道、识百药的苏耽用井水煮橘叶医治瘟疫,跨仙鹤升天,留下"橘井泉香"佳话传遍五湖四海,成为中国古代医药史和医药界的象征。

郴州历来是文人墨客荟萃之地,融合了湖湘文化与岭南文化。郴州是湖南的"南大门",素有"楚粤之孔道"之称。长期发展中,郴州人既充分汲取了湖湘文化"敢为天下先"的豪气和自强不息的锐气,又继承发展了岭南文化开放包容的大气和拼搏进取的勇气,成就了一座具有光荣传统的英雄城市,留下了毛泽东、朱德、陈毅等老一辈无产阶级革命家的战斗足迹,养育了邓中夏、黄克诚、萧克、邓力群等一大批中国现代史上高级的政治军事人才。

郴州是一个多民族地区,民俗资源丰富,地域特色独特,既有美丽动人的传说、古老质朴的民间戏曲,又有巧夺天工的民间工艺,如傩戏傩舞、安仁赶分社、瑶族盘王节、伴嫁哭嫁歌、香火龙、元宵花灯及遍布农村各地的赶圩场等,其中以汝城香火龙、嘉禾伴嫁歌、瑶族盘王节、宜章夜故事和安仁赶分社较具代表性。

### (三)行政区划

全市2个市辖区、1个县级市、8个县,即北湖区、苏仙区、资兴市、桂阳县、宜章县、永兴县、嘉禾县、临武县、汝城县、桂东县、安仁县等11个县市区。

### （四）人口和民族

根据第七次全国人口普查，截至2022年末，郴州市常住人口为463.68万人。郴州是一个大分散、小聚居的多民族地区，有瑶族、畲族、苗族、侗族、回族等少数民族42个，少数民族人口10万余人，其中瑶族是主体少数民族，人口占90%以上，主要分布在汝城、资兴、北湖、桂阳、临武、宜章等县(市、区)的10个民族乡镇。

### （五）交通

郴州交通便利，北湖机场、京广铁路、京广高速铁路、京珠高速公路、厦蓉高速公路、G107、G106、S1806和S1803以及郴资桂高等级公路等纵横境内。

## 任务实施

作为郴州地陪导游，小王可以分三步完成该任务。

(1)安排好讲解时机。游客初来乍到，对完全陌生的地域充满新鲜与好奇，导游应抓住这个时机，满足游客的好奇心。具体来讲，导游引导游客登上旅游车后，应先致欢迎词，然后进行沿途导游，在沿途导游过程中可结合沿途风景介绍郴州概况。

(2)介绍内容。在介绍沿途风光时，导游可结合沿途风景讲解郴州人口、面积、地形地貌、区位、气候、历史文化等基本概况，让上海游客对郴州有一个基本的了解。

(3)结束介绍，下车前讲解景区游览注意事项。在即将抵达下榻酒店或第一站景点时，导游应及时停止介绍郴州，开始讲解目的地(酒店或景点)概况和要注意的事项。

## 任务考核

| 考核项目 | 评分细则 | 评分标准 |
| --- | --- | --- |
| 语言能力 | 语音、语调准确，吐字清晰，音量适度，语调富有变化，语速适中。语法正确，用词准确、恰当，能运用必要的修辞手法；语言流畅，语汇丰富，表达准确、生动，并能恰当运用体态语，有较强的感染力 | 满分15分 |
| 仪表礼仪 | 言行举止符合导游人员礼仪、礼貌规范 | 满分15分 |
| 沿途讲解 | 讲解内容全面、正确，条理清晰，详略得当，重点突出，结构完整。讲解方法运用得当，讲解生动、有趣，能体现一定的导游技巧，现场感强，能吸引人 | 满分60分 |
| 导游规范 | 熟悉导游服务规范，导游服务程序正确 | 满分10分 |

## 任务拓展

任务一:作为地陪,小王将带领一批广州的游客去郴州东江湖进行两日游,小王准备在路上进行沿途导游讲解,介绍郴州。假如你是小王,请根据郴州所处的区域位置特点,突出介绍郴州与广州的不同点。

任务二:写出郴州概况讲解词,并进行模拟讲解。

即测即评

# 任务二 认识郴州各县市区

## 任务导入

地陪小王在郴州北湖机场接待了一个来自上海市的考察团,该考察团此次来郴州进行深度游,会深入郴州各县市区,研究郴州的历史人文和旅游特色,游客将乘坐旅游大巴车到各个县市区。如果你是小王,你将如何介绍所经过的郴州各个县市区的概况及其旅游特色?

## 任务探究

### 一、苏仙区

苏仙区,以"天下第十八福地——苏仙岭风景区"冠名,别称"福城"。苏仙区地处郴州市中部,湘江支流耒水上游,北与永兴县接壤,东与资兴市相连,南与宜章县交界,西与北湖区、桂阳县为邻,东西跨37.4千米,南北长61.0千米,总面积1342.27平方千米。苏仙区位于南岭山脉中段北麓,东高西低、南高北低,整体朝北倾斜,全区以山丘为主,中部大多是低山、丘陵,良田镇等地为岩溶地貌,分布着大量的地下河及漏斗、溶洞。地处"大湘南旅游"核心的苏仙区,有着"五纵五横一环"及京深高铁大交通网,很好地融入了武汉、长沙、广州、深圳、香港诸城市三小时旅游都市圈,一个对外大开放、对内大循环的旅游交通大格局已经形成。

"苏仙是唯美的,美在山奇水秀"。苏仙境内的山有郴州名片苏仙岭、湘南翠屏王仙岭、碧水丹霞飞天山、避暑胜地五盖山,还有世外桃源西河、百里绿带翠江等,每一个地方都如大旅行家徐霞客所描述的那样"无一山不奇,无寸土不丽"。

"苏仙是厚重的,重在历史人文"。苏仙的前身是郴县,是郴州市设县最早的地方,至今已有2000多年的历史,苏轼、秦观、陶铸等古今名人在苏仙都留有佳作。苏仙是郴州这座林邑之城的根之所在、魂之所系。苏仙还是一块红色的热土,是湘南起义的中心地、红军长征经过地、"两弹一星"精神的发祥地。

"苏仙是喷香的,香在美味佳肴"。美食的魅力不容小觑,栖凤渡的鱼粉、五盖山的腊肉、良田镇的高山禾花鱼、坳上镇的风味小吃等,无不令人垂涎欲滴。

世间美景万万千,好山好水在苏仙。苏仙区境内有苏仙岭、飞天山国家地质公园、王仙岭、高椅岭、十亩泉生活·天堂温泉、郴州长卷等特色旅游景点。

## 二、北湖区

北湖区,地处郴州市中部,南岭中段骑田岭北麓,东、北与苏仙区相连,南与宜章县和临武县接壤,西与桂阳县毗邻,总面积830.15平方千米。北湖区地处南岭丘陵山区,地势西南高、东北低,呈阶梯状倾斜,以山地为主,山地、丘陵、岗地、平原地貌齐全。岭谷相间,冲垄溪河纵横交错。打开郴州地图,作为中心城区的北湖区坐拥高铁站、火车站、北湖机场,高速公路、国省干线贯穿全境,具有通衢八方的区位优势。

北湖区历史悠久,文化底蕴深厚。农耕文化、红色文化、民俗文化、瑶族文化、义帝文化和中国女排精神等在五岭大地留下了深厚的文化底蕴,孕育了郴阳对子调、剪纸、龙女与柳毅传说、劝农故事、金仙传说等独具魅力的民间艺术和民俗文化。北湖区还是湘南革命的发源地之一,有龙广洞革命根据地、邓华故居等红色旅游资源,以骡马古道为代表的商埠文化,以中国女排"五连冠"为代表的体育文化,也有太平天国农民起义的历史旅游资源,更有溶洞峡谷、草原丛林、湖泊温泉等原始资源,充分彰显了北湖区文化旅游资源的魅力。北湖区境内有仰天湖大草原、邓华故居、龙女温泉、万华岩、仙岭湖体育休闲公园、义帝陵等特色旅游景点。

## 三、资兴市

资兴市,湖南省辖县级市,由郴州市代管,位于郴州市东部,地处耒水上游,罗霄山脉南端,总面积2746.79平方千米。全市地貌形态以山地为主,丘、岗、平地交错,地表起伏不大,地势东南高、西北低,高差明显。资兴市交通较为发达,有与京广线连接的许三铁路线、桂东至永州高速公路。全市公路纵横,S322贯穿全境,S321和S322相接,S212、S322与京珠高速公路和G106、G107相通;水路有150千米东江湖航线。

资兴素有"梦里水乡"之美誉,是一块流金宝地、旅游胜地、康养福地。资兴旅游在郴州起步早、体量大、人气旺、品牌响,旅游特色鲜明。一是水韵万种风情。"人间天上一湖水,万千景象在其中",是湘南明珠东江湖的生动写照。二是山峦千般变化。

林海、云雾、丹霞、溶洞、溪谷,千姿百态,美不胜收。三是业态百花齐放。生态、乡村、工业、文化、康体等旅游业态竞相绽放。四是人文韵味十足。资兴历史悠久、人文荟萃,走出了程子楷、曾中生、曹里怀等历史名人,形成了独具特色的红色文化、农耕文化、矿工文化、民俗文化等,其中瑶族盘王节(还盘王愿)被列入国家级非物质文化遗产代表性项目名录。

资兴市境内有东江湖旅游区、天鹅山国家森林公园、兜率岩溶洞、回龙山、流华湾、凤凰岛、雄鹰户外营地、青岛啤酒(郴州)文化体验中心等特色旅游景点。

## 四、桂阳县

桂阳县,位于郴州市西部,南岭北麓,舂陵江(湘江支流)的中上游,东临北湖区,西与新田县、嘉禾县相连,北与祁阳市、常宁市、耒阳市、永兴县交界,南隔临武县邻近广东省,总面积2973平方千米。桂阳县地处南岭山脉北侧,北枕塔山、大义山,南依骑田岭北麓,中间为广阔的丘陵岗地,地势呈南北高、中间低的马鞍形。厦蓉高速公路、衡武高速公路、桂道高速公路穿境而过。

桂阳是千年古郡,历史文化厚重,自古被称为"八宝之地"。岁月流金,千百年过去,矿冶文化、郡县文化、古村文化、戏曲文化在桂阳这片土地上,依旧熠熠生辉。历经郡、国、监、军、路、府、州、直隶州、县等不同行政建制,但桂阳之名不改、治所不移,被誉为"楚南名区,汉初古郡";桂阳金、银、铜、铅、锌等矿产资源丰富,西汉时期朝廷在桂阳设立当时全国唯一的"金官",唐代全国99座铸钱炉中桂阳就占5座,数千年的矿业活动给桂阳留下了大量古老矿山及冶炼遗址,桂阳桐木岭矿冶遗址入选2016年度全国十大考古新发现,是国内迄今为止发现保存最为完整的古代炼锌炉;桂阳先辈筚路蓝缕来到这片土地上,开荒辟壤,辛勤耕种,千百年来桂阳形成了阳山、庙下、锦湖、魏家等一大批颇有特色的湘南古村落;桂阳是世界级非物质文化遗产湘昆的发祥地,长期以来,昆剧、湘剧、祁剧、花灯戏等在这里薪火相传、争妍斗艳,被外界誉为"戏窝子"。

以山为体,以水为容,大自然赋予了古郡桂阳得天独厚的灵秀。桂阳县境内有湖南宝山国家矿山公园、桂阳文化园、阳山古村、夜宿梨山红色教育基地、扶苍山、樱花园、辉山大峡谷、舂陵国家湿地公园等特色旅游景点。

## 五、宜章县

宜章县,地处郴州市南端,南岭山脉中段,骑田岭南麓,东靠汝城县,西接临武县,北与北湖区、苏仙区接壤,南与广东省乐昌市、乳源瑶族自治县、阳山县交界,东北与资兴市相连,西南与广东省连州市毗邻,总面积2117.85平方千米。宜章县境南北两端高、中间低,地面坡度基本上由南、北、西三个方向向中部和东部倾斜。京珠高速公路、厦蓉高速公路、宜凤高速公路、衡武高速公路分布于宜章县境内,S324、京珠高速、G107、宜凤高速、厦蓉高速、衡临高速构建出宜章"三纵三横"的交通网络格局。

宜章自宋代以来,便有了黄岑叠翠、白水垂虹、玉溪春涨、蒙洞泉香等"宜章八景"。宜章有着秀美的自然风光、厚重的历史文化、丰富的红色资源和斑斓的民俗文化,形成了红色、绿色、古色、蓝色四种旅游资源。

绿色绿美,宜章是一方休闲胜地。莽山,以"中国原始生态第一山"和"全国首家全程无障碍山岳型景区"的雄姿,横卧南岭,牵手湘粤。

红色红火,宜章是一片革命圣地。湘南起义在这里策源,工农革命军第一师在这里诞生,中国第一批苏维埃政权在这里建立,红军长征在这里突破第三道封锁线。这里孕育了中国早期工人运动杰出领袖邓中夏,留下了毛泽东、周恩来、邓小平、彭德怀、刘伯承等老一辈无产阶级革命家的光辉足迹。

古色古香,宜章是一域神韵天地。这里,"一门三进士、隔巷两尚书"佳话传响,"宜章三堡"历经600年风雨沧桑,骡马古道脚步声耳边回荡,腊元古村古巷蕴藏一段宁静旧时光。

蓝色静心,宜章是一块静润宝地。这里是"中国温泉之乡",一六温泉小镇蕴藏6平方千米温泉群,走进莽山森林温泉,可在崖边泡高山温泉,在天边观赏日落星辰。

宜章县境内有莽山旅游区、湘南年关暴动指挥部旧址及纪念馆、邓中夏故居、莽山大峡谷漂流、腊元古村、燕子岩、石虎山等特色旅游景点。

## 六、永兴县

永兴县,地处郴州市北陲,东邻资兴市,南连苏仙区,西靠桂阳县,北接安仁县及衡阳市耒阳,东西长90千米,南北宽56千米,全县土地总面积为1979.4平方千米,东部多山,西部以丘陵为主,中部丘岗平原间布,地域狭长,貌似蚕形。京广铁路、京珠高速公路、G107、S212纵横境内,耒水上游的便江四季通航。

永兴金银冶炼历史源远流长。300多年前,不甘贫穷的永兴人下南洋谋生,逐渐掌握了从金号的楼板、洗手水中提炼金银的技术。后来,永兴人还学会了从有色金属冶炼后的坩埚、阴沟泥等废料、废渣、废液中提炼再生金银,并发展为永兴的特色产业。永兴人用自己的聪明才智和勤劳,创造了一个无银矿的银都。中国白银文化坊以白银文化传承、中外传统银器博览、民族艺术荟萃、名家名品欣赏、创意设计体验等为主线,用5万两白银建造的"天下银楼",见证了"中国银都"传奇。

永兴地形东西狭长,东部羊角仙海拔高达1300多米,中部柳洲滩海拔不到100米,注江、高亭河和西河蜿蜒其间,永乐江和便江穿境而过,十里不同景,百里不同天,春可赏花、夏可观雾、秋可吟橙、冬可敲凌。永兴县境内有便江风景区、板梁古村、黄克诚故居、中国白银第一坊、侍郎坦、安陵书院等特色景点。

## 七、嘉禾县

嘉禾县,地处于郴州市西南部,东部与桂阳县为邻,南部与临武县、永州市蓝山县接壤,西部与永州市宁远县相接,北部与永州市新田县交界,总面积699.33平方千米。嘉禾地形似枫叶,地貌区域明显,地势从西南向东北倾斜,西南群山屹立,海拔913.7米的南岭山尖峰岭耸立于西部,为县境群峰之巅。嘉禾县公路密度为148.6千米/百平方千米,居全省之冠,境内郴嘉铁路与京广线接轨,S1806横贯东西,S1803纵穿南北,资郴桂高等级公路延伸嘉禾,通向永州,与永(州)、连(州)高等级公路相接。

嘉禾是"歌堂"伴嫁的民歌之乡,嘉禾伴嫁歌是国家级非物质文化遗产,是汉民族婚庆仪式中的艺术奇葩。这里建立了郴州境内第一个中国共产党地方组织——中共嘉禾县特别支部,走出了"开国第一上将"萧克;这里有着独特的民俗,诞生了《芙蓉镇》《浴血罗霄》两部茅盾文学奖巨著;2012年嘉禾县获评"江南铸都",印证了"嘉禾人是打铁的,也是铁打的"。嘉禾作为十大湘菜产业县之一,其特色美食得到央视《走遍中国》栏目重点推介,"吃在嘉禾"的美誉扬名大江南北;嘉禾是以"玉中矿泉"闻名的温泉之城,开采自泥盆系汉白玉层中的嘉禾温泉,富含活性钙和锶元素,出水恒温53.6 ℃,是美容养生、泡澡保健的绝佳选择。

嘉禾是神农教耕、始皇屯粮之地,是革命老区、红色热土,不仅有深厚的历史人文底蕴,更有丰富的自然旅游资源。嘉禾县境内有玉中温泉体验区、萧克故居景区、嘉禾国家森林公园、九老峰景区、雷公井古村等热门旅游景点。

## 八、临武县

临武县,地处郴州市西南部,东与宜章县、北湖区接壤,南与广东省连州市相邻,西与蓝山县相靠,北与嘉禾县、桂阳县交界,总面积1375.24平方千米。临武县地形西北高、东南低,以东山、西山、桃竹山为骨架,如箕状向东南倾斜,地貌类型主要有山地、丘陵、平原三类。S214、S324纵横贯穿全境,临连公路的修通实现了临武与广东公路的对接,乡村公路四通八达;坪梅铁路深入境内。

临武,这颗楚尾粤头冉冉升起的明珠,依托悠久的历史和丰富的文旅资源,紧扣"千年古县·龙源临武"形象定位,大力推进"文化旅游产业+"产业融合发展。回溯尘封的岁月,"楚南郡邑之最古者莫如临武",境内的古村、古道、古寺庙依旧有迹可循;翻开浩瀚的历史长卷,舜文化、龙文化、玉文化、傩文化犹如璀璨繁星,成为无数文人墨客的灯塔;纵观数千载岁月长河,韩愈、米芾、徐霞客等无数风流人物,交织成了一条浩荡文脉;流淌千年的两江之源,催生了古老的智慧,巍巍武水,在沧海桑田中岿然不动,丰富和滋养着临武百姓的精神家园。

人在景中、城在绿中,抬头见花、举足亲水。临武县境内有宝玉石文化产业园、滴水源、金仙寨、秦汉古道、西瑶绿谷国家森林公园、紫薇天下等特色旅游景点。

## 九、汝城县

汝城县,位于郴州市东南部,地处湘、粤、赣三省交界处,东邻江西省崇义县,南接广东省仁化县、乐昌市,西接宜章县,北连资兴市、桂东县,总面积2400.71平方千米。汝城县以山地为主,四面环山,丘岗、盆地相间,地势西北高、东南低;水系呈树枝状,向东西南辐射。厦门—成都高速公路、湘深高速、G106、S324贯穿全境。汝城素有"鸡鸣三省,水注三江"之称,是农耕文化和理学思想发源地之一。

亲临汝城,可感受暖心的"半条被子"的故事,汝城沙洲瑶族村(后文简称"沙洲村")因习近平总书记深情关怀、亲临考察而备受关注,因"半条被子"故事感动中国、温暖神州;可体验暖身的温泉,汝城温泉是华南地区"流量最大、水温最高、水质最好、面积最广"的天然温泉,出水口温度高达98 ℃;可沉醉于暖情的山水灵韵,九龙江有南岭地区最高空气负离子的瀑布群、最多的古树名木、最大的红豆相思树,登顶南国天山大草原,可脚踏三地,听鸡鸣三省;可探访浓郁的古祠文化,汝城保存有古祠堂900多座,其中保存完好、建筑精美的有310多座,列入全国重点文物保护单位的祠堂有10座。

汝城置县千年,人文深厚,山川磅礴,奇观颇多,境内有沙洲红色旅游景区、九龙江国家森林公园、热水温泉、罗泉温泉、濂溪书院、汝城古祠堂等特色旅游景区。

## 十、桂东县

桂东县,位于郴州市东部,罗霄山脉中段,湘江支流耒水上游,东与江西省上犹县、崇义县、遂川县为邻,南邻汝城县,西接资兴市,西北连株洲市炎陵县,总面积1463.6平方千米。地势分东西两部分,东部西高东低,西部北高南低,境内群峰高耸,重峦叠嶂,有大小河流133条,分布均匀。平汝高速公路纵贯全境,G106沟通南北,S201、S344、S561连接东西。

桂东县以"全景桂东、全域旅游、全民幸福"为发展理念,不断提升旅游服务能力和服务质量,大力发展文旅产业,推动桂东绿色崛起高质量发展。

桂东号称"天下第一氧",空气质量达国家一级标准,气候冬暖夏凉,空气负离子养生,是名副其实的康"氧"胜地、避暑胜地。此外,桂东是井冈山革命根据地和湘赣革命根据地的重要组成部分,红色文化底蕴深厚,红色资源丰富,历史脉络清晰。毛泽东、朱德、彭德怀等老一辈无产阶级革命家曾在桂东留下战斗足迹,使得桂东成为备受游客关注、远近闻名的红色旅游景区(点)。红色与绿色交相辉映,塑造了"桂东山水氧天下,第一军规放光芒"的文旅融合品牌。

桂东县境内有"三大纪律·六项注意"颁布地、汶江流域寨前至流源乡村振兴示范带、邓力群故居、红四军前委扩大会议旧址——唐家大屋、万亩玲珑茶叶观光园、八面山国家级自然保护区、四都溶洞群、齐云峰国家森林公园、桂东植物园、万洋山相思大草原、三台山公园等特色景点。

## 十一、安仁县

安仁县位于郴州市最北端,东接茶陵县、炎陵县,南邻资兴市、永兴县,西连衡阳县、耒阳市,北接衡东县、攸县,素有"八县通衢"之称,总面积1462.2平方千米。安仁县整体地势自东南向西北倾斜,属半山半丘陵区,万洋山脉蜿蜒于东南部,五峰仙屹立于西部边境,武功山脉的茶安岭从东北斜贯县境中部,醴攸盆地从北向南、茶永盆地从东向西南横跨其间,形成"三山夹两盆"的地貌格局。吉衡铁路是连接京九与京广两大繁忙干线的重要通道,是唯一一条经过安仁的铁路。

安仁是一块宝地,也是一方福地。传说4700年前,神农遍走安仁,尝百草,教农耕,福泽后世。安仁积极将"神农药都"打造成为安仁文旅开放合作的"最亮色"。

安仁蕴藏着神农文化、农耕文化、米塑文化、福寿文化、红色文化、绿色文化。"赶分社"源于祭奠神农,为国家级非物质文化遗产;轿顶屋是"朱毛井冈会师"策源地遗址。到渡口,喜看碧水丹霞;到猴昙仙,踏看竹海风浪;到龙海塘,尽享花中温泉;到"小桂林"赤滩,远眺雾境峰峦。金紫仙,衡岳首望揽胜景;永乐江,七弯八拐出风流。安仁县境内还有神农殿、熊峰山国家森林公园、大石风景区等特色旅游景点。

## 任务实施

作为地陪,小王可按以下步骤完成任务。

(1)分析转移过程中经过的县市区。对于初次来到郴州的游客来说,他们对所经过的地方充满了好奇,导游可以介绍一些游客感兴趣的地名,如"郴"字,意为林中之邑、林中之城,在景点转移过程中介绍各县市区的概况。

(2)介绍主要内容。各县市区之间的沿途风光讲解和各县市区的旅游特色。

## 任务考核

| 考核项目 | 评分细则 | 评分标准 |
| --- | --- | --- |
| 语言能力 | 语音、语调准确,吐字清晰,音量适度,语调富有变化,语速适中。语法正确,用词准确、恰当,能运用必要的修辞手法;语言流畅,语汇丰富,表达准确、生动,并能恰当运用体态语,有较强的感染力 | 满分15分 |
| 仪表礼仪 | 言行举止符合导游人员礼仪、礼貌规范 | 满分15分 |
| 导游讲解 | 讲解内容全面、正确,条理清晰,详略得当,重点突出,结构完整。讲解方法运用得当,讲解生动、有趣,能体现一定的导游技巧,现场感强,能吸引人 | 满分60分 |
| 导游规范 | 熟悉导游服务规范,导游服务程序正确 | 满分10分 |

## 任务拓展

任务一:导游小谭接待了一个从北京来的旅游团,游客中大多数都是第一次来到郴州。他们此次郴州之行的游览地点包括东江湖、高椅岭等景区。如果你是导游小谭,在沿途导游中你会如何介绍资兴市的旅游特色?

任务二:收集各县市区旅游特色资料,撰写讲解词,进行模拟讲解。

即测即评

# 任务三 认识郴州文旅产业

## 任务导入

地陪小王此次接待的是从上海来郴州考察的旅游团,他们此行的主要目的之一就是考察郴州的旅游发展情况。如果你是小王,你应如何为游客介绍郴州文旅产业发展情况?

## 任务探究

### 一、郴州文旅资源概况

郴州位于湖南省东南部,是湖南对接粤港澳大湾区的"南大门",全市面积1.94万平方千米,现辖2区1市8县,常住人口463.68万人(2022年末),是中国优秀旅游城市、国家卫生城市、国家园林城市、国家森林城市、国家休闲城市和全国绿化模范城市，以及中国最具幸福感的30座城市之一。郴州境内交通干线四通八达，京广铁路、京广高铁、京港澳高速及复线、厦蓉高速、平汝高速、宜凤高速等纵横交错；郴州西是湖南直达香港的四个高铁站点之一；北湖机场现已运营航线12条，通达全国主要城市，已成为湘南地区重要的空中门户。

郴州旅游资源集密集性、富集性、多样性、独特性"四性"于一体，成就了"红色与绿色相映成画的福地郴州"的五彩画卷。

（一）自然景观

郴州自然景观保存良好，山、水、林、泉、洞、矿等种类齐全，旅游资源集奇、险、秀、美于一体，聚山、水、洞、泉于一身，融自然风光、历史文化、现代精神于一炉，可开发的旅游资源极为丰富。全市森林覆盖率近70%，有8个国家森林公园，有列入吉尼斯世界纪录的"空气负离子含量最高县"——桂东，有"四面青山列翠屏，山川之秀甲湖南"的山，有誉为"湘南洞庭""东方瑞士"的水，有"林中之城，休闲之都"的林，有水温最高达98℃的泉，是名副其实的国家森林公园城市。郴州是华南地区地热资源最丰富的地区，其地热资源占湖南省的48.3%，被评为"中国温泉之城"。郴州有永兴板梁、桂阳阳山、宜章腊园、资兴流华湾等古村，保存完整。郴州还是全球有名的"有色金属之乡"，享有"世界有色金属博物馆""中国银都""中国观赏石之城·矿物晶体之都"之称，中国（湖南）国际矿物宝石博览会永久性落户郴州，矿物宝石会展已成为郴州旅游的重要卖点。截至2022年2月，郴州有110多处风景名胜，51家国家A级旅游景区，145家省乡村旅游区（点），210家旅游精品民宿。全市著名的生态旅游区（点）星罗棋布：灵气俊秀的"天下第十八福地"苏仙岭；"湘南洞庭"东江湖；"中国生态第一漂"东江生态漂流；丹霞地貌佳境、国家地质公园飞天山温泉，疗养休闲胜地天堂温泉，永兴悦来温泉，"灵泉圣水"汝城热水温泉；"动植物基因库"莽山国家森林公园；"江南内蒙"仰天湖高山草原；等等。

（二）人文资源

郴州文化底蕴深厚，作为湖南首批历史文化名城，郴州历来是文人墨客荟萃之地，杜甫、韩愈、刘禹锡、秦少游等均在此留下了脍炙人口的诗文。湖湘文化与岭南文化在此交融与发展，宝玉石文化、银制工艺品文化、湘南木雕文化等独具魅力，湘昆剧团是中南六省乃至西南唯一的专业昆剧艺术表演团体。郴州也是一个多民族地区，民俗资源丰富，以汝城香火龙、嘉禾伴嫁歌、瑶族盘王节、宜章夜故事和安仁赶分社较具代表性。郴州现有国家级非遗项目10个、省级非遗项目28个，国家级文化艺术之乡1个、省级文化艺术之乡6个，全国重点文物保护单位15处、省级文物保护单位105

处,中国传统村落90个,国家级历史文化名村4个,省级历史文化名城3个,省级历史文化名村15个,数量位居全省前列。

### (三)红色资源

郴州红色资源丰富,红色是郴州的底色和本色,截至2021年12月,全市有主要红色旅游资源161处,毛泽东、陈毅等无产阶级革命家曾经在此浴血奋战,先后走出了9位开国将军和一大批革命先烈,是"半条被子"故事发生地、"三大纪律·六项注意"颁布地、湘南起义的策源地,是中央红军长征突破第二道、第三道封锁线的途经地,是红军誓师西征首发地,是中国女排成就"五连冠"的腾飞之地和"中国核工业第一功勋铀矿"——711矿所在地。截至2021年12月,全市共有革命文物保护单位104处,其中全国重点文物保护单位6处、省级文物保护单位28处、市级文物保护单位22处。推出"红色沙洲·初心之旅游""红军长征·革命之旅""第一军规·传承之旅""湘南起义·薪火之旅""开国名将·缅怀之旅""声名远播·拼搏之旅"等红色旅游精品线路。

## 二、郴州文旅产业发展现状

郴州文旅产业成功转型升级。改革开放以来,郴州市旅游迅速壮大,2004年1月,郴州市被正式授牌为中国优秀旅游城市。旅游发展模式由单一的观光型向观光与休闲并重多元化转型,旅游发展方向从景区景点旅游向全域旅游、部分人旅游向全民旅游跨越,旅游服务加快向数字化、智慧化转变,旅游发展方式由门票经济转向综合经济发展。全域旅游得到极大发展,依托"一湖一山一泉一岭一城一展"特色景观,郴州市成功入选首批国家文化和旅游消费试点城市,资兴市成功入选国家全域旅游示范区,苏仙区、宜章县、北湖区成功入选湖南省全域旅游示范区,汝城县文明瑶族乡(简称文明乡)入选第一批全国乡村旅游重点镇(乡),安仁县山塘村、汝城县沙洲村成功获评全国乡村旅游重点村,沙洲、黄草获评湖南特色文旅小镇。高椅岭、仰天湖、东江湖已成为"网红打卡地"。

### (一)旅游发展措施

多年来,郴州文旅发展始终坚持走"传承红色基因,推动绿色发展"道路。郴州市成立了市委书记任顾问,市委副书记、市长任组长的郴州市发展旅游文化产业领导小组,设立了文旅产业引导资金,为文旅产业创优发展明确了方向,提供了保障;先后出台了《郴州市旅游发展总体规划》《郴州市"十三五"文化体育旅游产业发展规划》《郴州市文化旅游体育千亿产业四年行动计划(2016—2019年)》《"中国温泉之城"发展建设总体规划》《飞天山省级风景名胜区总体规划(2016—2035)》《关于加快推进全域旅游发展的实施意见》《郴州市动漫产业发展扶持奖励办法》《苏仙岭—万华岩风景名胜区总体规划(2017—2030)》等文件;在全省率先出台《郴州市全域旅游促进暂行办法》,率先制定《郴州市红色旅游发展规划(2020—2030年)》《湘南红世界级红色旅游景区走廊概念性策划》等红色文旅规划,率先开展"旅游厕所革命";在全省率先建成"乐游郴州"本地智慧文旅平台,实现全市4A级及以上重点景区旅游视频数据全接入;在全国率先完成自驾旅游标准化体系建设;打造了"湘南红""红色初心之旅""诗意生态之旅""碧水丹霞之旅""民俗文化之旅""徐霞客自驾旅游标准化精品游线"等旅游精品线路,开创了文化旅游深度融合发展的新局面。

(二)文旅品牌

文旅品牌持续增强,万华岩入选中国"十大旅游名洞",并被联合国教科文组织国际岩溶研究中心授予"岩溶地质科普教育基地"。苏仙岭推动旅游与生态、康养、体育、研学融合发展,引导产业要素向"生态旅游""体育旅游""康养旅游""研学旅游"等特色领域集聚。小埠运动休闲特色小镇入选第一批全国运动休闲特色小镇试点项目。郴州市被评为"全国自驾游目的地试点城市"、北湖区被评为"全国自驾游目的地试点区"。郴州市城区以湖南新田汉投资管理有限公司打造的大型文化旅游节目《南国·丽都秀》为主体,打造全市文化旅游演艺品牌;北湖区、资兴市以郴州游泳跳水中心、环东江湖自行车赛道为平台,打造体育运动产业品牌;苏仙区以飞天山文化体育旅游项目为主体,打造体育活动和文化演艺品牌;汝城县、永兴县、嘉禾县以古祠堂群、板梁古村、石桥镇仙江古村等一批特色文化乡镇(村落)建设为主体,打造具有区域特色的文化旅游景观群;永兴县以白银产业为特色,打造"中国银都"文化产业品牌;汝城县以天然热泉资源为依托,打造温泉文化产业品牌;汝城县、桂东县、宜章县以"半条被子"故事发生地、"第一军规广场"、湘南起义旧址群为主体,打造红色旅游文化品牌。涌现了一批如湘昆文化游、新田汉歌厅游、裕后街美食游、飞天山实景演出等品牌旅游产品,成为郴州旅游发展的核心依托。

(三)文旅活动

文旅活动精彩纷呈,自1997年举办第一届郴州山水旅游节以来,郴州先后成功举办了中国郴州生态旅游节、中国(郴州)"林中之城、休闲之都"国际休闲旅游文化节、"东江湖"国际民歌节,以及"善行杯苏仙岭—万华岩山地自行车挑战赛""万华岩民俗西瓜节""红叶溶洞探险节""新春登高祈福苏仙岭、民俗体验万华岩""苏仙岭放歌"等重大节会和赛事;成功举办了环东江湖自行车赛、中国汽车拉力锦标赛、中国围棋快棋锦标赛(半决赛)、国奥男篮四国邀请赛、中国足协中国之队国际足球赛等国家级、世界性的大型体育赛事,通过体育赛事带动旅游消费。湖南省昆剧团加快"走出去"和"请进来"步伐,前往英国、芬兰、新西兰等国家和地区开展昆曲交流活动,举办"小桃红，满庭芳"——美丽郴州赏昆曲专场演出，吸引全国各地"昆虫"前来游郴州、赏昆曲。

（四）文旅项目

文旅项目取得新突破，郴州先后引进中景信、深圳金展、中惠旅等战略投资者，建立了汝城沙洲、莽山五指峰、仰天湖、九龙江等一批重大文旅项目。正加速建设或投入使用的项目有郴州矿物宝石产业园、北湖区仙岭湖体育文化休闲公园、苏仙区飞天山文化旅游创意产业园、桂阳县宝山国家矿山公园、宜章县莽山生态文化旅游区、永兴县长鹿国际生态旅游度假区、嘉禾县"禾仓堡"历史文化街区、临武县通天山旅游景区、汝城县长安生态城文化旅游产业园、桂东县"三大纪律·六项注意"颁布纪念地红色景点、安仁县稻田公园文化创意产业园等。

## 三、郴州文旅产业发展方向

近年来，郴州以传承红色基因推进绿色发展示范区建设为统揽，大力推进红色引领、红绿融合、文旅融合，着力打造"一核一环三带（区）四板块"总体布局，把郴州建设成为全国传承红色基因、开展党史学习教育的引领区，推进绿色发展与乡村振兴融合发展的样板区，文旅融合高质量发展的创新区，创响沙洲"初心诠释地"红色品牌。其中，"一核"是指建设郴州市中心城区文化旅游发展核，"一环"是指优化提升东江湖生态康养休闲文化旅游发展环，"三带（区）"是指全力打造"湘南红"红绿融合文化旅游发展带、"西河美"乡村振兴文旅发展示范带和"郴州八点半·夜空最闪亮"夜间文旅消费集聚区，"四板块"是指大力发展大莽山山地休闲文化旅游板块、大沙洲红色文化旅游板块、大仰天湖生态文化旅游板块、大飞天山山水文化旅游板块。

（一）以红色旅游为引领

用好党的建设独有资源，打造沙洲新时代红色地标，建设长征国家文化公园（郴州段），加快推进建设湖南（沙洲）红色文旅特色产业园。大力发展红色和"红色＋"旅游，加强红色资源保护，深入实施红色文物保护等九大重点工程，扎实做好"红绿＋"文章，全域推进以红色为主题的文旅产业发展。弘扬女排精神，讲好"湘南起义""半条被子""第一军规""功勋铀矿""竹棚夺冠""欧阳海英雄事迹"等红色故事。

（二）建设郴州市中心城区文化旅游发展核

实施中心城区品质提升工程，打造裕后街—爱莲湖—王仙湖郴江滨水带、北湖商圈等文旅消费集聚区，弘扬女排精神，打造体育名城，做好山水文章，做亮夜间经济。培育"郴州八点半·夜空最闪亮"夜游品牌，打造城市旅游地标，打造全市文旅产业发展的优先发展区和核心增长极，建设青春之城、活力之都。

### (三)优化提升东江湖生态康养休闲文化旅游发展环

坚持"生态优先、绿色发展",加强东江湖生态环境保护和综合利用,鼓励发展生态休闲和滨湖度假旅游。加快推动东江湖5A级旅游景区提质改造和东江湾省级旅游度假区提质升级,打通汝城沙洲与资兴黄草旅游公路,形成东江湖区域与红色沙洲联动发展,打造红绿融合新样板。

### (四)推进三大文化旅游发展带(区)的打造

大力实施乡村振兴战略,深化红绿融合发展,推进国家文化和旅游消费试点城市建设,全力打造"湘南红"红绿融合文化旅游发展带、"西河美"乡村振兴文旅发展示范带和"郴州八点半·夜空最闪亮"夜间文旅消费集聚区。

### (五)极力发展四大文化旅游板块

充分挖掘沙洲"半条被子"故事的时代价值,全面推进莽山创建国家5A级旅游景区,叫响无障碍旅游世界品牌。大力整合仰天湖等高山草原、湿地湖泊、民俗乡村以及百里丹霞水资源,着力发展大莽山山地休闲文化旅游板块、大沙洲红色文化旅游板块、大仰天湖生态文化旅游板块、大飞天山山水文化旅游板块。

### (六)全力打造温泉康养度假名城

充分用好温泉资源优势,积极开发绿色养生温泉、森林度假温泉、主题娱乐温泉、文化体验温泉、乡村田园温泉等产品,全方位培育做强温泉康养产业,擦亮"中国温泉之城"品牌,打造全国知名的温泉康养旅游目的地。

## 任务实施

作为郴州地陪导游,小王要介绍好郴州的文旅资源及旅游产业发展情况,可以分以下几步完成该任务。

(1)做好准备。熟悉团队情况,分析客人来源、构成、行程特点,按照客人要求做好相应的知识与物质准备,提醒客人注意事项。

(2)熟悉郴州文旅资源概况。从区位交通、生态环境、地域文化以及红色旅游等方面介绍郴州的旅游资源概况。

(3)介绍郴州文旅产业发展现状。从郴州文旅产业发展保障措施、文旅体育品牌效应、文旅活动交流影响、文旅项目建设等方面介绍郴州文旅产业发展现状。

(4)介绍郴州文旅产业发展前景。具体介绍郴州文旅产业"一核一环三带(区)四板块"总体布局以及发展举措。

## 任务考核

| 考核项目 | 评分细则 | 评分标准 |
| --- | --- | --- |
| 语言能力 | 语音、语调准确,吐字清晰,音量适度,语调富有变化,语速适中。语法正确,用词准确、恰当,能运用必要的修辞手法;语言流畅,语汇丰富,表达准确、生动,并能恰当运用体态语,有较强的感染力 | 满分15分 |
| 仪表礼仪 | 言行举止符合导游人员礼仪、礼貌规范 | 满分15分 |
| 导游讲解 | 讲解内容全面、正确,条理清晰,详略得当,重点突出,结构完整。讲解方法运用得当,讲解生动、有趣,能体现一定的导游技巧,现场感强,能吸引人 | 满分60分 |
| 导游规范 | 熟悉导游服务规范,导游服务程序正确 | 满分10分 |

## 任务拓展

任务一:在广州国际旅游展高端对话论坛暨2021广东旅游总评榜颁奖典礼上,郴州作为唯一一座广东省外的城市,斩获"年度最受欢迎国内旅游目的地"这一大奖,该奖项是反映中国旅游行业发展的风向标,在业界享有极高的号召力和影响力,已成为业内及众多旅游爱好者的关注焦点及最具价值的出行参考。就此,请你收集相关资料,谈一谈郴州为提升在粤港澳大湾区的知名度与美誉度,开展了哪些有效的旅游宣传活动。

任务二:郴州红色资源丰富、生态环境良好、文化底蕴深厚。今后郴州旅游将以传承红色基因、推进绿色发展示范区建设为统揽,着力打造"一核一环三带(区)四板块"总体布局。请你谈一谈郴州文旅产业"一核一环三带(区)四板块"具体包括哪些内容。

即测即评

# 项目二 "游"在郴州

## 学习目标

**【素质目标】**

1. 热爱郴州地方文化,具有文化传承意识和文化自信。

2. 感受郴州文化,讲好郴州故事,传承"开放包容,求实创新"的郴州精神,主动弘扬郴州"半条被子""湘南起义""第一军规""功勋铀矿""竹棚夺冠""欧阳海英雄事迹"等红色故事所蕴含的精神。

3. 深刻领会"绿水青山就是金山银山"的丰富内涵,保护好郴州的绿色基因,守护好郴州东江湖、苏仙岭、汝城热水温泉、宜章莽山国家森林公园、飞天山国家地质公园、高椅岭旅游区等旅游资源。

4. 初步具备旅游服务意识,培养专业自豪感。

**【知识目标】**

1. 了解红色景观、自然风光、森林公园、地质公园、温泉景区、名胜古迹、历史人文、工业旅游等相关知识。

2. 熟悉郴州红色景观、自然风光、森林公园、地质公园、温泉景区、名胜古迹、历史人文、工业旅游等代表性旅游景观。

3. 掌握汝城沙洲红色旅游景区、郴州女排训练基地、资兴东江湖旅游区、苏仙岭—万华岩风景名胜区、宜章莽山国家森林公园、飞天山国家地质公园、高椅岭旅游区、汝城热水温泉、九龙江国家公园、永兴板梁古村、临武西瑶绿谷国家森林公园、桂阳宝山国家矿山公园、安仁稻田公园等代表性旅游景观。

**【能力目标】**

1. 能为游客讲解郴州主要的红色基因、自然风光、森林公园、地质公园、温泉景区、名胜古迹、历史人文、工业旅游等旅游景观。

2.能讲解汝城沙洲红色旅游景区、郴州女排训练基地、资兴东江湖旅游区、苏仙岭—万华岩风景名胜区、宜章莽山国家森林公园、飞天山国家地质公园、高椅岭旅游区、汝城热水温泉、九龙江国家公园、永兴板梁古村、临武西瑶绿谷国家森林公园、桂阳宝山国家矿山公园、安仁稻田公园等景区主要的旅游资源及其历史文化内涵。

## 项目导读

郴州红色资源丰富、生态环境良好、文化底蕴深厚,是拥有两座中国优秀旅游城市的地级市,被评为"中国温泉之城",是极受欢迎国内旅游目的地之一。郴州旅游资源丰富,旅游接待设施完善,拥有森林公园、地质公园、温泉景区、名胜古迹、历史人文、工业旅游等旅游资源。本项目介绍了郴州主要的人文与自然景观,包括沙洲旅游区、苏仙岭、板梁古村等人文景观以及东江湖旅游区、莽山国家森林公园、龙女温泉、飞天山国家地质公园、仰天湖大草原等自然景观。

## 思维导图

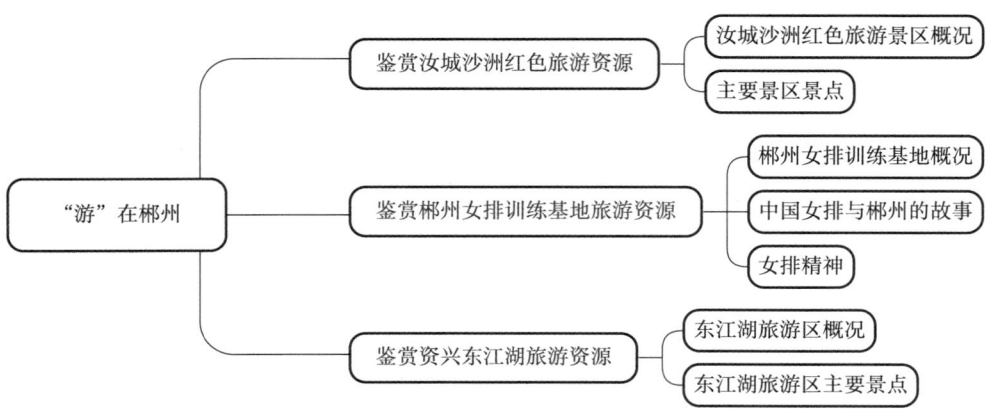

项目二 "游"在郴州

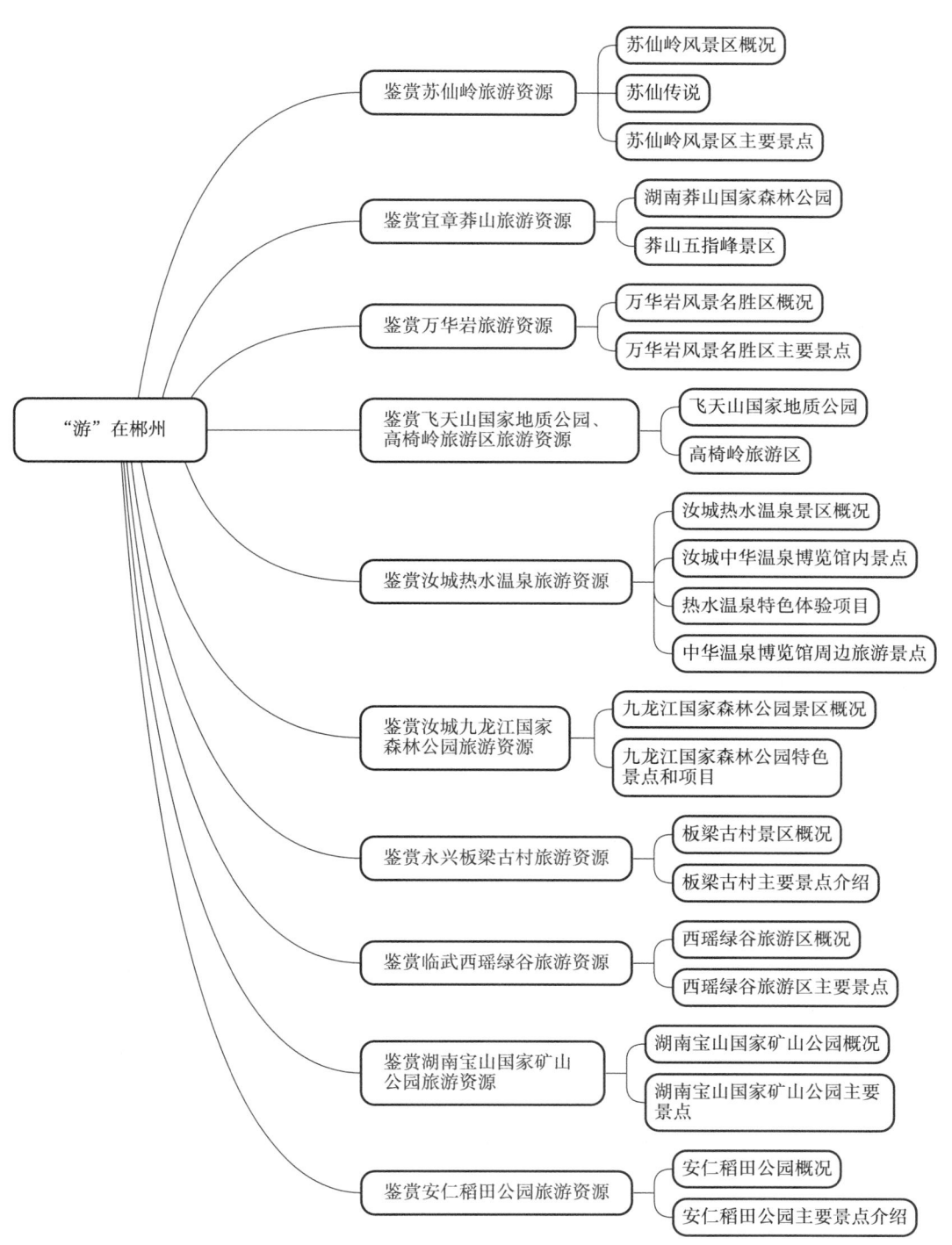

# 任务一　鉴赏汝城沙洲红色旅游资源

## 📎 任务导入

地陪小王接待了一个上海政务考察旅游团,该旅游团在郴州的第一站便是汝城沙洲红色旅游区。如果你是小王,你应如何为游客介绍汝城沙洲红色旅游景区?

## 📎 任务探究

### 一、汝城沙洲红色旅游景区概况

沙洲红色旅游景区位于汝城县西部的文明瑶族乡,2019年成功创建国家4A级旅游景区。景区相继入选第三批全国关心下一代党史国史教育基地、湖南省全民国防教育基地、湖南省爱国主义教育基地、第一批中共湖南省委组织部备案的干部党性教育基地,成为全国各地党员干部群众接受初心使命教育的理想之地、广大青少年爱国主义教育的首选之地。

沙洲红色旅游景区集红色魂、绿色景、古色韵、民族风于一体,是在"长征小镇"沙洲村的背景下建立的红色景区。沙洲村因1934年"半条被子"的故事被誉为"红军房东村"。2016年10月21日,习近平总书记在纪念红军长征胜利80周年大会上饱含深情地讲述的"半条被子"故事,就是沙洲军民鱼水情深故事的模范,彰显了为民情怀。

沙洲红色旅游景区以沙洲村为核心,范围包括沙洲、秀水、韩田、文市、五一等村庄,西北至厦蓉高速文明出入口,东南至秀水村,景区规划面积为3.2平方千米。景区内有"半条被子的温暖"专题陈列馆、"半条被子"故事发生地旧址、中国工农红军总部宿营地(含司令部、政治部、卫生部、后勤部、卫戍司令部)旧址、中国工农红军第四医院旧址、中华苏维埃国家银行旧址等;有毛泽东、周恩来、朱德、刘少奇、彭德怀、陈云等老一辈无产阶级革命家宿营住房旧址、望军桥、红军井、红军墓,汝城红色文化陈列室、纪念广场等红色景点。沙洲是毛泽东、朱德联名签署发布《出路在哪里?》文告的首发地、红军书发现地。红军长征曾在此宿营休整前后达7天,谱写了军民鱼水情深的一段历史。村内的祠堂、古民居保存完好。

## 二、主要景区景点

### (一)"半条被子的温暖"专题陈列馆

"半条被子的温暖"专题陈列馆位于沙洲瑶族村南端,前方隔河是沙洲村村庄,右边是S346公路,陈列馆占地面积1200平方米,建筑面积2600平方米,展厅面积2200平方米,为两层湘南民居式建筑。

陈列馆陈展内容由序厅加四个部分组成。序厅和第一部分在第一层。序厅主要展示习近平总书记在纪念红军长征胜利80周年大会上讲述"半条被子"故事的视频、讲话摘要,红军长征经过汝城的示意图,以及毛泽东诗《长征》。第一部分主要展示汝城早期党组织领导的工农革命运动,包括朱德与范石生谈判合作、朱德召开策划湘南起义的汝城会议、毛泽东策应湘南起义队伍上井冈山、朱德和彭德怀率领部队先后到汝城"扩红建政"等历史事件。毛泽东、朱德、彭德怀等老一辈革命家在汝城的革命活动,深刻影响着汝城人民,打下了深厚的革命基础。第二部分、第三部分和第四部分在第二层。第二部分主要展示红军长征经过汝城时,在汝城人民倾力支持下成功突破第二道封锁线,发布《出路在哪里?》文告,红军各机关在文明乡休整,汝城青年踊跃参加红军,主要战斗遗址,红五军团军团长董振堂"跟我上!"的故事等。第三部分主要展示"半条被子"故事发生的场景、"半条被子"精神的延续,红军军纪严明、秋毫无犯和军民一家亲的故事,以及红军经过汝城期间的大事记。第四部分主要展示红军长征经过汝城后汝城人民在共产党的领导下顽强地坚持游击战争,大力支持抗日战争、解放战争,以及沙洲人民在中央、省委、市委、县委的领导下,贯彻习近平新时代中国特色社会主义思想、传承长征精神、砥砺前行建设幸福沙洲取得日新月异的变化。

2017年11月建成以来,陈列馆承担起开展爱国主义教育、党史国史教育等社会实践活动的任务,是湖南省国防教育基地、党性教育基地、爱国主义教育基地。2019年6月,"半条被子的温暖"专题陈列馆入选第三批全国关心下一代党史国史教育基地,成为郴州市首个入选该"国字号"的基地。

### (二)沙洲纪念广场

沙洲纪念广场,伫立着"半条被子"故事主题雕塑,它向往来的行人无声诉说着曾经发生在沙洲村的一个温暖故事。1934年11月上旬,突破国民党军第二道封锁线后,中央红军在汝城县境内进行了长征半个月来首次较长时间的休整。红军纪律严明,战士们睡在屋檐下、空地里,不仅没有动村民的东西,还帮助村民打扫卫生、挑水等。30多岁的村民徐解秀心疼这些战士,拉了三位女红军住到自己家里。徐解秀腾出自家那张宽1.2米的木床,垫上稻草,在床边架上一条搭脚的长板凳,带着1岁的儿子加上女红军们,就这样挤到了一张床上。看到简陋的床铺上仅有一件蓑衣和一条烂棉絮,女红军便拿出她们唯一的一条行军被,和徐解秀母子一起横盖着。临走时,三位女红军怕徐解秀母子寒冬难熬,执意把被子留给她,但徐解秀坚决不同意。推来推去僵持不下,一位女红军索性找来剪刀,把被子剪成两半,留下半条给徐解秀,还留下两句话:"红军是共产党领导的人民军队,打敌人是为了老百姓能过上好生活。等革命胜利了,我们还会回来看您的,送您一床新被子。"抱着半条被子,徐解秀含着泪,送了女红军一程又一程。"什么是共产党?共产党就是自己有一条被子,也要剪下半条给老百姓的人。"徐解秀一直对三位女红军念念不忘,她时常拿上小板凳,坐在村口的滁水河畔,守望红军归来,一等就是50多年,直到去世。同人民风雨同舟、血脉相通、生死与共,是中国共产党和红军取得长征胜利的根本保证。

### (三)"半条被子"故事发生地旧址

"半条被子"故事发生地旧址,也称为徐解秀故居,位于沙洲村沙洲纪念广场旁。徐解秀故居,是一栋面阔三开间两层砖木结构的楼房,为汝城县乡土建筑典型代表,属湘南民居风格,已有300年左右的历史,青砖黛瓦,外墙不少地方被风雨侵蚀。古朴厚重的木门上张贴着一副鲜红的对联:一个故事传颂南北,半条被子温暖华夏。故居较大程度上还原了"半条被子"故事发生的场景:古旧的屋内,窄小破旧的木床上铺着草席,尽现80多年前的场景,成为无形的"精神路标"。走进简陋的房间,回味三位女红军与徐解秀"半条被子"的感人故事,内心温暖而有力量。

### (四)中国工农红军总部宿营地旧址

中国工农红军总部宿营地旧址,包含中国工农红军总司令部旧址、中国工农红军总政治部旧址、中国工农红军总卫生部旧址、中国工农红军总后勤部旧址、中央红军卫戍司令部旧址(中华苏维埃国家银行旧址)。

中国工农红军总司令部旧址、中国工农红军总后勤部旧址位于文明乡秀水村。中国工农红军总司令部旧址坐西朝东,面阔三开间,青砖瓦房。这栋普通老屋是朱德总司令指挥部。每到夜晚,总司令部灯火通明,电台传递的电波声接连不断,红军指挥员每天忙忙碌碌,时常召开会议。

中国工农红军总后勤部旧址坐东朝西,两层泥土瓦房,高9米,长20米,宽12米,占地面积约240平方米。宗祠内由大厅和两间各约10平方米的侧屋组成,中华人民共和国成立后20世纪60年代改建为大礼堂。

中国工农红军总政治部旧址位于文明乡韩田村。1934年11月上旬,红军长征途经汝城县文明乡,根据行军安排,中国工农红军总政治部驻扎在文明乡培正学校(今韩田小学)。培正学校始建于清光绪十六年(1890年),由当地村民筹资兴建,原有房屋12栋,两层泥土瓦房,坐南朝北,四合院样式,占地面积约300平方米。总政治部在培正学校宿营后,每天红军各部的领导都集中在这里商量军事,同时积极开展了大量的政治宣传活动。

中国工农红军总卫生部旧址坐东朝西,约130平方米。总卫生部到此宿营后,广泛宣传共产党北上抗日的主张和红军纪律,主动帮助群众排忧解难、防病治病、修房补窗,村民则帮助红军战士洗衣,短短几天红军与当地村民就建立了鱼水深情。

中央红军卫戍司令部旧址、中华苏维埃国家银行旧址位于文明乡文市村。1934年11月11日,中央革命军事委员会主席朱德任命李维汉为文明司卫戍司令,负责分配宿营地及维护社会秩序;同时,设立中华苏维埃国家银行。红军积极宣传革命思想,老百姓送粮、送菜、带路、让房,积极配合红军工作,投身革命,为长征顺利通过文明乡打下了坚实的基础,罗和芳同志珍藏"红军钱"和"二块银圆"的故事流传至今。

(五)水果采摘

水果采摘是沙洲之旅的特色体验,采摘园位于沙洲纪念广场对面,面积已达到1200余亩[①]。文明沙洲特色水果可谓名冠"三湘四水",春夏季有枇杷、柰李、鹰嘴桃、黄桃,秋季有葡萄。汝城森林覆盖率高,滁水河、文市河穿境而过,有磐石公园、滁水河风光带、水果采摘园、田园综合体等景点,自然景色秀丽,是旅游观光、农事体验的好去处。

(六)古民居

沙洲村依山傍水、风景秀丽,入选湖南省历史文化名村、中国传统村落、中国少数民族特色村寨。全村有省级文物保护单位2处,县级文物保护单位4处,含徐解秀故居、中国工农红军总卫生部旧址、古民居、祠堂等历史建筑规模共计15300平方米。

沙洲村古民居以朱氏宗祠为中心,按照中国传统风水"五位四灵"的模式布局,即背靠云遮雾绕的"寒山"高峰,左依雄奇伟岸的"百丈岭",右抚险峻挺拔的"雪公寨",前望俊美秀丽的"笔架山",门前环流着"滁水河",充分体现古人"天人合一"的建筑理念和人与自然和谐统一的生存理念。古民居外形以面阔三开间,青砖"金包银"硬山顶一重封火墙为主;体量均以宽11米、进深8.9米为主;巷道宽度均为1.5米,用青砖石板、鹅卵石铺就;排水沟、走向、平面布局都保持一致,并坚持"前栋不能高于后栋,坐高不能超过祠堂"的原则。村庄北面建有财神庙,南面建有天子庙。从整体布局来看,巷道、沟渠构成了村落的基本框架,祠堂等公共建筑成为村落中重要的公共活动中心和精神中心。

古民居结构稳固,装饰素雅、淡秀,青瓦、灰墙、屋角突起的马头墙异彩纷呈,檐饰

---

① 1亩≈666.67平方米

彩绘、砖雕、雕花格窗交相辉映。古民居大多为砖墙，木梁架和青砖铺地，建筑材料多为本地木材和砖石，就地取材，价廉物美，属生态环保型低能耗建材；房屋以木架抬梁式，采用"一明两暗"三开间的平面形式，具有明显的湘南特色民居建筑风貌。

## 任务实施

作为郴州地陪导游，小王要做好带团与讲解工作，可以分以下几步完成讲解汝城沙洲红色旅游景区的任务。

(1)汝城沙洲红色旅游景区区位优势：厦蓉高速、S324贯穿全境，到达周边的湘东、井冈山、瑞金、粤北革命老区等红色旅游地也十分便捷。

(2)介绍汝城基本情况及水果采摘、农事体验的活动。

(3)重点突出介绍汝城沙洲红色旅游景区的主要景点："半条被子的温暖"专题陈列馆，"半条被子"故事发生地旧址、沙洲纪念广场等。

(4)小结，致欢送词。

## 任务考核

| 考核项目 | 评分细则 | 评分标准 |
| --- | --- | --- |
| 语言能力 | 语音、语调准确,吐字清晰,音量适度,语调富有变化,语速适中。语法正确,用词准确、恰当,能运用必要的修辞手法；语言流畅,语汇丰富,表达准确、生动,并能恰当运用体态语,有较强的感染力 | 满分15分 |
| 仪表礼仪 | 言行举止符合导游人员礼仪、礼貌规范 | 满分15分 |
| 导游讲解 | 讲解内容全面、正确,条理清晰,详略得当,重点突出,结构完整。讲解方法运用得当,讲解生动、有趣,能体现一定的导游技巧,现场感强,能吸引人 | 满分60分 |
| 导游规范 | 熟悉导游服务规范,导游服务程序正确 | 满分10分 |

## 任务拓展

任务一：2016年10月21日，在纪念红军长征胜利80周年大会上，习近平总书记饱含深情地讲道："一部红军长征史，就是一部反映军民鱼水情深的历史。在湖南汝城县沙洲村，3名女红军借宿徐解秀老人家中，临走时，把自己仅有的一床被子剪下一半给老人留下了。老人说，什么是共产党？共产党就是自己有一条被子，也要剪下半条给老百姓的人。"2020年9月16日，习近平总书记到湖南省郴州市汝城县文明瑶族乡沙洲瑶族村考察调研，他表示，"半条被子"的故事不仅体现了中国共产党人的初心和本色,也让老百姓更加理解了什么是中国共产党领导的人民军队。请你就此介绍"半条被子"的故事,时间不少于3分钟。

任务二:1934年,红军长征经过汝城,曾在此宿营休整前后达7天,并在这里谱写了军民鱼水情深的一段佳话。这里除了"半条被子"温暖故事,还发生了很多感人的革命故事,请你就收集的资料介绍发生在汝城的红色故事,时间不少于3分钟。

即测即评

## 任务二　鉴赏郴州女排训练基地旅游资源

### 📎 任务导入

地陪小王接待了一个北京考察旅游团,旅游者基本上都是第一次来郴州,从下飞机开始,旅游者便纷纷表现出对郴州女排训练基地的好奇和兴趣。如果你是小王,你应如何为游客介绍郴州女排训练基地?

### 📎 任务探究

#### 一、郴州女排训练基地概况

国家排球湖南郴州体育训练基地作为国家级排球基地之一,2001年获评郴州市"青少年爱国主义教育基地"称号,2016年被授予"青少年校外活动基地"称号。1979年起,郴州体育训练基地为中国女排获得"五连冠"做出了积极贡献。

郴州体育训练基地坐落在郴州市北湖公园湖畔,占地面积5万多平方米,总建筑面积为2.5万多平方米,是一个以排球项目为主、综合发展的体育训练场所。基地的前身是郴州市体委所在地,曾于1973年建成两个游泳池:一个是游泳跳水池,长50米、宽25米、水深1.7～5米,有10米、7.5米、5米跳台,3米跳板;另一个是练习池,长25米、宽15米、水深1.15～1.25米。

作为体育训练基地,其建设始自1978年,当时郴州市体委为承办全省少年女子排球邀请赛,为创造条件邀请中国女子排球队来郴州集训,根据郴州无大冰雪和台风的气候特点,利用本地盛产的楠竹作为建筑材料,在省体委拨款支持下,建起竹木结构的大、小两个训练馆,建筑面积分别为1392平方米和720平方米,以及宿舍、餐厅等生活设施。

## 二、中国女排与郴州的故事

### （一）中国女排与郴州结缘

1979年10月，中国女排与郴州的故事从这里开篇。

一辆从北京往南开的列车，停在了京广线上一个不起眼的站台——郴州。大高个的中国女排姑娘第一次踏上这片土地，疑惑归疑惑，但此行的目的十分明确——封闭集训，备战1979年12月在香港举行的第二届亚洲女排锦标赛。彼时的郴州，完全是"无名之辈"。来这样的地方训练，着实让女排姑娘们有些担心和失落。

为什么选郴州练兵？先从主动作为的郴州基地说起。郴州体育训练基地的负责人从一系列会议中敏锐察觉机遇，萌发了建排球基地的想法。1978年，该基地负责人多次赴北京汇报建基地相关事宜。得到各级支持后，郴州基地于1978年11月23日正式破土动工，43天就完成了竹棚训练馆建设。1979年1月4日，郴州体育训练基地接待了全国青年女排冬训训练组。就这样，硬件设施算是齐全了，接待经验也有了，女排队员走进了郴州的小小竹棚训练馆，写下"艰苦奋战60天，力争夺取亚洲冠军"的标语，以60天为限，全力备战1979年12月的亚洲女排锦标赛。

### （二）女排"五连冠"的腾飞之地

竹棚训练馆里，产自郴州本地的楠竹和杉木，与女排姑娘们共同"迎检"。训练第一天，竹棚训练馆就让这群姑娘吃尽苦头。新铺的木地板，拼接处高低不平，表面粗糙，暗藏木刺。女排姑娘们救球扑在地上时，地板上的木刺，轻则让人破皮出血，重则伤筋动骨。一天下来，女排姑娘们的裤子磨损了，有的人腿上划了半尺长的口子，出了不少血。第二天，队员和基地工作人员用砂纸把地板磨了个遍。郴州训练条件的艰苦程度超出了女排姑娘们的想象。但是，对于竹棚训练馆的试练，大家都想放手一搏，摔倒了擦破皮算什么，缠上纱布继续训练。意志坚定了，但身体受伤了可不行。基地的工作人员连夜给队员们赶制了耐磨又防刺的花布背心，每人两件。挥洒在小小竹棚训练馆内的每一滴汗水，都藏着为国争光的拼搏精神，变成了超强的信仰、信念、信心、信任，注入中国女排的血液。在这样艰苦的条件下，女排姑娘们集训了60天，从郴州开赴亚锦赛的战场，首次获得亚洲冠军。郴州这座南方小城，就这样与中国女排联结在了一起，此后成为夺取"五连冠"的"秘密基地"。

扫平了冲出亚洲的障碍，1980年1月，第二次郴州集训拉开了中国女排走向世界、夺取世界冠军的序幕。要想夺取世界冠军，除了要练就世界冠军的技术水平，还应具备世界冠军的思想作风和思想境界。所以，集训特别重视集体主义教育，强调全队拧成一股绳。在第二次郴州集训的30多天里，女排姑娘们刻苦训练，并在郴州度过了第一个春节。南方冬天的湿冷是"魔法攻击",与带刺的竹棚训练馆一样,磨炼着女排姑娘的心志。为了改善训练条件,做好保障工作,基地安装了暖气设备,这在没有供暖的郴州可谓创举。虽然基地给训练馆和宿舍装了暖气设备,但是训练馆漏风,宿舍则房间热、被窝凉,南方的湿冷"别有一番滋味"。但这也让女排姑娘们明白"卧薪尝胆"的真实意义——环境越艰苦,人越能吃苦,越能排除万难去争取胜利。

1981年,中国女排第三次来到郴州基地竹棚训练馆练兵,这次她们在这里待了67天。目标只有一个,那就是争夺当年11月7日至16日在日本举行的第三届女排世界杯冠军。1981年11月,中国队在日本举行的第三届世界杯女子排球赛中,以七战七捷的佳绩首次夺冠,实现中国"三大球"的历史性突破,同时也开创了世界女排的新纪元。1979年到1981年,经过在郴州基地的艰苦训练,中国女排用一系列创造历史的成绩实现了"冲出亚洲,走向世界"的铮铮誓言。

从此,中国女排开启"五连冠"的传奇,连续在1982年世锦赛、1984年奥运会、1985年世界杯、1986年世锦赛上夺得冠军。每次夺冠前,中国女排都会来郴州体育训练基地集中训练。1982年9月,第九届世界女排锦标赛上,中国女排以3∶0完胜东道主秘鲁队。1984年,刚刚经历了5名老将退役的中国女排,再次来到郴州进行为期71天的集训,冲击洛杉矶奥运会金牌。结束那次集训后,中国女排在第23届奥运会上夺得金牌。1985年的世界杯大赛中,中国女排与古巴女排决战,中国女排以3∶1获胜,强势问鼎。1986年,女排又一次来到郴州集训,夺得世锦赛冠军,成就了世界排球史上第一个"五连冠"。

随着中国女排夺冠,郴州基地竹棚训练馆也出名了。1979—1988年,郴州体育训练基地先后7次接待中国女排集训,为中国女排冲出亚洲,走向世界,并夺得"五连冠"做出过积极贡献,从而成为举世瞩目的场所,被国内外媒体誉为"飞出了金凤凰的地方""中国女排腾飞之地""冠军的摇篮"。

艰难困苦,玉汝于成。在郴州基地形成的"竹棚精神",是中国女排在郴州艰苦创业、勇敢拼搏锻造的伟大精神,成为运动员精神的杰出代表。带着"竹棚精神"的中国女排,终于从郴州起飞,冲出亚洲,走向世界。从此,"女排精神"广为传颂,不仅成为体育领域的品牌意志,更被升华为民族面貌的代名词,演化成指代社会文化的一种符号,激励着各行各业的人们为中华民族腾飞顽强拼搏。

2001年2月3日,44岁的陈忠和成为中国女排主教练,此时,中国女排距离上次夺冠已有漫长的15年。2001年4月,陈忠和率领中国女排姑娘,时隔13年再次南下集训,重寻"竹棚精神",2003年11月,中国女排姑娘终于以11场连胜的纪录,登上了世界杯冠军领奖台,并在2004年8月夺得雅典奥运会冠军。2001—2008年,陈忠和每年都带领女排队员回到郴州基地集训。

2013年5月,郎平正式挂帅再次执教中国女排。2014年,郎平带着年轻的女排队员再次回到郴州。她们在比赛之余,来到基地。在竹棚训练馆前,郎平给队员们看了老一代女排队员的录像,讲述当年艰苦创业的历程。此后,在郎平的率领下,中国女排成就"十冠王"。新时代,始于竹棚的精神,有了更丰富的内涵,是中国共产党人精神谱系中,那个喊出时代最强音的女排精神。

### (三)大型女排群像雕塑——"拼搏"

1988年国家投资,由中国美术协会湖南分会会员雷宜锌设计建造了一组栩栩如生、设计新颖的大型中国女排群雕。中国女排在郴州集训获取"三连冠""五连冠"成绩之后,郴州,这个在中国版图上毫不起眼甚至常被人误当作"柳州""彬州"的地方,便伴随着中国女排的夺冠而声名鹊起。郴州人民的热情和爱心激励着国家女排刻苦训练,女排队员们的拼搏精神也鼓舞着郴州人民,全市人民以女排为榜样,积极投身现代化建设,工农业生产都取得了突飞猛进的成就。郴州人民为纪念中国女排在郴州的腾飞,就在北湖公园修建了中国女排大型雕塑——"拼搏"。

## 三、女排精神

作为世界排坛劲旅、中国体育的旗帜,中国女排曾在高山之巅荣耀加身、傲视群雄,也曾在低谷之处卧薪尝胆、隐忍待发。在时间长河中,一代又一代女排人发扬"祖国至上、团结协作、顽强拼搏、永不言败"的女排精神,共同铸就了"十冠王"的奇迹。

湖南郴州是中国女排的"娘家"、中国女排腾飞之地、女排精神的发源地。位于湖南郴州体育训练基地的中国女排竹棚训练馆,是女排精神的重要载体。

1979年10月,中国女排首次南下郴州集训,艰苦备尝。场馆里,新加工的竹木地板没磨平,在摔倒时女排姑娘们的手时常扎到小木刺。她们就涂点药水、包扎好伤口,继续投入紧张的训练中。更艰苦的是训练的强度,有的队员练到吐,有的队员练到哭,在简陋的竹棚训练馆里,女排姑娘们以常人难以想象的毅力,通过近乎残酷的魔鬼训练,练就了铁打的身躯、过硬的本领和顽强的意志,创造了"五连冠"的辉煌历史。

女排精神是中国共产党人的精神谱系之一。习近平总书记在会见中国女排教练员、运动员代表时指出:"广大人民群众对中国女排的喜爱,不仅是因为你们夺得了冠军,更重要的是你们在赛场上展现了祖国至上、团结协作、顽强拼搏、永不言败的精神面貌。女排精神代表着一个时代的精神,喊出了为中华崛起而拼搏的时代最强音。"

女排精神的重要实物载体——中国女排郴州竹棚训练馆在原址上按原规模、原结构、原工艺、原材料完成重建,于2021年12月27日上午在国家排球湖南郴州体育训练基地正式开馆。

## 任务实施

作为郴州地陪导游,小王要做好带团与讲解工作,可以分以下几步完成郴州女排训练基地概况讲解。

(1)介绍中国女排与郴州的不解之缘。

(2)讲述当年女排队员在郴州训练时的艰苦岁月。

(3)讲述女排"祖国至上、团结协作、顽强拼搏、永不言败"的精神内涵。

## 任务考核

| 考核项目 | 评分细则 | 评分标准 |
| --- | --- | --- |
| 语言能力 | 语音、语调准确,吐字清晰,音量适度,语调富有变化,语速适中。语法正确,用词准确、恰当,能运用必要的修辞手法;语言流畅,语汇丰富,表达准确、生动,并能恰当运用体态语,有较强的感染力 | 满分15分 |
| 仪表礼仪 | 言行举止符合导游人员礼仪、礼貌规范 | 满分15分 |
| 导游讲解 | 讲解内容全面、正确,条理清晰,详略得当,重点突出,结构完整。讲解方法运用得当,讲解生动、有趣,能体现一定的导游技巧,现场感强,能吸引人 | 满分60分 |
| 导游规范 | 熟悉导游服务规范,导游服务程序正确 | 满分10分 |

## 任务拓展

**任务一**:请你收集中国女排在郴州集训时的一些感人事迹,并就此向游客进行介绍,时间不少于2分钟。

**任务二**:女排精神是中国共产党人精神谱系的组成部分,已经成为中华民族的宝贵精神财富,它的形成与郴州密切相关。人们常说"竹棚里飞出了金凤凰",作为一名学习旅游专业的大学生,你认为应该如何传承和发扬中国女排精神,讲好郴州故事?

即测即评

## 任务三  鉴赏资兴东江湖旅游资源

### 任务导入

地陪小王接待了一个广州旅游团,该旅游团详细行程如下:

第一天:下午郴州高铁站接团,乘车赴入选"国家园林城市""国家卫生城市"的资兴市,办理入住手续后,自由活动,可去资兴有名的吊桥走走,也可去三湘四水·东江湖旅游文化街了解湖南三湘文化和资兴的移民文化等,晚餐可自行品尝资兴的美食(三文鱼、米粉鹅、东江鱼系列等)、入住酒店或民宿(晚餐自理);

第二天:早餐后统一步行赴有"东方瑞士"之称的国家5A级旅游景区——东江湖旅游区。抵达东江湖门楼游客中心,换乘观光车进入景区,游览"中华奇景"——雾漫小东江,以及东江大坝外景,之后乘船赴东江湖最大的岛屿——兜率岛观兜率溶洞。游毕,乘快艇返回大坝码头,午餐(自理)后,观"天然氧吧"——龙景峡谷(约60分钟),之后送游客至高铁站。

假如你是小王,你应该如何为游客介绍东江湖旅游区?

### 任务探究

#### 一、东江湖旅游区概况

东江湖旅游区位于湖南省郴州市资兴市境内,景区区位条件优越,紧邻京港澳高速、京广铁路、107国道、厦蓉高速、武广高铁,距郴州市城区仅28千米,经郴州大道,20分钟车程可达。

东江湖是湖南省唯一一个同时拥有国家5A级旅游景区、国家级风景名胜区、国家生态旅游示范区、国家森林公园、国家湿地公园、国家水利风景区"六位一体"的旅游区。东江湖融山的隽秀、水的神韵于一体,挟南国秀色、禀历史文明于一身,被誉为"湘南洞庭,东方瑞士""人间天上一湖水,万千景象在其中"。湖内岛屿星罗棋布、姿态各异,湖周峰峦起伏、群山叠翠,湖面波光潋滟、游船穿梭,别具雄、奇、秀、幽、旷、趣之特色,景观姿态万千,特色各具,构成了一幅美丽如画、独具风情的生态风光图,是生态旅游、度假休闲的湖岛型旅游区。旅游区内主要景观有"湘南洞庭"——东江湖、亚洲第一双曲薄壳拱坝——东江大坝、"中华奇景"——雾漫小东江、世界级特大溶洞——兜率灵岩、"天然氧吧"——龙景峡谷、潇湘风情水镇——黄草镇、"中国生态旅游第一漂"——东江漂流、白廊环湖路景区、三湘四水·东江湖文化旅游街(含人文潇湘馆、东江湖奇石馆、摄影艺术馆)等。东江湖旅游区景点分布如图2-1所示。

图2-1 东江湖旅游区景点分布图

图片来源：东江湖旅游区

## 二、东江湖旅游区主要景点

### (一)三湘四水·东江湖文化旅游街

三湘四水·东江湖文化旅游街位于东江湖景区入口处,总建筑面积1.7万多平方米,灰瓦青砖、粉墙回廊、曲径通幽、环境优雅,具有浓郁的明清湘南民居特色。文化旅游街包括人文潇湘馆、东江湖奇石馆、摄影艺术馆、旅游商品购物街、生态茶馆等部分,街区建设突出东江湖水元素,打造独特的水景,成为"代言三湘四水、突出资兴特色"的精品旅游景点。

1. 人文潇湘馆

人文潇湘馆是湖南省首个展示数千年湖湘人文的专业陈列馆。馆内总陈列面积2800平方米。馆名由著名作家韩少功题写,馆内集合空间造型、雕塑、绘画、书法、刺绣等艺术表现形式,结合声、光、电、互联网等高科技展示技术来打造。在客观知识的基础上,人文潇湘馆采取跨界合作方式立体而生动地呈现了湖湘人文盛景,为资兴市人民增加了一个独特的公共空间。

2. 东江湖奇石馆

东江湖奇石馆是郴州市为迎接中国湖南国际旅游节而建设的一个重要展馆,总面积6500多平方米,集科普教育、展示展览、鉴别鉴赏、学习培训、交易拍卖5个功能于一体。馆内收藏了岩石类观赏石、古生物化石、玛瑙玉石、矿物晶体等奇石及标本1万多件,共300多个品种。奇石馆以湖南奇石为主体,集合了国内外一些非常珍贵的奇石,包括一些国家级和世界级的绝品和珍品。除奇石展厅外,馆中还增设了一个红色文化展厅,其中收藏了毛主席像章6万多枚,共4万多个品种,以及16个国家、6个少数民族文字的毛主席语录和著作。东江湖奇石馆大中小奇石配置科学,将视觉感受与文化底蕴相结合,与"三湘四水"的概念相融合。东江湖奇石馆着眼奇石文化与旅游文化的融合发展,使人们在旅游中欣赏奇石文化。

## (二)"中华奇景"——雾漫小东江

雾漫小东江位于东江湖旅游区北面的主入口处,是一处因东江大坝梯级开发而形成的景点。小东江全长12千米,是一个狭长平湖,水质清澈明净,据测试各项指标均达到国家一级饮用水标准。每年4—10月,每当旭日东升和夕阳西下,整个小东江宛若一条玉带在峡谷中飘拂,云蒸霞蔚,朦胧飘渺,置身其中,恍入仙境,因而小东江被誉为"中华奇景、宇宙奇观"。为方便游客观赏小东江美景,景区专门修建了4千米长的观雾栈道,游客可步行游览,体验"人在画中游"的绝美意境。与吉林雾凇一样,雾漫小东江的形成也是由于温差效应。由于小东江水是从东江大坝底部150多米深的坝底流出来的,水温常年保持在8~10℃,而小东江水面的温度则在20℃左右。江水早晨上热下冷,傍晚上冷下热,形成温差,便形成一层水雾,再加上两岸植被繁茂,空气中水分充足,就有了这如梦如幻的雾漫小东江奇景。

## (三)亚洲第一双曲薄壳拱坝——东江大坝

斩断东江水,高峡出平湖。东江大坝是我国自行设计建造的第一座双曲薄壳拱坝,坝高157米,底宽35米,顶宽7米,坝顶中心弧长438米,坝形美观、结构新颖、气势雄伟,在当时同类型坝中世界排名第二、亚洲排名第一。东江水电站有4台发电机组,总装机容量50万千瓦,多年平均发电量13.2亿度,同时还有防洪、航运、供水、养殖、旅游等多种功能。

1986年8月2日,东江水电站正式关闸蓄水,双曲大坝锁住东江水,将其定格成碧波万顷的"湘南明珠"——东江湖。大坝如一道弧形屏障矗立在镰刀湾河谷的花岗岩中,坝顶两端的滑雪式溢洪道从半空伸出,斜挂在山腰,升降楼直插云天。登高俯视,偌大的坝区,犹如一方火柴盒黏在脚下,几乎看不见游人。环视四周,云雾袅袅,青山绵绵,溪水潺潺,舟楫点点,尽显高峡平湖风光。大坝两侧有三条滑雪式溢洪道,每当泄洪时,湖水从溢洪道飞泻而下,再腾空跃起,顷刻间化成雨雾,弥漫整个峡谷,其势如万马奔腾,其声如万钧雷霆。即使在几里开外,仍感水星拂面,极具清代崔应阶"盘空舞雪飞泉落,扑面银花细雨来"的诗画意境。

### (四)"湘南洞庭"——东江湖

东江湖是国家"七五"重点能源工程——东江水电站的蓄水水库,总面积160平方千米,平均水深51米,最深处达157米,因为水体较深,蓄水量相当大,达81.2亿立方米,相当于半个洞庭湖,因此被誉为"湘南洞庭",是湖南省最大的人工湖泊。碧波粼粼的湖面星罗棋布地镶嵌着数十个岛屿,湖光山色展现出一派旖旎无比的山水风光。孔子曾经说过"知者乐水,仁者乐山",而东江湖旅游区正集江南名山秀水的旖旎风光于一体,自然景观与人文景观交相辉映,观赏性项目与参与性项目互相融合。

### (五)"天然氧吧"——龙景峡谷

龙景峡谷全线2.5千米,需要两个小时才能全部游览完毕,由18个瀑布和26个水潭组成,景致非常绝妙。沿途可以观赏到龙景瀑、龙吟瀑、三叠瀑、龙卷瀑、鸳鸯瀑等形态各异的瀑布,以及古松坳、连理树、龙鳞石等千姿百态的景点。景区内有32种野生动物,如野兔、野猪、黄鹿、松鼠及各种蛇类等;各种植物繁多,有各类花草树木136种,其中有126棵古松树。在景区内,游客可以呼吸高达每立方厘米9.37万个的空气负离子和多种有益人体健康的植物精气。龙景峡谷是国内罕见的高浓度空气负离子聚集区,是名副其实的"天然氧吧"。

### (六)世界级特大溶洞——兜率灵岩

兜率岛是东江湖中最大的岛屿。兜率岛最出名的是神奇的兜率洞,这是一座喀斯特地貌的石灰岩溶洞,距今已有270万年以上。兜率洞掩藏于兜率岛南端峭壁下的僧舍后,其神话故事广为流传,素以高、大、深、广、雄、奇、怪著称。该洞全长6千米,面积达65000平方米,最宽处约70米,高40米,里面一共有18个洞,洞洞相连。人们或以形、或会意、或借传说而取名,不一而足。洞内幽深邃密,迂回曲折,冬暖夏凉;洞中钟乳倒悬,柱石擎天,晶莹透明,奇形怪状。身临其境,犹入太虚幻境,在国内实属罕见。

洞口依山建有一古刹,名兜率庵,寺门上悬挂着书有"兜率灵岩"四个大字的匾额,由广西壮族自治区书法家协会会长刘明洲先生所书。"兜率"二字比较生僻,《辞源》中它的释意为"知足、妙足"。《西游记》里面有一个兜率宫,那是太上老君的住所,传说太上老君曾在此洞修炼,此洞因此而得名。

### (七)白廊环湖路景区

白廊环湖路景区,被人称为"小洱海",水面12万亩,13千米环湖路沿湖而建,"一湖绿水,一路美景",湖面烟波浩渺,蓝天、碧水、青山相映,像走进了一幅美丽的画中,被评为热门休闲旅游区。环湖路非常适合自驾、骑行、徒步、垂钓、露营和摄影采风,还可乘船游湖,宛如世外桃源。白廊还是移民经济开发的先进乡,特别是东江渔产丰富,通过网箱养殖有中华鲟、三角鲂、青鱼、三文鱼等东江名贵鱼品种。同时,这里也是"水果之乡",盛产东江湖蜜橘、脐橙、柰李等优质水果。

### (八)潇湘风情水镇——黄草镇

资兴黄草镇地处东江湖腹地,总面积354平方千米,森林覆盖率达90%,镇内环境优美、气候宜人、历史人文景观丰富,是典型的江南水乡,主要有东江漂流、仙人寨、沃水峡谷等景点,是绝佳的休闲度假胜地,先后被评为"全国环境优美乡镇""全国特色景观旅游名镇""全国美丽宜居小镇"等,素有"江南水中镇、东江湖中花"之美誉。

黄草镇因"草黄"而得名,又名黄草坪。相传此地水草丰盛,一金水牛慕名而来,见遍地是黄草,大失所望,说"乃黄草坪而已",后简称黄草。从空中俯瞰黄草镇,它像牛的角倒映在湖面上,也称"金牛岛"。黄草镇以四面环水的金牛岛为圆心,以青山绿水田园为基、乡土景观建筑为韵、文化和谐乡村为魂、美丽宜居乡村为本。这里蓝天如洗,水清如黛,乡野村落星罗棋布,一年四季瓜果飘香,面朝东江湖万顷碧波,山水之间隐约升起淡淡的轻烟,如素描般的线条,在明镜似的水面缓缓舒展,轻飘漫舞。漫步在黄草镇的街道,徽派建筑与湘南地域特色民居白墙黛瓦、错落有致,在湖光山色的映衬下,仿佛一幅静谧的山水画。辖区内有惊险刺激的东江漂流,有"三仙四岛"之称的"雷公仙""通天仙""龙凤仙",以及"金牛岛""金龟岛""花园岛""松林岛"等自然景观。幽静的水上人家、粉墙灰瓦的民居、独特的民俗民风具有很大的魅力。春天的枇杷、夏天的桃子、秋天的蜜橘、冬天的贡柑,还有一年四季都能品尝的新鲜东江鱼,无不引人垂涎。桃李成熟的时节,在黄草镇住上一晚,依朵云山庄、通天仙山庄、新桥楼客栈等特色主题民宿客栈,皆前临碧水,后倚南山,庭院周围,桃红李黄,可赏可摘。

此外,黄草镇还留存了原始古朴的瑶寨群落。在长兴瑶寨,这里还居住着百余户地地道道的瑶族家庭。拦门酒、舞蹈、武术,瑶族人民用他们纯真质朴的热情,欢迎每一位远道而来的客人。瑶族民歌,被瑶族人民称为"赛过花朵的语言"。冬暖夏凉的土墙房,高高挂起的苞谷,千年的银杏树,都在向客人们诉说着写满故事的古村落。

## （九）"中国生态旅游第一漂"——东江漂流

东江漂流位于东江湖上游黄草镇境内的浙水河上，全程26千米，落差75米，途经108个险滩，最长的险滩长100多米，而最刺激的是世界上独一无二的人工漂流滑槽，长达336米，平均坡度5°。漂流而下，两岸原始次森林相拥对峙，急流险滩，怪石林立，河里水清鱼美。船过险滩，白浪翻滚，有惊无险，林中脚楼依稀晃过。青山倒映，与浪共舞，激情飞越，令人流连忘返。河流两岸为原始次森林，郁郁葱葱，古藤缠绕，鸟语花香。东江漂流因落差大、漂流长、属自然漂流而遐迩闻名，被誉为"中国生态旅游第一漂"，是国内目前融历险、探幽、猎奇、拾趣于一体的漂流好去处。

## （十）东江湾景区

### 1. 五岭农耕文明博物馆

五岭农耕文明博物馆位于资兴市东江镇凉树湾寿佛文化广场旁，占地总面积4560平方米，总建筑面积2000平方米。工程于2009年4月9日动工，12月份基建工程全部竣工；2010年元月开始进行陈列布展设计，6月份开始装修布展，9月20日正式开馆。该建筑呈明清时期湘南古民居风格，其功能主要是收藏、保护、陈列、展览五岭地区农耕文化实物。五岭农耕文明博物馆展厅面积1300平方米，设12个场景、19个陈列组别，分为序厅、古老的传说、山居方式、丰衣足食、耕读传家、尾厅及物华资兴厅7个部分，展示农耕实物400多件（套）。该馆综合运用文字、图片、实物、雕塑、声光电及场景再现等多种表现手段，再现了一幅幅充满生机和生活气息的农业生产生活画面。

### 2. 湘南植物园

湘南植物园位于东江湾景区内，毗邻著名景点东江湖、寿佛寺，是一个以植物引种驯化为主，兼科普教育、生态旅游于一体的综合性植物园。湘南植物园总规划面积267公顷①，核心区占地37公顷，设木兰园、蔷薇园、樟楠园、珍稀濒危园和裸子植物园等。核心区直接与寿佛文化旅游区相连，是寿佛文化内涵延伸的一部分，它的建成进一步完善了寿佛文化旅游区的配套建设。

### 3. 寿佛寺

资兴是无量寿佛释全真的故乡。寿佛释全真，俗姓周，名宗惠，唐开元十六年（728年）出生于湖南资兴周源山，唐天宝二年（743年）到郴州开元寺出家受戒，后到浙江杭州拜道钦禅师为师，唐天宝七年（748年）随师进京晋谒了唐玄宗，唐至德元年（756年）到广西湘源县（今广西全州）开创净土院（今湘山寺，被誉为"楚南第一禅林"），唐咸通八年（867年）圆寂，享年138岁。全真大师著有《牧牛歌》《遗教经》《湘山百问》等著作，受到过历史上五位皇帝的敕封，宋徽宗敕封他为"寂照大师"，宋高宗加

---

① 1公顷＝10000平方米

封他为"慈佑寂照妙应普惠大师",宋宁宗、宋理宗又累次加封,清代咸丰皇帝敕封他为"保惠无量寿佛"。由于他德懋寿高,远近都尊称他为"无量寿佛""寿佛老爷",在江南地区、港澳台地区甚至东南亚一带享有盛名。

寿佛寺源起寿佛。寿佛寺位于美丽的东江河畔凉树湾,是东江湾景区的重要景点之一,这里背倚周源山,前临小东江,群山环抱,翠竹相拥,山水相贯,风景殊异,总体规划面积30.7公顷,建设用地面积11公顷。寿佛寺采用唐代寺庙古建风格,中轴线上依次设山门殿、寿佛殿、大雄宝殿,东面厢布置钟楼、鼓楼、斋堂、客堂等,整个寺院古朴简约,雄劲幽雅。

## 任务实施

作为郴州地陪导游,小王要做好带团与讲解工作,可以分以下几步完成东江湖旅游区的讲解任务。

(1)做好准备。游客来东江湖旅游区的主要目的是休闲度假、品尝当地美食与购买名优特产,地陪导游除要做好东江湖旅游区相关知识准备外,在安排游客的吃住游方面一定要体现本地特色。提前告知游客雾漫小东江具有季节性和时段性,观赏的景致可能有区别;东江湖旅游区具有小气候,提醒游客带好雨具,自备必要的御寒衣物;登山游览,尽量穿旅游休闲鞋,不穿裙子。

(2)东江湖沿途讲解。告知本次游览将要参观游览的景区景点、东江湖旅游区主要包括哪些景点,突出东江湖"湘南洞庭"的美誉。

(3)东江湖景区景点讲解。重点介绍东江湖是一处集自然景观、人文景观与水上娱乐等于一体的国家级风景名胜区和旅游度假区。东江湖被列为湖南省最大的饮用水水源地和长株潭城市群战略水源地,因此游览时需要对东江湖生态旅游和生态保护做好宣传。

## 任务考核

| 考核项目 | 评分细则 | 评分标准 |
| --- | --- | --- |
| 语言能力 | 语音、语调准确,吐字清晰,音量适度,语调富有变化,语速适中。语法正确,用词准确、恰当,能运用必要的修辞手法;语言流畅,语汇丰富,表达准确、生动,并能恰当运用体态语,有较强的感染力 | 满分15分 |
| 仪表礼仪 | 言行举止符合导游人员礼仪、礼貌规范 | 满分15分 |

续表

| 考核项目 | 评分细则 | 评分标准 |
| --- | --- | --- |
| 导游讲解 | 讲解内容全面、正确,条理清晰,详略得当,重点突出,结构完整。讲解方法运用得当,讲解生动、有趣,能体现一定的导游技巧,现场感强,能吸引人 | 满分60分 |
| 导游规范 | 熟悉导游服务规范,导游服务程序正确 | 满分10分 |

### 任务拓展

任务一:作为地陪,小王将带领一批广州的游客去郴州东江湖进行两日游,游客指定行程中要去东江湖体验漂流。如果你是小王,你该如何安排好旅游行程,让游客感受到"中国生态旅游第一漂"——东江漂流的独特魅力?

任务二:请你向前来参观游览的游客介绍"中华奇景"——雾漫小东江,时间不少于2分钟。

即测即评

## 任务四　鉴赏苏仙岭旅游资源

### 任务导入

郴州某旅行社导游员小王作为地陪,将接待一个来自广东肇庆的老年团,该团队中许多游客对苏仙传说和福地文化十分感兴趣,想要沾一沾苏仙岭的福气。如果你是小王,你该如何向游客介绍苏仙岭的旅游资源?

### 任务探究

#### 一、苏仙岭风景区概况

苏仙岭风景区位于湖南省郴州市中心城区,距武广高铁(郴州西站)8千米,107国道5千米,京广铁路(郴州火车站)1千米,京港澳高速2千米,交通十分便利。苏仙岭屹立于郴江边,主峰海拔526米,山势秀丽,万木葱茏,自汉唐以来,为道教活动场所,自古就有"天下第十八福地""湘南胜地"的美誉,现为国家级风景名胜区、国家4A级旅游景区、全国重点文物保护单位、国家生态文明教育基地、全国优秀全民健身活动

站、全国群众体育先进单位、湖南省"新潇湘八景"之一。

"山不在高,有仙则名"。苏仙岭原名牛脾山,传说西汉文帝时,郴州人苏耽于此修道成仙,苏仙岭因此而得名,距今已有2100多年的历史。苏仙岭承载着厚重的仙灵文化、宗教文化、福地文化、古典诗词和名人文化。景区内草木葱茏,岚雾缭绕,人文资源独特,文化底蕴深厚。不仅流传着苏耽孝母、预测瘟疫并以橘叶井泉救民的事迹,还留存有白鹿洞、升仙石、望母松等"仙"迹。古老的历史、迷人的传说、瑰丽的风景,让历代名人骚客在此留下了众多脍炙人口的辞章歌赋。杜甫、王昌龄、刘禹锡、柳宗元、秦观、蒲松龄等历代名家,围绕"苏仙传说"留下了大量诗词。

景区内自然山水、人文景观久负盛名,主要景点有郴州旅舍、桃花居、白鹿洞、三绝碑、屈将室、八字铭、沉香石、南禅寺、福地仙桥等。

## 二、苏仙传说

相传在汉文帝时期,郴州城东潘家坪有一位长得十分漂亮的潘姓姑娘,有一次她在郴江边洗衣服,抬头看见一朵与众不同的五彩浮萍顺水漂近,煞是好看,潘姑娘既喜欢又好奇,于是用手去捞,不想手竟被浮萍根蔓紧紧缠住,怎么也挣脱不了。情急之下,潘姑娘用嘴去咬,不料这浮萍竟顺势滑进了腹中。过了一段时间,潘姑娘发现自己莫名其妙地怀孕了。为了躲避流言蜚语,潘姑娘躲到了牛脾山的桃花洞里。到了农历七月十五,潘姑娘生下了一个男孩,但无法带回去,于是潘姑娘忍痛将儿子留在山洞里,自己先回了家。过了几天,实在放心不下的潘姑娘决定偷偷回山洞来看一看。在山洞口,她却惊奇地发现,孩子安然无恙,一只白鹤正张开双翅为孩子御寒,一头白鹿正跪下前腿为孩子喂奶。这便是"白鹿洞"名称的由来。连动物都知道爱护生命,潘姑娘又怎么忍心再丢下孩子不管呢?于是潘姑娘毅然将孩子带回家抚养长大。长大后,孩子要上学了,可没有父亲,怎么取名呢?教书先生听说后,就问孩子:"你到学堂门口看一下,看到什么就告诉我。"孩子出门一看,有一个人用禾草串鱼悬挂在树上,自己枕着树根呼呼大睡。教书先生说:"嗯,禾草串鱼,是个'蘇'字,枕树而卧,是个'耽'字,你就叫苏耽吧。"

少年苏耽同母亲一起住在牛脾山脚下,生活十分清苦。穷人的孩子早当家,苏耽从小就聪明懂事,每天上山砍柴补贴家用。有一天,在遇仙桥旁边,他遇见了一位老仙翁,学会了仙术。从此,他治病救人,帮助乡邻,终于感动天帝,13岁时得道成仙,乘鹤飞去,法号"苏仙"。

公元前177年,郴城洪灾泛滥。苏耽精通医术,预知翌年将有瘟疫。在得道飞升之际,他指着院子中的水井和橘子树,嘱咐母亲:"明年郴城会发生一场大瘟疫,到时乡亲们都会来求药,可给大伙每人一升井水、一片橘叶,煎汤服用,即可痊愈。"第二年,郴城果然爆发了瘟疫,疫情迅猛,感染者无数。苏母遵儿嘱,以橘叶煎井水给患者喝,因救治及时,药效显著,瘟疫得到了平息,百姓无一死亡。郴城百姓感激苏耽母子救命之恩,把苏耽常去采药的牛脾山改名为苏仙岭,把桃花洞改名为白鹿洞,在山顶修建苏仙观供奉苏耽,将橘子树和水井合称为橘井,在井旁建祠,北宋真宗赐名"橘井观",并御笔写下"橘井甘泉透胆香"的诗句,逐渐称为"橘井泉香",被载入中医典册。自此,"橘井泉香"的典故流传下来。直到今天,郴州还有橘井泉香的遗迹,郴州当地仍有不少老人们在家中供奉苏仙的牌位。

苏仙传说是以叙述郴州草药郎中苏耽神奇出生、神鹿哺乳、孝顺母亲、种橘驱疫、得道成仙等为核心的传说故事群,晋葛洪《神仙传》就有记述,此后道教典籍、笔记小说中均有记载,历史久远,传承脉络清晰,具有显著的地域性特征,蕴含了孝文化、悬壶济世的医家理念、人与自然和谐相处的道教思想,体现南岭地域民众的民间智慧与文化创造力,具有重要的民俗、宗教、医学、文学艺术和旅游价值。苏仙传说影响深远,深受民众喜爱,今天在郴州民众中依然有活态传承,2014年入选第四批国家级非物质文化遗产代表性项目名录。

## 三、苏仙岭风景区主要景点

### (一)万福山、万福泉、福路

洞天福地的说法起源于晋代,指道教神仙所居的名山胜境,多以名山为景,或兼有山水。道教认为道士在此修炼则可得道成仙。分而言之,洞天指山中有洞室通达上天,贯通诸山;福地就是有福之地。道家一共有十大洞天、三十六小洞天、七十二福地。苏仙岭因为是苏仙诞生、得道、升仙的圣地,被誉为"天下第十八福地"。

"福"是中华民族五千年文化的结晶,是吉祥的象征。《尚书·洪范》称五福"一曰寿,二曰富,三曰康宁,四曰攸好德,五曰考终命"。苏仙故事高度概括了人生五福"长寿、富贵、健康、安宁、善终"。

苏仙岭山顶石壁有"寿山"大字石刻。山下造石成山,其上刻有许多"福"字,其字体出自唐太宗以来十八代名君之手,题名"万福山",暗寓苏仙岭即为"福地"。

沿着山路一路走,各式各样的"福"字到处都是,有贵人相助福、消灾祛病福、平安吉祥福、茁壮成长福,还有一条刻有500多个不同"福"字的小路,路边的大树上也挂满了游客们祈福用的红绸带,红绸带随风不停地摇曳,充满了喜气。

福路旁边有万福泉,一汪碧湖之上,曲桥流水。相传苏母潘氏在郴江边误吞五彩浮萍受孕,此地誉为苏仙福地之"喜得贵子福"。

走进"天下第十八福地"苏仙岭,进福门、听福音、摸福字、踏福路、祈福愿、沾福气……体验"十全十美福"文化之旅。

## (二)郴州旅舍

郴州旅舍位于苏仙岭山脚的玉溪桥旁,北宋绍圣三年(1096年),北宋著名词人"苏门四学士"之一的秦观被贬到郴州,住在郴州旅舍。在春寒料峭的日子里,秦观看着窗外暮色朦胧,冷月铺霜,身在陋舍,心忧天下,惆怅万千地写下了《踏莎行·郴州旅舍》这一千古名作。原来的郴州旅舍早已毁弃,现在游客所看到的郴州旅舍是1989年按宋代《营造法式》所述建筑规范和湘南民居风格重建的,内设三墙门楼,总面积达100多平方米。门楼正匾上的"郴州旅舍"四个大字由湖南省政协原主席刘正手书,展览室的门额"淮海遗芳"及楹联"策论济时艰词宗誉满三千界,江淮存世泽学士风流九百年"由秦观第33代子孙、秦学会副会长、扬州大学教授秦子卿撰写。

## (三)桃花居

苏仙岭共有三座道观,分处山脚、山腰和山顶,相应的俗称为下观、中观和上观。桃花居就是当地人所称的下观,因位于山脚下,又称"脚庵"。桃花居原名乳仙宫,得名当与苏仙传说中苏耽得道升天前曾经得到白鹿哺乳有关。明代著名旅行家徐霞客在郴州旅行期间,有一天在路上遇雨,正好见到附近有一座道观,遂进去避雨。这座道观就是苏仙岭的乳仙宫,也就是现在的桃花居。这一段经历在《徐霞客游记》中有记载。桃花居面对玉溪,背倚苏仙岭,是游客登山的起点,四周翠竹修茂,环境幽雅别致。在一片绿树翠竹围绕掩映的背景下,古典样式的建筑与雅致的自然环境相衬相托,形成了祥和静谧的仙境氛围。

## (四)白鹿洞

白鹿洞为一处天然石灰岩石洞,坐落于苏仙岭西麓,在桃花居上方不远处的石崖下。洞内怪石嶙峋,石笋、石柱和钟乳石千奇百怪。相传,苏耽的母亲遇奇怀孕后,在此洞内生下苏耽,当时即有白鹤飞来用羽翼为苏耽取暖,白鹿赶来为苏耽哺乳。因此,在白鹿洞洞口塑有大小两只白鹿,母子碎步相吻,形态优美、逼真。洞前的桃花溪水中有人工雕塑的三只白鹤,栩栩如生,趣味天成。

## (五)三绝碑

三绝碑位于白鹿洞东北40米处的天然石壁上,为一块摩崖石碑,高52厘米,宽46厘米,刻有秦观《踏莎行·郴州旅舍》词和苏轼的跋,行书书写,计11行81字,乃米芾手迹。北宋绍圣三年(1096年),宋代著名词人秦观遭贬至郴州,写下借景抒情的代表词作《踏莎行·郴州旅舍》。相传,秦观去世后,作为秦观老师兼好友的苏轼十分悲痛,将《踏莎行·郴州旅舍》这阕词的最后两句"郴江本自绕郴山,为谁流下潇湘去"写在了自己的扇子上,并附上"少游已矣,虽万人何赎"的跋语,爱才惋惜之情溢于言表。后来,北宋著名书法家米芾把秦观的词和苏轼的跋书写成帖,流传于世,遂成"三绝"。南宋郴州知军邹恭对三位大家的手笔倍感珍惜,他命人将"秦词""苏跋"和"米书"一并摹刻在白鹿洞附近的岩壁上,世称"三绝碑"。

三绝碑极富艺术价值,一直受人观仰,被誉为中国十大"三绝碑"之首。1960年,毛泽东主席在长沙接见湖南省委和各地市领导时,曾经专门提起过这块石碑,并且饶有兴致地当场背诵了《踏莎行·郴州旅舍》:"雾失楼台,月迷津渡,桃源望断知何处。可堪孤馆闭春寒,杜鹃声里残阳树。驿寄梅花,鱼传尺素,砌成此恨无重数。郴江本自绕郴山,为谁流下潇湘去。"毛主席盛赞《踏莎行·郴州旅舍》和三绝碑的文化价值,要求做好三绝碑的保护工作。1963年3月,时任中共中央中南局第一书记的陶铸来郴州视察,登苏仙岭三绝碑处览"秦词"后,叹道:"感其遭遇之不幸,因益知生于社会主义时之有幸,乃反其意而作一阕,以资读词者作今昔之对比,而更努力社会主义革命与社会主义建设。"陶铸押"秦词"原韵填词《踏莎行》一首:"翠滴田畴,绿漫溪渡,桃源今在寻常处。英雄便是活神仙,高歌唱出花千树。桥跃飞虹,渠飘束素,山川新意无重数。郴江北向莫辞劳,风光载得京华去!"现在嵌在护碑亭右侧石墙上的碑刻就是陶铸的手迹。

为纪念秦观这位著名的文学家,郴州人民在三绝碑亭的左边竖立了一尊秦观的铜像。

(六)景星观

景星观坐落于苏仙岭半腰,又名云中观,始建于唐,是唐代道士、郴州九仙之一廖仙(廖法正)修炼之处。景星观为砖木结构,湘南古民居式,上下两厅,中间是天井,有四间子屋、两间厢房,前面门额上楷书写着"景星观"三个大字。当年,韩愈曾经登山寻找道士廖法正,并在此为廖法正写下了《送廖道士序》。今天,在中厅还能看到这块汉白玉碑刻。

(七)苏岭云松

由白鹿洞至南禅寺,共登1760级台阶,两侧古松挺秀,枝叶如云,故称苏岭云松。苏岭云松有一奇,即其枝叶都伸向西南。传说苏耽得道飞升之后,因为思念母亲,经常从仙界偷偷下凡,到苏仙岭的山顶,向西南眺望郴州城里的故居,经常泪流满面、泣不成声。群松被苏耽的孝心感动,也纷纷探身西南,一齐伸向潘氏住宅张望。于是这苏岭云松就成了"望母松",形成一大奇观,并被列为"古郴州八景"之首。这个美丽传说,至今尚有积极意义,昭示着世人勿忘母恩。

(八)南禅寺

南禅寺原名苏仙观,是祭祀苏耽的道观,也是徐霞客当年登临苏仙岭时最后拜谒的一处胜境。它始建于西汉年间,后遭火焚。唐开元十九年(731年),唐玄宗下诏修葺苏仙观,之后宋、明、清都曾加以维修,才形成今天的规模。南禅寺为一座砖木结构、楼阁式三进庑殿道观,南北长82.2米,东西宽41.5米,总建筑面积2464平方米。正殿为大屋顶、四角飞檐、犀头粉墙、小青瓦、回纹窗的建筑风格。其山门为宋代牌坊式建筑,门额上横书"天下第十八福地"七个大字,两边门联"云雾岩巇下,乾坤指点间"为明朝嘉靖年间诗人欧礼所作。正殿门额有汉白玉石盘龙御碑,是南宋景定五年(1264年)宋理宗皇帝所赐,上御书"敕封苏仙昭德真君",长100厘米,宽50厘米,字径5厘米×6厘米,直书,楷书阴刻。

### (九)屈将室

屈将室是南禅寺东北角的两小间房,门前有墨底绿字的楹联一副:请战有功当年临潼已兵谏,爱国无罪此日南冠作楚囚。抗日战争时期著名爱国将领张学良曾被幽禁在这里。

"九·一八"事变后,张学良时刻不忘抗日救国,力主停止内战。1936年12月12日,他与杨虎城发动了震惊中外的"西安事变"。这一事件对于停止内战、促进国共第二次合作,实现对日作战,起到了伟大的历史转折作用。事变和平解决后,蒋介石背信弃义,将张学良囚禁终身。1936年底至1946年底,张学良先后在中国大陆被转移了12处囚禁场所,郴州苏仙岭是第6处。1937年冬,张学良被转移到苏仙岭苏仙观内。在这里,张学良壮志难酬,有家难归,有国难报,挥笔在墙上写下了"恨天低,大鹏有翅愁难展"几个大字,字里行间无不饱含了他满腔爱国情怀却难展宏图的抑郁忧愤之情。他曾经住过的厢房窗前的桂花树上,也留下了他拔枪怒射的累累弹痕。后来,人们将幽禁张学良的厢房开辟为爱国主义教育基地,陈列了大量革命历史文献资料,他住过的厢房也被称为"屈将室"。

1996年,在"九·一八"事变65周年的时候,苏仙岭风景名胜区管理处对屈将室进行了修复。修复工程分室内、室外两部分。室内工程由前言、展览、囚禁三部分组成。对前言、展览部分做了翻新改造和内容充实调整。展览内容分"张学良将军青少年时期""西安事变""幽禁岁月"三个部分,总计166件文字、图片资料。对囚禁部分在保持原貌的基础上做了内容补充。室外工程新建了二层仿古建筑"少帅亭"和40余米长的游道。

### (十)升仙石

苏仙观旁有一巨石突兀,名曰"升仙石",又名"跨鹤台",传说昔日苏耽就在此跨鹤升仙。这块3米多高的石壁上刻有"跨鹤台"三个大字,下面的"升仙石"三字是元朝郴州总管完者秃在元泰定三年(1326年)所书。传说苏耽在得到天帝升天诏前在这里同另一位神仙——王仙下棋。接引上天的白鹤飞来时,苏耽一时匆忙,一脚踩在石头上,险些跌下来,从此这里便留下了一个脚印。后人在升仙石旁边建了一座"飞升亭"。1934年,国画名家王震根据苏仙飞升的故事画了一幅《苏仙跨鹤图》,刻在亭子里的青石碑上。碑高167厘米、宽78厘米、厚125厘米。画旁边还刻有一首七言绝句:

"流芳橘井咏苏仙,未肯飘然绝俗缘。闻说当年应召去,一天白鹤舞翩翩。"

（十一）福地仙桥

福地仙桥是一座城市山地景观廊桥,位于景区山顶高502米处,集观景、休闲于一体,由电梯井、拱桥步道及瞭望台三部分组成。建筑外形奇特,结构复杂,设计着重突出苏仙岭的仙人文化,造型取自篆书"仙"字的形状,寓意"仙人指路",线条清晰流畅。建筑与环境相互渗透,体现了与大自然的巧妙对话。

（十二）石刻崖

苏仙岭摩崖石刻群位于苏仙岭风景名胜区内,由白鹿洞东上侧摩崖石刻群、白鹿洞洞口摩崖石刻群、山顶沉香石周边摩崖石刻群、景星观周围摩崖石刻群四部分石刻群组成,共有石刻30余块,为唐、宋、明、清几代文人骚客、游客所题刻,楷、行、草、隶、篆各体书法均有,字形大则如斗,细则如蝇,字迹清晰,保存完好,具有较高的艺术价值。

## 任务实施

作为郴州地陪导游,小王要做好带团与讲解工作,可以按以下几步完成该任务。

(1)分析客情。游客为来自广东肇庆的老年团,许多游客对苏仙传说和福地文化十分感兴趣,在带团前,导游要认真研究游客的兴趣爱好,多了解苏仙岭各旅游景点的特征,特别是其背后蕴藏的文化内涵,努力做到投其所好。

(2)做好知识储备。在带团前认真了解苏仙传说的故事,理解苏仙岭、白鹿洞、升仙石等景点的名称由来;了解秦观贬谪郴州,创作《踏莎行·郴州旅舍》一词的时代背景,以及苏轼与秦观之间亦师亦友的关系;了解道教洞天福地的内涵和苏仙岭蕴藏的福地文化。

(3)景点讲解。结合苏仙传说,对遇仙桥、白鹿洞、升仙石、苏岭云松等景点进行导游讲解;结合秦观被贬谪郴州的历史背景,对郴州旅舍、三绝碑等景点进行导游讲解;结合道教"洞天""福地"的知识,对万福山、万福泉、福路等景点进行导游讲解,重点突出苏仙岭的福地文化。

## 任务考核

| 考核项目 | 评分细则 | 评分标准 |
| --- | --- | --- |
| 语言能力 | 语音、语调准确,吐字清晰,音量适度,语调富有变化,语速适中。语法正确,用词准确、恰当,能运用必要的修辞手法;语言流畅,语汇丰富,表达准确、生动,并能恰当运用体态语,有较强的感染力 | 满分15分 |

续表

| 考核项目 | 评分细则 | 评分标准 |
| --- | --- | --- |
| 仪表礼仪 | 言行举止符合导游人员礼仪、礼貌规范 | 满分15分 |
| 景区讲解 | 讲解内容全面、正确,条理清晰,详略得当,重点突出,结构完整。讲解方法运用得当,讲解生动、有趣,能体现一定的导游技巧,现场感强,能吸引人 | 满分60分 |
| 导游规范 | 熟悉导游服务规范,导游服务程序正确 | 满分10分 |

## 任务拓展

任务一:郴州苏仙岭因事母至孝、修道成仙的苏仙而得名,苏仙岭上的许多景点都与苏仙传说有关。请你结合苏仙传说,讲解遇仙桥、白鹿洞、升仙石、苏岭云松等景点名字的由来。

任务二:请你结合北宋著名词人秦观被贬郴州的经历,对苏仙岭上的郴州旅舍和三绝碑等景点进行讲解。

即测即评

# 任务五 鉴赏宜章莽山旅游资源

## 任务导入

地陪小王接待了一个来自衡阳常宁的旅游团队,该旅游团详细行程如下:

第一天:7:30出发,全程高速前往郴州宜章莽山;10:00左右抵达壮美惊天下的原始生态第一山——莽山国家森林公园,安排住宿后,中餐;中餐后,进入景区换乘景区车前往鬼子寨景区游览;18:00晚餐,可根据个人喜好品尝瑶山特色美食,点餐自理。

第二天:7:00起床,7:30早餐;8:00前往天台山景区游览仙掌峰、童子峰、金鞭神柱、东天门、"中南第一险"、小华山、仙韭菜坡、杜鹃林、观音堂、天台寺、千年红豆杉等景点(约2.5小时);中餐后前往猴王寨景区(游览时间约1.5小时),参观莽山生态自然博物馆;15:30返程,18:00左右回到常宁,结束愉快的行程。

在带团过程中,有游客对莽山原始生态环境以及"蛇中熊猫"莽山烙铁头蛇尤为感兴趣。假如你是小王,你该如何带领游客领略莽山独特的旅游景观,介绍国际上一级优先保护的濒危物种——莽山烙铁头蛇呢?请结合莽山旅游资源实际情况,展现莽山在休闲度假、森林游览、漂流体验、温泉健身、科研考察、商务会议等各种旅游项目上的独特功能。

## 任务探究

### 一、湖南莽山国家森林公园

#### (一)景区概况

湖南莽山国家森林公园位于郴州市宜章县南部,因"林海茫茫、蟒蛇出没"而得名;其东、南、西三面分别与广东省乳源瑶族自治县、阳山县、连州市交界,北与湖南省宜章县天塘镇、莽山瑶族乡、溶家洞林场毗邻,占地面积19833公顷,森林覆盖率99.01%,是世界湿润亚热带原始次生常绿阔叶林,是地球同纬度保存较完好的原始森林之一、南岭山脉唯一花岗岩地质山体,享有"动植物基因库"的美誉。

莽山既是生态名山,又是景致奇山,还是福寿圣山。莽山地形复杂,山峰尖削,沟壑纵横,境内1000米以上的山峰就有150多座,莽山主峰海拔1902米、有"天南第一峰"之称,高耸入云,巍峨屹立,群山朝揖,蔚为壮观。蜿蜒山间的长乐河是珠江的发源地之一。这里气候温和,雨量充沛,优越的自然条件使这里的森林植被种类繁多,形成了独特有趣的格局,热带、亚热带、温带,还包括少数寒带的森林植物在这里都可以见到,素有"第二西双版纳"和"南国天然树木园"之称。莽山现已记录高等植物2700余种,其中国家一级保护植物有南方红豆杉、伯乐树、莼菜。良好的生态环境为野生动物提供了理想的栖息场所,目前公园内已发现脊椎动物300余种、鸟类200余种、两栖爬行类100余种,其中国家一级保护动物有华南虎、金钱豹、云豹、黄腹角雉、梅花鹿、蟒蛇等。另外,这里还有莽山特有物种——莽山烙铁头蛇。

其旅游资源主要有:夏无酷暑、冬无严寒的气候资源;日出岚雾、云海雪凇的气象资源;空气负离子含量每立方厘米超过10万个的空气资源;雄奇险峰、怪石耸立的地质资源;深谷飞瀑、丛林幽径的森林资源;等等。其具有生态自然、类型丰富、结构良好、特色突出等特点。

莽山还是南岭山脉一座古老的瑶山,是五岭民族走廊上一个重要的瑶族聚居地。莽山瑶族分为过山瑶和八排瑶两个支系。他们至今还保持自己特有的民族语言、传统音乐艺术、服饰、乐器、刺绣工艺和风俗习惯,莽山是郴州市瑶族文化保持较好的地区之一。

莽山优美的自然生态环境及古老的瑶族文化，吸引了大量游客对它的神往，莽山已成为集森林游览、漂流体验、温泉健身、科研考察、休闲度假、商务会议于一体的大型综合性旅游景区。1992年林业部批准设立莽山国家森林公园，1994年国务院批准设立湖南莽山国家级自然保护区。莽山国家森林公园是我国南方面积较大、生物物种保存较完好的国家森林公园之一，2006年入选湖南省"新潇湘八景"之一，2007年被评为国家4A级旅游景区，2009年被评为全国青少年科技教育基地，2023年入选湖南省首批省级生态旅游示范基地名单。

（二）主要景点

莽山国家森林公园山奇、水秀、林幽、石怪，园内奇峰叠翠，溪涧纵横，空气清新，汇聚了华山之险、泰山之雄、西双版纳之神奇、张家界之俊秀。

1. 将军寨景区

将军寨景区也叫鬼子寨景区，早在1957年就以其独特的自然风光和众多的珍稀动植物而成为全国14个自然景观区之一，也是当时湖南省内第一个"重点自然景观区"。"游人游莽山，必游将军寨；不到将军寨，枉进莽山来"。将军寨景区处于原始森林深处300余米的幽深峡谷中，千尺飞瀑狂泻，四周悬崖峭壁遮天蔽日，奇松怪石令人惊叹叫绝，相传这里是李自成打倭寇的地方。其环形游道全长4.3千米，沿途游览，将军寨瀑布、将军石、望夫岩、镇山神针等景观，皆在云雾中若隐若现。将军寨还是古老珍稀植物的"避难所"，白豆杉、华南铁杉、南方红豆杉、百日青等珍稀植物大量成群地分布，还有南岭紫茎、莽山杜鹃、莽山毛蕨等。每年4月下旬，步行于游道中，便可观赏到千年高山杜鹃盛放的动人景象。

1）将军寨瀑布

将军寨瀑布原叫"鬼子寨瀑布"，瀑布高达108米，从半空呈倒三角形狂泻而下，一到雨季，瀑布十分壮观。这里为什么又叫"鬼子寨"呢？这里有一段真实的历史故事：当年清军寻溪而上要清剿李自成余部，起义军在上堵住瀑布源头，清军爬到这片寨谷时疲乏不堪、瘫倒歇息，起义军突放瀑布，又扮作鬼神在那些峭壁缝隙中伸头怪叫，惊恐万状的清军大部被狂流卷走，侥幸生还者均大惊失色地传说这里有"鬼"弄水。于是，"鬼子寨"就这样一直叫下来了。

2）将军石

将军寨瀑布的左面，矗立着威武雄壮的将军石。这是一座高约百米的巨石峰，无论其外形还是神态气势，都活灵活现，犹如一位古代将军。"他"头戴盔帽，身披铠甲，手握大戟，昂首挺胸，神情庄重，威严地镇守着莽山这一方神圣领土。将军石的左边耸着一块方形巨石，恰似一块将军的盾牌，故名将军盾。相传古时莽山有位将军远征作战，其妻天天登上崖顶盼夫归来。将军战死，为情所感，其灵魂从远方飞回。眼看就要夫妻相会,他却再无力气,坠下谷底成了将军石,其妻悲怆欲绝,就地化成了望夫岩。两座巨石形态逼真,犹如人工雕塑,在大山里相望相守,演绎着感天动地、刻骨铭心的爱情故事。

3)森林浴

森林浴就是沐浴森林里的新鲜空气。氧气不充足、空气污浊容易引发呼吸道疾病,还可能加重心脏负担。森林中的空气清洁、湿润、含氧量高。一些树木散发出的挥发性物质,具有刺激大脑皮层、消除神经紧张等诸多妙处。有的树木,如松、柏等,还可以分泌出能杀死细菌的物质。一天中,上午阳光充沛,森林中空气含氧量高、尘埃少,是进行森林浴的最好时机。

2. 天台山景区

天台山又叫崖子石、岩子石。有道是"不上天台山,不识莽山貌",天台山主峰高海拔1752米,这里山势雄伟、气势磅礴、山中有谷、谷中有峰、奇峰林立。这里的宗教文化灵验神奇;扑朔迷离的传说、多年不腐的女尸,更增添了天台山的神秘感。

1)东天门

天台山的东天门由三座高峰组成,主峰在第二、三高峰间,双峰相对直插云天,浑然而成似雄伟天门,号称"东天门"。相传玉皇大帝每遣使者到人间主事,使者都要从这道东天门出天庭方能下凡。又传这里还是东青帝、南赤帝、西白帝、北黑帝和五龙大会集合之处。游人远远仰望,只见双峰突兀挺立,矫矫不群,显得超逸挺拔。攀至"门"下,抬头仰视,更是惊心动魄,只见两面都是茫茫绝壁,高达300多米,似两道巨大天门自霄汉垂下。二门相距30余米,窄处仅10米,两面绝崖上,峭石耸立,如獠牙,如剑戟;苍劲的悬松倒挂,似猛虎跃下,似盘蛇欲腾。入"门"内攀行,天空只露出条细线,冷风嗖嗖,寒气逼人,举首望一眼"天门"那森严之威,叫人简直喘不过气来,似觉得天窟窿里落下来万山压顶,令人心惊肉跳。从"门"背登临峰巅,只见直伸云际的峭石上,一条幽径如一线天梯,似云绕峰,若断若续,似实似虚,更显得它高不可攀、神秘莫测。沿"百步云梯"而上,顿见一大片绿油油的高山草甸,龙须草丝长如发,细如绒毛,人卧其上,如躺棉絮,与蓝天白云细语,其乐融融;又有山顶箭竹墨绿发亮,如织锦缎;高山杜鹃俏丽多姿,似锦上添花。峰顶有"五龙大帝"神坛。屹立"中南第一险"绝崖处,"天门"胜景更是历历在目,顿觉天人合一,踏碎峰上云,回首鸟道低,举目众山小,真是"无限风光在险峰"。

2)崖子石峰林

从东天门"中南第一险"处西下,便来到天台山腰的"中南第二险"。从这里北望,但见百丈深渊下3000余亩的大峡谷中,又是一片石林险峰之奇异世界。这里是莽山的又一胜景处,是奇险幻绝峰林的集中观赏地。千姿百态的石笋、石柱疏密有致,争奇斗俏；一座座直立的岩峰如青筋暴露，血性十足地直插霄汉，竞比神韵。俯仰皆成故事，横侧都是奇观，犹如一个魔幻之城的轮廓。首先映入眼帘的是一座200米高的石柱，石柱上有一块巧石，巧石形如朝天神龟，举头张望云天，似乎正欲爬上前方高耸云霄的"中南第一险"，其形状令人叹绝。朝天龟旁，一簇石莲花座正中，托起一座约250米高的石柱，石柱底大顶小，形如一支巨笔，顶端是一棵苍翠的参天古松，在苍穹中生动再现出真真切切的"妙笔生花"奇景。与其毗邻，陡然矗起一座鳞次栉比、层层分明的300米高巨石峰，巨石峰正面造型恰似古朴秀美的上海国际饭店，峰顶处的一根根石柱，则如缅甸式佛寺的宝塔群，极具雄奇瑰丽。离这群峰林不远，是金鞭大峡谷出口处的另一群峰林。左边是仙掌峰，活像一只张开伸直了的左手掌，五指分明，连隐隐若若的石缝也极像掌纹。中间的主峰，四面峭壁垂直，顶部树木繁茂。倚依着主峰的，即是童子峰，如一位天真纯朴、憨态可掬的儿童在观赏山景。这两群峰林间距数百米远，但从"中南第二险"处望去，却正组合成一排，互为映衬，远近高低各呈特色，共同构成奇壮一景。且移目换景，移步换形，变化无穷。不变的是，在那一道道绝险峭壁上，每处缝隙，每尺瘠土，必定有苍葱古松挺立、千年矮树刚劲，各种巨大的天然盆景含花吐叶，摇曳多姿，亭亭如盖地笑傲苍穹。整个峡谷犹如奇山怪石峭壁异花博物馆，鬼斧神工，天机独运，令人叫绝。风吹过，一啸百吟；云漫开，万千气韵；日照下，熠熠生辉。这幅犹如蓬莱仙境的写意画卷，足可与张家界风光媲美。这片峡谷峰林彼此保持头角峥嵘的独立，谁也不待见谁、谁也不让着谁，且均十分神秘，以其危崖崩壁，人迹罕至，唯有飞鸟傲然栖息。游人在崖子石上远望观赏，足以撼人心魄。若下到谷底深处环顾四周，定会使人觉得好像被抛入了万丈深渊里，又有在梦中坠下天河之感。在此游览，既能观景又能练胆，还可任思绪飞扬，向着神秘张开想象的翅膀。

3）金鞭神柱

"金鞭神柱擎天，奇景不可不赏"。金鞭神柱以冲天之势矗立于峡谷中，高120米，直径近20米，就像一根石鞭扬起，又似一道擎天柱子，因而得名"金鞭神柱"。它以其刚劲激昂之气势独领风骚，成为莽山奇石中的代表，被选为全国第一次发行的地方风光6幅信封邮资图案之一。

3. 猴王寨景区

1）猴王寨

猴王寨因常有野生莽山短尾猴出没而得名。传说美猴王孙悟空成佛后，曾到此地结交族类，传授绝技。猴王寨背靠原始林莽，危崖峭壁，古木蔽天，瀑群壮观，猴群嬉闹。猴王寨景区是一条长约3000米的大峡谷，峡谷内瀑布成群，雄伟壮观，水潭清澈见底，瀑布群就是此景区的特点。猴王寨景区还是洗肺的好去处，空气负离子具有杀菌、降尘、清洁、强身等功效。据医学研究，空气负离子含量每立方厘米在700个以上就有利于人体健康,猴王寨景的空气负离子含量每立方厘米超过10万个。

2) 莽山自然博物馆

莽山自然博物馆大厅是莽山的地形模型。博物馆设有动物标本馆和莽山烙铁头蛇馆,在博物馆内可以观赏到莽山的珍稀动植物标本和莽山烙铁头蛇。

3) 莽山烙铁头蛇

莽山烙铁头蛇是继眼镜王蛇后国内发现的第二种特大型剧毒蛇,在莽山瑶族传说中又被称为"小青龙",是具有管牙的毒蛇,通身黑褐色,中间杂着极小黄绿色或铁锈色点,构成细的网纹印象;头部为三角形,略大,有颊窝,看上去像是一块烙铁,故得此名。此蛇只分布在莽山极小的范围内,目前尚存300~500条。1996年该蛇种被国际保护组织列入IUCN(世界自然保护同盟)红色名录,莽山自然博物馆玻璃橱窗里就有这种蛇的活体。

4. 珠江源漂流

珠江源漂流又叫莽山漂流,位于莽山国家森林公园风景区内,系珠江支流北江源头。莽山漂流是目前国内漂流项目落差最大的深山峡谷冲浪项目,河道漂流全程5千米,约需两小时,落差高达136米,比著名的东江漂流还要高出63米。沿途原始森林密布,风光旖旎,空气清新,是极好的"天然氧吧"。河水清澈透底,水质优良,有"矿泉水冲浪"之美称。独一无二的深山峡谷冲浪项目,惊险、刺激、安全。随着"开漂",橡皮艇冲入浪花滚滚的激流当中,一路穿过林立的河中怪石,绕过险滩,由北向南蜿蜒而下,河谷、深山、林海中不时回荡着尖叫声和欢呼声。

5. 湘粤峰景区

湘粤峰景区最高海拔1902.3米,是莽山最高峰,它雄踞湘粤两省交界之处,又为广东省境内最高山峰,有"天南第一峰"之称。它高耸入云,四周群山簇拥,站在这里可"北望衡阳、南见韶关",这里也是看日出、观云海之绝佳境地。这里曾是军事禁区,驻扎中国人民解放军空军雷达部队,现仍保留着碉堡状的观察哨所、雷达、守坑遗迹及掩藏军备的地道。该景区主要有金龟石、蛤蟆石、军营秘洞、高山矮林等景点。

6. 莽山瑶族民俗

莽山是五岭民族走廊上一个重要的瑶族聚居地。瑶族人民自宋代迁徙至此繁衍生息已逾千年,形成了瑶族独具风格的祈福祭祖、婚丧嫁娶、音乐舞蹈等,成为莽山主要的地域民俗文化。莽山瑶族如今还居住着近5000名瑶族人民,有过山瑶和八排瑶两个支系,依然保持着独特、古朴、淳厚、多姿的民族习俗。著名作家古华(首届茅盾文学奖获得者)在莽山积淀了丰富的艺术情感,以莽山的人文风情创作了《芙蓉镇》《相思树女子客家》《爬满青藤的木屋》等名篇佳作。

瑶族人民喜爱歌舞,流传有《盘王大歌》《过山榜文》等历史歌谣,以及生产劳动歌、祭祖歌和情歌等,都是以天地人类起源等故事、瑶族社会生活经历作为歌唱的主要内容。《盘王大歌》歌词长达76段,是瑶族人民世世代代祭祀盘王活动仪式的唱本,可谓瑶族的民族史诗。《过山榜文》长布卷,有1100字。舞蹈除长鼓舞外,较流行的还有花棍舞,猴舞和青牛舞则是演员戴着面具表演。这些瑶族舞蹈大多节奏明快,激情奔放。

瑶族婚俗包含"齐客""出亲""送亲""接亲""进门""婚宴"等仪式,礼仪虽然繁复,却透着质朴和纯美。过山瑶的拜堂仪式更烦琐,新郎须行"九叩三十六拜"礼,而新娘不用下跪,作揖即可。酒宴不论桌数,用长方条桌和门板置宴席,称"门板流水席",先招待送亲来宾,然后依次招待其他来宾,一批批轮番宴请,连续不断。晚上,主宾皆不睡觉,饮酒至天明,新郎和新娘亦不例外。

瑶族的节日很多,几乎每个月都有。较盛大的传统节日有每年农历十月十六日的盘王节、农历三月十一日的起春节、农历七月初七的团圆节。在这三大节日之时,瑶族会举行诸多传统表演活动。

## 二、莽山五指峰景区

### (一)景区概况

莽山五指峰景区地处湖南省郴州市宜章县溶家洞,坐拥大莽山核心精华景观,内有五指峰、金鞭大峡谷、金鞭神柱、摩天岭、天台山、观音古寺及万寿塔等数十个景点。奇松、怪石、险峰俯仰皆是,云海、飞瀑大有可观,奇花异草、珍禽猛兽时而可见,更有世界上控制系统较先进、中国单线最长的观光缆车,中国南方最长的云间栈道以及海拔1600米的悬崖电梯。莽山五指峰景区景点分布如图2-2所示。

图2-2 莽山五指峰景区景点分布图

图片来源:网络

## (二)主要景区景点

1. 指峰飞渡——五指峰索道

五指峰索道为奥地利进口,采用世界上较先进的控制系统,全长3.7千米,高差达1000米,是中国目前最长的单线循环式脱挂抱索器索道,运量2000人/小时,单程仅需11分钟。一索飞渡,上下穿梭,腾云驾雾,可近观五指峰、远眺天台峰。

2. 云栈漫步

"不上天台山,不识莽山壮",云栈漫步,惊险刺激,可观莽山天台山最险要、最壮美的风景。天台山景区位于莽山的东北方,由三座海拔1700米以上的高峰和一个大峡谷构成:左边的高峰叫摩天岭;右边的高峰叫天台峰,海拔1757米,被称为"中南第一险";中间的高峰叫观音崖;三峰鼎立的中间,就是金鞭大峡谷,这里有金鞭神柱、东天门等景点。

3. 金鞭揽胜——金鞭大峡谷

金鞭大峡谷平均深度1500余米,最高深度达到1700余米,总面积达3000余亩。峡谷之内,常年云雾缭绕,险峰怪石奇松林立,奇花异草、珍禽异兽繁多,俯仰皆是传说故事,横侧都是奇观美景,宛若神仙境地。

4. 东门迎祥——东天门

观音崖与摩天岭双峰相对耸立,直插云天,恰似两道巨大天门,自霄汉垂落,两门相距最宽处30余米,窄处仅10米,翘首仰望,天空仅余细线。因位于金鞭大峡谷乃至整个景区的最东端,所以称其为东天门。传说东天门由东极青华大帝镇守,其常救苦救难。当地人称,在此祭拜祈祷,极为灵验。

5. 七星斗日——七星崖

七星崖是整个莽山观赏日出日落的最佳位置。相传盘古开天地之前,天上原有南斗七星与北斗七星,相对辉映,天地因此混沌,难分南北。后来盘古开天辟地,便把南斗七星摘了,只留北斗七星以指示北方,而南斗七星便落在了这里。

6. 摩天望粤——摩天岭电梯

摩天岭电梯,垂直高度约130米,运行高度约110米,运行速度每秒2米,运行时间约1分钟,建造在摩天岭的山腰上。摩天岭,被称为"中南第二险",站在这里,往南边看去,粤北的广袤山河尽收眼里。

7. 天台探险——大天台

大天台也就是天台第一峰,天台峰号称"中南第一险",险崖垂直落差300米。俯视峡谷,危崖高深莫测,昂首环顾四周,山峰巨壑像洪峰海浪一样,直奔游客心间,天地之悠悠,多么美妙啊!难怪有人说"不登第一险,不曾见莽山"。

这里也是当地瑶族人民的求雨台。相传,古时某年遭遇了百年一遇的干旱,当地百姓便在头人的带领下登上此峰,焚香祭拜,顿时乌云密布、雷声大作,顷刻间,便天降暴雨。从此以后,一遇干旱,当地百姓便登上此地求雨,据说灵验得很。

8. 云端赏花——小天台

小天台是看日出、观云海的最佳点,也是春末夏初观赏莽山高山杜鹃花海的最佳位置。高山杜鹃是我国十大名花之一,白居易赞曰:"闲折二枝持在手,细看不似人间有。花中此物是西施,芙蓉芍药皆嫫母。"经调查,莽山有43种杜鹃花,其中湖南杜鹃、涧上杜鹃、湖广杜鹃为莽山特有杜鹃花物种,是华南地区杜鹃花最集中、种群状态最原始、原生杜鹃林最多的区域。从每年4月开始,由低海拔到高海拔,各种杜鹃花次第绽放,花期长达3个月,绵延十余里的杜鹃花海成为莽山一道别样的风景。与别处不同的是,这里的杜鹃是高山杜鹃,与一般杜鹃相比,高山杜鹃枝粗叶大,树的高度也可达3米;花冠如伞形,直径15～20厘米,个别品种的直径甚至超过25厘米,堪称同类中的"巨无霸"。

9. 观音礼佛——天台寺

天台山形似巨龙飞天外,东天门似龙的双角并立,天台山神似龙额,龙额鼻梁处就是观音古寺。"山不在高,有仙则名。水不在深,有龙则灵"。天台寺建在龙额鼻梁处,背靠崖子石主峰,北临崖子石峰林,庙宇四周悬崖陡壁,幽林别致,位居天险,视野壮阔,风光秀丽,可谓"纳天地之元气,吸日月之精华"之所在。据地方志记载,早在2200年前的汉高祖时期这里就已有庙宇,古寺虽小,但在湘南及粤北地区其香火一直十分旺盛,可惜原来的古寺在1930年毁于匪患。1993年香火恢复后,又出现了一个老尼姑仙逝后肉身三年不腐的奇闻,曾一度轰动四方。现在的古寺,是2003年在原址按旧貌重建的。这里历史悠久,山高境美,幽林别致,视野开阔,是礼佛、净心、祈福的好地方。

据说,1928年初,朱德、陈毅率南昌起义余部从广东转到了莽山谋划湘南起义。第一次谋划发动年关暴动、智取宜章的会议,就是在这里举行的。宜章年关暴动的胜利,揭开了湘南起义的序幕。

10. 万寿祈福——万寿塔

万寿塔始建于明代中期,后多次毁坏,现在我们所看到的是20世纪80年代末修复的。塔高约9米,塔身最大直径约1米,八角十一级,空心水泥塔,塔基是一只乌龟,塔基正面阳刻楷书繁体"万寿塔"三字。据传,每次触摸乌龟的头顶九次,持续九年,即可延年益寿。

## 任务实施

作为郴州地陪导游,小王要做好带团与讲解工作,可以分以下几步完成莽山国家森林公园的讲解任务。

(1)做好准备。游客来莽山国家森林公园,主要目的是森林观光、科普探知,感受大自然的鬼斧神工,体验莽山的山奇、水秀、林幽、石怪,地陪导游要突出莽山在休闲度假、森林游览、漂流体验、温泉健身、科普探险、商务会议等各种旅游项目上的独特功能,并做好相关知识准备,尤其是有关珍稀动植物如莽山烙铁头蛇的相关知识。提前告知游客景区气候特征,提醒游客随身带好雨具,自备必要的御寒衣物;登山游览,尽量穿旅游休闲鞋,不穿裙子;在景区要爱护自然环境,不随意乱丢垃圾,维护景区环境整洁;遵守景区的规定,尊重当地的风俗文化和习惯。

（2）莽山国家森林公园沿途景区讲解。告知游客本次的游览路线,并重点介绍景区包括哪些景区景点,突出莽山壮美惊天下的原始生态风貌。

（3）莽山国家森林公园景区景点讲解。介绍莽山优美的自然生态环境及古老的瑶族文化,讲解莽山的"山奇、水秀、林幽、石怪"。重点介绍以莽山烙铁头蛇为主的莽山自然博物馆,危崖峭壁、古木蔽天、谷狭径幽、飞瀑成群的猴王寨景区,峡谷幽深、飞瀑狂泻、松奇石怪、古木缭盖、鸟语花香的鬼子寨景区,山势雄伟、奇峰怪石、奇峰险崖的佛教圣地天台山景区,游览时需要对莽山生态旅游和生态保护做好宣传。

## 任务考核

| 考核项目 | 评分细则 | 评分标准 |
| --- | --- | --- |
| 语言能力 | 语音、语调准确,吐字清晰,音量适度,语调富有变化,语速适中。语法正确,用词准确、恰当,能运用必要的修辞手法;语言流畅,语汇丰富,表达准确、生动,并能恰当运用体态语,有较强的感染力 | 满分15分 |
| 仪表礼仪 | 言行举止符合导游人员礼仪、礼貌规范 | 满分15分 |
| 导游讲解 | 讲解内容全面、正确,条理清晰,详略得当,重点突出,结构完整。讲解方法运用得当,讲解生动、有趣,能体现一定的导游技巧,现场感强,能吸引人 | 满分60分 |
| 导游规范 | 熟悉导游服务规范,导游服务程序正确 | 满分10分 |

## 任务拓展

任务一:莽山距离郴州、韶关、清远约120千米,距离赣州、衡阳、永州约200千米,距离广州、长沙、桂林300多千米,南下广州、深圳,北上长沙、武汉均可朝发午至,是湘粤两省交通咽喉所在,已成为"返璞归真、回归自然"的自驾车旅游和中短距离旅游的最佳目的地。请你针对自驾游游客猎奇的需求,推荐莽山的游览线路及景点特色。

任务二:莽山具有"第二西双版纳"和"南国天然树木园"之称,请你就此向游客进行介绍,时间不少于3分钟。

## 任务六　鉴赏万华岩旅游资源

### 任务导入

郴州某小学将组织班上40多位学生到万华岩景区开启探索自然地质研学之旅,作为景区讲解员,小王该如何提供生动有趣的讲解服务?

### 任务探究

#### 一、万华岩风景名胜区概况

万华岩位于湖南省郴州市西南方向12千米处的保和镇坦山村,是一个正在发育的大型地下河溶洞,属南方典型的喀斯特岩溶地貌,是以自然风光著称的风景旅游度假胜地,当年曾是太平军活动的地区之一。

万华岩有悠久的洞穴考察游览历史,自南宋起即已留下丰富的诗词、题刻与游记资料。景区于1978年规划设计建设,1987年5月1日正式向游人开放,1990年列入第一批省级风景名胜区,2001年列为国家地质公园,2009年列入国家级风景名胜区、国家4A级旅游景区、中国地质学会洞穴专业委员会常务理事单位、国际风景溶洞协会(ISCA)成员单位(国内仅有7家),是郴州市的重点风景资源及湖南省重要的旅游资源。

万华岩是一处罕见的大型地下河溶洞区,属典型的岩溶地貌(喀斯特地貌)。喀斯特是南斯拉夫的一处高原,因为主要由石灰岩构成,在长年流水侵蚀之下,形成了大量溶洞,后来人们就将类似的岩溶地貌称为喀斯特地貌。喀斯特地貌在我国分布很广,如桂林山水、路南石林等。喀斯特地貌中的溶洞形成必须具备四个条件:第一,要有流动的水源;第二,水具有可溶性;第三,岩体也是可溶性的;第四,发生过塌陷或撞击等自然地质现象。这几个条件在湘南都具备,万华岩溶洞四季恒温,温度在18 ℃左右,湿度适宜,它的形成是石灰岩地区地下水长期溶蚀的结果,石灰岩里不溶性的碳酸钙受水和二氧化碳的作用能转化为微溶性的碳酸氢钙。石灰岩层各部分由于石灰质含量不同、被侵蚀的程度不同,逐渐被溶解分割成了景观奇异的溶洞,造就了万华岩这样一处大型溶洞。

万华岩发育的母岩为距今3.55亿年的晚古生代石炭纪下统;洞穴空间形成年代较晚,距今约100万年;钟乳石形成年代更晚,距今几十万年之内,并且仍在发育中。万华岩的地质变迁复杂,跨越时间长,对钟乳石、花岗岩砾石、天坑、大型节(层)理、清晰的多层水平边槽等奇特地质现象的研究,能较全面还原区域内古地理、古气候、古环境的变化过程,具备极高的科研价值;并且洞内环境保护良好,生物链完整,原生洞穴生物多且罕见,甚至有世界首次发现尚未命名的生物。

万华岩洞穴系统相对简单,为管状结构,没有复杂的分叉,有北、中、南三个洞口。北洞口为目前游览的入口,中洞口为黑岩天坑(湘南地区目前发现的唯一天坑),是目前游览的出口,天坑底部向南约350米还有一出口,即河上岩。万华岩溶洞已探明总长度10千米左右,分为主洞和支洞两部分,总面积约27000平方米,其中水面约9300平方米。

万华岩基本属横穿洞,洞道与地下河基本重叠,地下河流域面积28.5平方千米,水流充沛、洁净、四季不断,且落差较大,目前已开发洞穴自助激情漂流1850米。

目前,万华岩主洞(北洞口—河上岩)长约2550米,现向游人开放路段为北洞口—黑岩天坑约2200米。主洞地势高差较大,洞腔一般宽5～70米、高10～30米,温度四季恒定,17.9～18.7℃,相对湿度90%～99.8%,空气负离子每立方厘米4370～12420个。万华岩景点分布图如2-3所示。

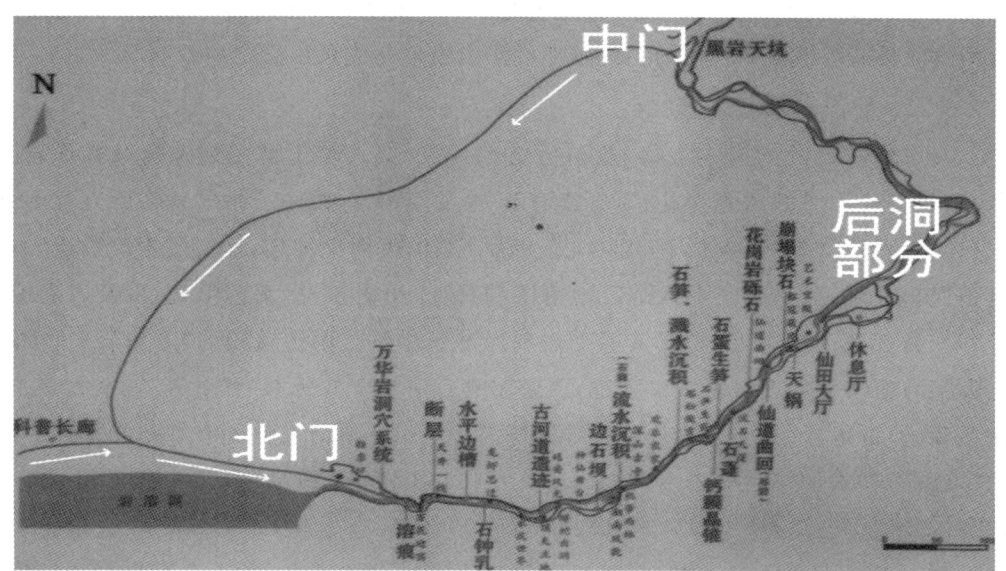

图2-3 万华岩景点分布图

图片来源:网络

万华岩山清水秀、空气清新,洞内景观精彩纷呈,洞外环境优美宜人,堪称"山青、水秀、洞幽、气爽"。万华岩湖光山色、地质遗迹、民俗传说、摩崖石刻群、古兵备(洞堡)遗址及惊险刺激的溶洞漂流等旅游资源丰富,是湘南旅游一颗璀璨的明珠,是一处具有较高观赏价值、科学价值和探险价值的国家级洞穴。主洞内已开发景点23个,钟乳石千姿百态、鳞次栉比、种类繁多,具有三大特色。其一,流石坝、钟乳石类发育较好,体量巨大,成群出现;其二,有仍在发育生长中的水下晶锥,国内外罕见;其三,地下河道坡度较大,十分有利于洞中漂流,其漂流的刺激性位居国内已开发的洞穴前列。洞内多种岩溶形态是本区域地壳运动和现代地质作用的产物,尤其是水下晶锥,目前全球仅2例,是打开本区域新近纪以来的地壳运动、岩溶发育、地下河演化等诸多方面的钥匙。万华岩支洞长度超过7000米,洞身曲折,钟乳石形态多样,急流、险滩、悬瀑多处,是探险猎奇的好去处,具有较大的开发潜力。

## 二、万华岩风景名胜区主要景点

### (一)湘南民间艺术长廊

湘南民间艺术长廊位于万华岩洞口,建于1997年,由12条横梁和28根竖柱组成。长廊雕满飞禽走兽和神态各异的脸谱,有天上飞的、水中游的、地上跑的,还有各路神仙、十二生肖等,内容丰富多彩,雕工粗犷豪放,这是中国傩文化的一种表现形式。傩文化是中国多种宗教、民俗、艺术相融合的一种文化形态,最早出现于黄帝时代,形成和完善于商朝和周朝。它是古人与鬼神对话的一种方式,先民们每逢丰收之后便戴着图腾面具载歌载舞,祈神保佑,这说明湘南自古便是先民生息之地。

### (二)万华岩摩崖石刻群

万华岩有悠久的洞穴考察、旅游历史,有不少文人学士撰文刻碑歌颂万华岩美名,虽经漫长岁月的风霜洗礼,至今尚存碑刻、题字文物数件。北宋著名诗人阮阅到此一游后写下《郴江百咏并序·坦山岩》一诗:"空山夜雨鬼神愁,怪石层岩虎豹忧。鸟道不通车马到,只供衲子羽人游。"他将溶洞特征、历史传说、水色山光,以及岩洞惊、奇、险、秀都融入诗中,游后真实感受表现得淋漓尽致。洞顶镌刻的"万华岩"三个红色大字为南宋著名理学家张栻手迹,顶壁左侧有南宋李朴所书"万华岩"三个大字,下厅顶壁的"万华岩"三个大字是隋代郡守杨昌子所书。洞口左侧刻有郴州知军赵不退的"坦山岩劝农记"碑,立于南宋绍兴十八年(1148年),号称"中国农耕史上第一碑",碑高2.5米、宽1.73米、厚0.54米,碑文23行400多字,柳体楷书,字迹清晰,完整无缺,上面刻写着赵不退奉旨劝农、立碑记事的过程,以及用"务农重谷,天下为本"的道理开导百姓的内容。该碑是我国最早记述开展农业宣传的石碑,历经近900年的风雨沧桑,碑文仍然清晰可辨。

在"坦山岩劝农记"碑后面左侧3米处,有"坦山万华岩叙"碑,碑高1.5米、宽1米、厚0.3米,清咸丰十年(1860年)立,碑文800字,碑横额直书阴刻正楷,字迹清晰、无剥蚀。碑文记叙了太平军攻入郴州和退出郴州的时间、地点,以及当年太平军犯郴和当地百姓抵抗的情况。

### (三)万华岩岩溶地貌

万华岩洞内景观精彩纷呈,钟乳累累,如禽若兽,拟人状物,惟妙惟肖,气势磅礴,别具一格。已开发景点25处,其中镇洞之宝"水下晶锥"全球仅两例,国内唯一,是世界罕见的溶洞奇观。

#### 1. 万花迎宾

万花迎宾就像一个美丽的大花园,有亭亭玉立的玉兰、富贵骄人的牡丹、娇艳欲滴的玫瑰、摇曳多姿的芙蓉,鲜花争奇斗艳,竞相开放,迎接贵宾们的到来。这些石花都属于流水沉积,学名"水母石"。据考证,南宋淳熙十一年(1184年),河南颍川的乐内居士慕名来此游览,见石花盛开,美不胜收,题写"万华岩"三字,因古文"华"与"花"相通,即寓意万华岩万花盛开、繁花似锦。

#### 2. 湘南风貌

在万华岩里有数片石田。明代诗人刘汝楠到此一游后,感叹道:"四时不断洞中雨,百亩谁开石上田?"这层层梯田在岩溶洞穴学中称为流石坝,纯天然形成的流石坝是万华岩的一大特点。万华岩内拥有8处以上的流石坝,最长的一处有20米长,最深的一处有1.6米深,这种流石坝群无论是总体规模还是单体规模,在国内外都是很少见的。如此壮观的流石坝群,连地质学专家们见了后都叹为观止。

#### 3. 水下晶锥

流石坝池中的水面上形成的一层钙膜,在洞顶的水滴落下时,会被打碎而下沉,并在水下沉积结晶,长年累月形成了水中无尖顶的锥状晶体。这在岩溶洞穴学中称为水下晶锥,是世界上极其罕见的岩溶沉积现象,形成原因极为复杂,对环境要求非常苛刻,目前仅中国的万华岩和美国的猛犸洞发现了这种岩溶精品。

#### 4. 石蛋生笋

万华岩地下河后面的溶洞里散布着许多巨大浑圆的花岗岩砾石,就是人们俗称的鹅卵石。这些鹅卵石,大的有1立方米,重达1吨。这本是地上河的产物,为什么会出现在地下河中呢?更为奇特的是,有的鹅卵石上居然长出了石笋,在其他溶洞中是看不到这种"石蛋生笋"的景象的。据专家分析,数十万年前,地上河水潜流到地下,将洞外的花岗岩砾石冲到洞穴里,后来由于流速减慢,这些砾石就永远留在了地下。它们有的卡在石壁上,有的埋入钙化石幔中,后来含碳酸钙的水落在上面,就逐渐沉积长出了新的石笋,这种"石蛋生笋"也是万华岩的一大特色。

5. 艺术宝殿

它是万华岩内最大的一个厅,最宽处有70米,面积达2700平方米。这里也是一个岩溶的"艺术宝殿",各式各样的岩石错落有致,奔腾不息的地下河水萦绕回荡,游客可以尽情发挥想象力,充分感受大自然的美妙韵律。

6. 其他代表性景点

天开一线:万华岩主洞最高的地方,与河床相对高度为29米,只有一丝光线穿透50多米厚的岩层直射下来,洞内可见这条裂缝,洞外却始终无法找到。

水底世界:水平如镜的湖面下是一个美丽而幽深的水底世界,成群的珊瑚、绿色的水草、五彩的石花、突兀的暗礁,还有一条好像能通往水底深处的隧道,实际上这些都是洞顶的钟乳石在水中的倒影。

神仙舞台:神仙聚会的大舞台上,右上方是雍容华贵的王母娘娘,舞台正中是手托净瓶的观音菩萨,前方是正在打猴拳的孙悟空,胖胖的是猪八戒,倒骑毛驴的是悠然自得的张果老,俨然一场巨大的蟠桃盛会。

(四)万华岩古堡

万华岩溶洞出入口建有太平天国时期的防御工事。前洞的防御工事于20世纪60年代被毁,前洞口立有清咸丰十年(1860年)记载太平天国历史的"坦山万华岩叙"碑。万华岩后洞口、天坑、和尚岩出口修建的古城墙及天坑出口顶部哨卡保存完好。

后洞口城墙:南北走向,长12.6米、高3米、厚1.7米;城墙中部开石门,仅容一人通过,门高1.7米、宽1米、长1.7米,尾部呈"八"字形在墙内延伸;整体保存基本完好,南端尽头内部呈斜坡状,北端尽头有少许崩塌。

后洞天坑城墙:东南至西北走向,城墙为石砌,上部长17.4米,下部长22.9米,高3.85~4.65米,厚2.7米,走道宽1.0~1.25米;石门靠西北端,外高2.0米、宽0.7米、内高1.85米、宽1.2米,内宽外窄,内高外低,呈"八"字形;3个射击孔,内宽外窄,外宽0.15米,内宽0.55米,高0.75米,呈"八"字形;整体保存基本完好,西北端为一条2米多宽的深沟,原垒有城墙,现坍塌。墙内地势较平坦,十分宽敞,可容纳数千人;天坑出口顶部建哨卡,上部已倒塌,尚存约1米高的石墙基。

和尚岩城墙:东南至西北走向,城墙为石砌,全长41米、高5.5米、厚2.7米,走道宽0.9米;城墙上部射击孔已倒塌,几乎与走道相平;东南端尽头下方有一暗洞可与外部相通,西北端尽头为一天然小洞,可容纳二三十余人;墙内地形起伏较大,穹顶高耸,怪石嶙峋,空间宽敞,可容纳数千人。

(五)万华岩溶洞漂流

万华岩溶洞漂流被誉为"世界溶洞第一漂",全程长1850米,漂流落差达36米,途经九曲十八弯,25个风景点,不仅能体验惊险刺激的"随波逐流",更能近距离领略约3

亿年前石炭纪时期的水底生物化石,感触它们几乎永恒的生命,全程1小时的激情漂流,可以欣赏沿途千姿百态的石笋、石柱、石旗、石幔、石钟、石田等,尤其是国内首次发现的"水下晶锥""石蛋生笋",价值不可估量,让人有一种从地心漂出来的奇妙感觉,非常刺激却很安全。

(六)西瓜节

万华岩风景名胜区自2000年成功举办万华岩西瓜节以来,西瓜节已成为当地的新民俗,并定于每年7月西瓜丰收的季节举办一届。西瓜节期间,万华岩风景名胜区四处张灯结彩,营造浓厚的节日氛围。活动以西瓜为载体,努力打造"精品旅游、特色名节",弘扬传统农耕文化,丰富市民业余休闲生活,提升旅游品位,达到以旅游促农业、以农业促发展的双赢目标。

## 任务实施

作为景区讲解员,小王要做好带团与讲解工作,可以分以下几步完成该任务。

(1)做好准备。熟悉接待学生年龄特点和课程教学要求,提前准备好万华岩溶洞科普资料(包括图片、视频等资料),秉承"走进岩溶、了解岩溶、探索岩溶之奥秘"的研学教育理念,科学设计讲解内容,通过科普展示、科普解说、专家讲座、咨询服务、导游讲解和发放宣传资料等形式全方位向学生宣传岩溶科普、风景名胜、人文历史与社会主义核心价值观等知识,引导学生将书本知识与真实的自然世界有机结合起来,培养学生的自然观察能力、注意力、记忆力、描述能力和独立思考能力。

(2)接待工作。①提前到达指定地点,提前做好接待工作;②致欢迎词;③介绍本次研学主题与研学任务;④提醒游览注意事项。

在景区要爱护自然环境,不随意乱丢垃圾,维护景区环境整洁。遵守景区的规定、制度,尊重当地的风俗文化和习惯。

(3)科学讲解。以万华岩风景名胜区岩溶地质资源和人文历史资源为载体,开展研学旅游实践活动。通过生动有趣的讲解,带领学生穿行于深邃神秘的万华岩溶洞,身临其境探索洞穴奥秘,深入了解了万华岩洞穴的特殊地貌以及各种奇异景观。让学生在实践中不断挑战自己,接触到书本上体会不到的震撼、扣人心弦的景物,培养孩子们的自然观察能力、注意力、记忆力、描述能力、独立思考能力、协作能力、探究意识和创新精神,提升科学素养。

(4)小结,致欢送词。

## 任务考核

| 考核项目 | 评分细则 | 评分标准 |
| --- | --- | --- |
| 语言能力 | 语音、语调准确,吐字清晰,音量适度,语调富有变化,语速适中。语法正确,用词准确、恰当,能运用必要的修辞手法;语言流畅,语汇丰富,表达准确、生动,并能恰当运用体态语,有较强的感染力 | 满分15分 |
| 仪表礼仪 | 言行举止符合导游人员礼仪、礼貌规范 | 满分15分 |
| 导游讲解 | 讲解内容全面、正确,条理清晰,详略得当,重点突出,结构完整。讲解方法运用得当,讲解生动、有趣,能体现一定的导游技巧,现场感强,能吸引人 | 满分60分 |
| 导游规范 | 熟悉导游服务规范,导游服务程序正确 | 满分10分 |

## 任务拓展

任务一:万华岩风景名胜区具有湘南地区唯一的天坑,请你就此向游客进行介绍,时间不少于2分钟。

任务二:近年来,万华岩风景名胜区以岩溶地质资源和人文历史资源为载体,开展了许多研学旅游实践活动,建设了万华岩国家地质公园岩溶地质遗迹监测示范中心和地质遗迹数字监控系统,与中国地质科学院联合建设了万华岩地下河远程自动监测站,设有80米国内外岩溶精品科普长廊,在洞内外制作了86块科普解说牌,受到了广大游客,尤其是中小学生的欢迎,参加科普活动的游客数量与日俱增,在景区营造了"讲科学、学科学、用科学"的良好氛围。请你就万华岩的某一处岩溶地貌景观,为初中一年级的同学进行讲解介绍,时间不少于2分钟。

即测即评

# 任务七 鉴赏飞天山国家地质公园、高椅岭旅游区旅游资源

## 任务导入

郴州某旅行社导游员小王作为地陪接待一个来自广东的中学生研学旅游团,具体行程如下:

上午:乘大巴前往飞天山国家地质公园(游览时间约3小时)。参观地学科普教育基地地质博物馆,全面了解飞天山地貌景观;穿越绿草如茵的高山草原和沟壑纵横的飞天大峡谷,沿途欣赏老虎山、聚仙台、神仙指、睡美人、海豚魂、乌龟藏宝、剪刀坳等神奇瑰丽的丹霞象形景观;游览石佛寺,欣赏小飞天佛、摩崖石刻及飞天壁画;参观寿佛寺,了解无量寿佛的传奇事迹;最后乘船游翠江,沿途欣赏鲤鱼戏水、卧牛岗、狮子岭等栩栩如生的丹霞奇观,还能看到被称为"旷世之谜"的千年悬棺。

下午:中餐后前往高椅岭旅游区游览(游览时间约2.5小时)。来到这里,可以走一走"网红桥"连椅桥,攀爬登天云梯,观赏绿得令人心醉的巨蜥湖,体验悬空栈道、悬崖秋千、"步步惊心"等惊险刺激的娱乐项目。红岩绿水、险寨奇洞,生态自然,美得一塌糊涂。

在带团过程中,一名游客问道:我们此次旅途游览的飞天山和高椅岭是丹霞地貌,广东的丹霞山也属于丹霞地貌,那么郴州的飞天山、高椅岭与广东的丹霞山有什么区别呢?

## 任务探究

### 一、飞天山国家地质公园

(一)飞天山国家地质公园概况

飞天山国家地质公园位于郴州市苏仙区境内,距郴州市区18千米,地跨桥口、许家洞、五里牌三镇,处南岭山脉北部,素有"南岭福地,湘南明珠"的美誉,被评为国家4A级旅游景区、国家户外健身基地和湖南省风景名胜区,是电影《半条棉被》取景拍摄地、中央电视台《唱响新时代》节目郴州站录制地。

飞天山国家地质公园总面积约110平方千米,交通便捷,资五公路、郴永大道、郴州大道、郴资路、造香公路直达公园,战备公路、黄桥公路连接公园内各景点。公园以丹霞地貌和喀斯特溶洞为主要特色,其丹霞地貌的形态和规模在同类地形中均已达到极限。公园由九寨、四坦、三庙、二江、一温泉构成,地质构造复杂,地貌类型多样,集山、水、林、洞、佛于一体,聚雄、奇、险、峻、秀于一身。

公园内山环水绕、寨坦错落,峡谷奇洞、赤壁丹霞、高山草原、丹霞之心、睡美人、寿佛寺、石门、天生桥、一线天、岩洞、天池等景点分布其间。翠江风景带一路蜿蜒向北,两岸丹峰林立。碧水丹崖,怪石幽洞,古木吐翠,竹海茫茫,构成了一幅美轮美奂的自然画卷。除了自然景观,公园内还有摩崖石刻、千年悬棺、石佛庙宇等充满传奇色彩的历史古迹,是一处独具魅力、令人流连忘返的旅游胜地。大旅行家徐霞客曾赞叹飞天山"无寸土不丽，无一山不奇"。飞天山国家地质公园导游图如图2-4所示。

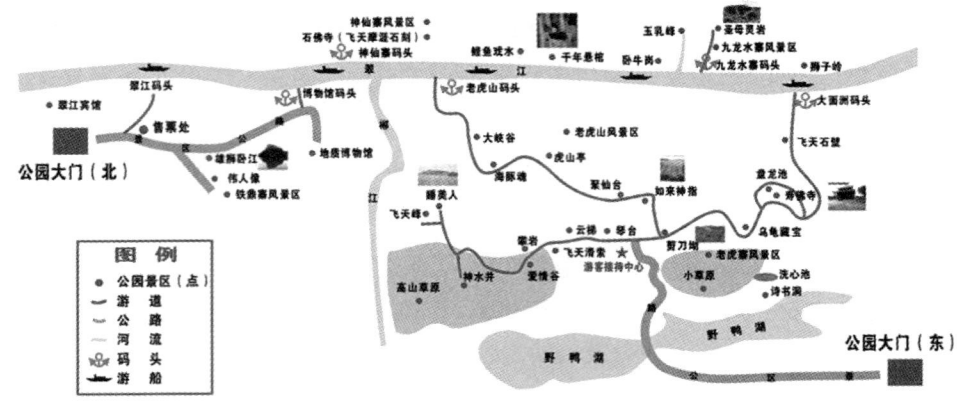

图2-4 飞天山国家地质公园

图片来源：网络

## （二）郴州丹霞的"非典型"容颜

丹霞地貌指的是内陆盆地沉积的红色岩层经地壳抬升、流水切割侵蚀而形成的地貌。丹霞地貌最突出的特点是赤壁丹崖广泛发育，形成了顶平、身陡、麓缓的方山、石墙、石峰、石柱等奇险的地貌形态，各异的山石形成一种观赏价值很高的风景地貌，它在我国广泛分布，但相对集中在东南、西南和西北三个地区。

郴州丹霞分布的核心区域位于茶永盆地（茶陵—永兴）南端，主要包括郴州市苏仙区、资兴市、永兴县一带的飞天山丹霞、便江丹霞等，而广义的郴州丹霞范围与茶永盆地相契合。

2010年，我国南方六省（广东、湖南、福建、贵州、江西、浙江）丹霞地貌联合申报世界自然遗产，名单中却没有湖南郴州丹霞。尽管郴州的红层面积远超湖南省列入世界自然遗产名录的崀山与万佛山，郴州丹霞却因为缺少峰柱，外貌和"顶平、身陡、麓缓"的丹霞地貌特征不太相符而缺席当年的世界自然遗产申报。

而之所以形成如此特殊的"非典型"丹霞地貌，是因为郴州丹霞斜卧在茶永盆地之上，湘江最大的支流耒水及其二级支流程江由西南向东北横贯丹霞地貌核心区域，这里广袤的丹霞岩丘，在流水切割的漫长历史中，地壳侵蚀下降速率大于地壳上升速率，河流蜿蜒成为曲流，峰林、石柱等丹霞地貌组合被侵蚀、夷平，从而逐步趋向准平原化。耒水九曲十八弯，与郴州丹霞环环相扣，组成了奇特的水上丹霞景观。

虽然因为一张独特的面孔错过申遗，但这处"非典型"丹霞并非默默无闻。早在明代,著名旅行家徐霞客就曾站在郴州资兴的程江口,对这里"色间赭黑"的地貌景观流连忘返,在郴州丹霞环绕的江上行船时,发出了"余揽山水之胜,过午不觉其馁"的感叹,称赞郴州丹霞"秀色可餐"。

### (三)飞天山国家地质公园主要景点

1. 地质博物馆

地质博物馆分为陈列厅、展示厅、演示厅、游客休息服务厅四个功能区。馆内陈列有飞天山国家地质公园全景立体模型,有各类矿物矿石近百件、各类中英文图片展板80多块。通过各种形式,全面介绍了飞天山国家地质公园的地质演变历史和特点,集中展示了公园内的自然景观和地质精华,融知识性、优美性、娱乐性于一体,是进行地学科普教育的重要基地和全面了解飞天山地貌景观的重要场所。

2. 卧牛岗

卧牛岗为翠江沿岸的一座丹霞象形山,是大自然留给我们的瑰宝。它就像一头卧江饮水的牛,特别是它的眼睛,炯炯有神。传说这头牛是天上的神牛,喜欢下凡间的江河里洗澡,多次造成滔天洪水,给江边村民带来灾害。有一次它跳进这条河里洗澡时,正好被女娲娘娘逮到,女娲娘娘便施展了法力,将它化为石山伏卧江畔,不再危害人间。

3. 老虎山

老虎山因整座山山脊形似虎背而得名,长300余米,山脊窄而长,两侧边坡陡倾,坡面上竖向沟槽密布,岩石上的石级古道连接云天,惊险万分;山顶凉亭矗立,视线通透,美景尽收眼底,是丹霞岩墙景观的代表。

4. 乌龟藏宝

绝壁危岩上紧紧地黏着一块龟背形的石块,这是丹霞地貌的神奇。传说古时候,一只常在寿佛寺听禅的千年神龟,在强盗打劫时,舍生取义,将自己的身躯化作石块堵住洞口,保护了和尚们用来修路架桥的钱财,因此得名。

5. 洗心池

因佛教中的无量寿佛在此悟道成佛,飞天山被人们称为寿山福地。洗心池位于飞天山小草原东边,相传寿佛长年累月在池边打坐诵经,天长日久,池边留下了两个坑,至今仍依稀可见。诵完经后,寿佛都会在池中沐浴净身,"洗却尘念,一心向佛",日复一日,年复一年,这池便成了心形,池中的水旱不干、洪不溢。后来,人们发现在池中洗手会有好运相随,确实神奇。

6. 神仙指

神仙指传说为阿弥陀佛点化寿佛幻化而成,六根巨大的石指深印在红岩之上,关

节分明,栩栩如生,因此得名"神仙指"。这种景观在地质学上称为溶蚀管槽,是崖壁受流水侵蚀,天长日久而形成的垂直排列的流水槽。

7. 飞天大峡谷

由于地壳运动和水流冲蚀,飞天山有无数的沟沟壑壑,飞天大峡谷全长2000多米,谷中药材、树木颇多,以桂花为盛,这里是恋人相约的好地方,故此地又名"飞天侠侣"。

8. 睡美人

"睡美人"其实是连绵起伏的山,距今有1.4亿年,地质学上称其为单面山。站在聚仙台,远看飞天峰,整个山峰就像一个侧卧着的巨大佛像,所以又叫卧佛山。然而,后来有人发现,这山峰更像一个仰卧着的美女,因而得名"睡美人"。美女头枕南方,脚朝北方,梳着古典的发髻,小巧挺拔的鼻子,平坦的腹部,修长的双腿,构成了一幅线条优美的睡美人图像。关于"睡美人"的传说有许多,说得最多的就是女娲娘娘和泥造人后在这里休憩。"睡美人"神奇的自然景观,为飞天山平添了无限的生命色彩,"睡美人"也成为湖南人非常喜爱的潇湘百景之一。

9. 聚仙台

"美人山上看美人,聚仙台里聚神仙"。相传当年八仙前往东海时,途经此处,迷恋于飞天山的美景,曾在台上豪饮美酒,聚会一番,且无量寿佛与苏仙常在此谈经论道,人们便把这神仙故园叫作"聚仙台"。漫步聚仙台,飞天山无限美景尽在眼中,远看睡美人,近观神仙指。

10. 海豚魂

站在老虎背,向谷底观望,可以看到众多形似海豚的山石相互依偎,十分神奇。这是流水冲蚀形成的小型沟谷地貌,岩壁上可见发育的大型板状、槽状交错层理,极为罕见。人们见这些石头像无数的海豚,就把这里称为"海豚魂"。

11. 鲤鱼戏水

鲤鱼戏水是一处典型的丹霞象形景观,因崖壁酷似一条巨大的鲤鱼翻波跃浪而得名。传说这条鲤鱼是翠江的鲤鱼精怪,后来在九龙水寨跃过龙门成仙。飞天山国家地质公园的山岩大都如刀劈斧砍,赤壁悬崖众多,色泽褐红,这都是经流水侵蚀形成,这也正是丹霞地貌与众不同的特性。

12. 剪刀坳

山坡忽落忽起,状如一把巨大的剪刀,又如雄鹰展开的双翅,因此得名剪刀坳。

13. 牛口悬棺

悬棺位于翠江沿岸,因悬于酷似牛口的洞穴之中,故又称牛口悬棺,距今已有1400多年的历史。峭壁上共有5个大小不等的洞穴,洞穴中有木棺两具,保存完整,令人惊叹称奇。洞穴内所葬何人,有三种不同的说法:第一种说法,所葬的是英雄石面坦;第二种说法,所葬的是一位绝色美女;第三种说法传流最广的,所葬是唐代与韩愈同朝为官的李思正,当地李姓人家有家谱为证。在我国,像牛口悬棺这样保存完好且具有高度观赏性的悬棺并不多见。对于千年悬棺,至今仍有许多谜团不为人知,如这个地方为什么会有悬棺出现,如此沉重的棺木当时是怎样运上去的,为什么棺木一直不腐烂,等等。但对于牛口的形成,科学的解释为古河流侵蚀形成的天然凹槽。

14. 寿佛寺

郴州有九仙二佛,寿佛就是二佛之一。寿佛在佛教中称无量寿佛,据史志资料查实,寿佛的寿命是148岁。在郴州,寿佛是与苏仙齐名的又一奇人。他俗名周源山,出生于唐天宝年间,家在飞天山下朗肚坪周家岭。寿佛自幼敬爱乡里,孝顺父母,长大后游遍神州,修行得道后游历郴州各地,为黎民百姓造福。在寿佛的庇荫之下,周家岭方圆百里经年风调雨顺、无病无灾。当地人感激寿佛,出资在飞天山选了这块风水宝地建造了寿佛寺,以供奉寿佛泽被子孙。因为这里是寿佛的修行宝地,飞天山又被称为"丹霞奇境,寿仙佛地"。寿佛寺建于唐代,历史上屡遭兵灾火患,游客现在看到的寺庙为2002年重修的。现保存有古寺完整遗址、宋代皇帝御赐的一座2.5米高汉白玉龙碑,以及盘龙池、聚宝盆、数十方历代维修善款捐赠功德碑等珍贵的文化遗产。

15. 石佛寺

神仙寨就像一本厚重的佛经,横亘于翠江旁,有人称之为飞天赤壁。石佛寺依神仙寨而立,始建于唐开元十三年(725年),距今有一千多年的历史,寺内的摩崖石刻和长江以南第一飞天壁画极为罕见。在山崖上共刻有七尊佛像,七尊佛像大小不一、造型各异,有端坐的、静立的、飞天的;右边独立的观音菩萨轻张双臂,脸态安详,笑容慈祥;旁边侧立的扛绳拿桨的人经考证就是当年修建寺庙的兄弟俩;尤其是那腾空横飞的小飞天佛,据说只有在陕西、甘肃一带才可以看到,南方能得一见,实在珍贵。千年来,石佛寺历经劫难却香火不断,缘由只有一个,那就是这里灵验无比。

唐开元年间,有兄弟俩放排到这里,突遇狂风暴雨,兄弟俩在惊涛骇浪中搏击时,奋不顾身地打捞了一具冲来的木雕菩萨。冲出险境后,兄弟俩将菩萨端端正正摆放,恭恭敬敬祈祷。晚上,兄弟俩一起在跨河石洞中过夜,半夜里却连做三梦,菩萨要他们赶快离洞,兄弟俩赶忙撑排离开,不久,只听一声巨响,岩洞垮塌了。为报答菩萨的救命之恩,兄弟俩拿出所有的积蓄请人修建了石佛寺,并将自己拿桨、拉绳的样子也刻在了观音座前,以示永远皈依。《郴州志》记载,光绪年间,乡民募捐重修过一次,但后来被毁,现在的石佛寺建于2000年,规模上小于从前。

16. 翠江

翠江位于飞天山中部,是飞天山主干河流,属耒水中部河段,上游为东江,下游为便江。翠江两岸风景如画,享有"小桂林"的美誉。乘舟畅游,可饱览狮子岭、卧牛岗、千年悬棺、鲤鱼戏水、神仙寨、铁鼎寨等美景。传说古时江畔有一位少女,美丽善良,忠贞果敢,广种翠竹,德行乡里。人们怀念这位美丽善良的少女,称这条河为翠江。放眼沿江两岸,芊草绵长,竹风清影,炊烟农舍,古树藤篱,彩霞晨露,斜阳暮霭,千种风情,万般诗韵,倾倒了无数文人骚客、画家影友,更让每年数十万游客魂牵梦萦、流连忘返。

## 二、高椅岭旅游区

### (一)高椅岭旅游区概况

高椅岭旅游区位于苏仙区飞天山镇高椅岭村、资兴市唐洞街道大王寨等村区域,与飞天山国家地质公园相邻,距离著名的风景名胜区东江湖28千米,因地形远看形似一把椅子而得名。高椅岭属原生态丹霞景区,是一个赏之叫绝、百走不厌的户外休闲摄影胜地。这里地势以山林为主,风景宜人。高椅岭山、水、泉、洞、寨、崖、坦俱全,是典型的丹霞地貌,形状各异的山体沟壑纵横,鬼斧神工令人叹为观止。一般的丹霞地貌景点都是在崇山峻岭之中,峰岭多为方山,浑圆平顶,四壁悬崖陡峭,却有山无水;而高椅岭不仅有独特的丹霞风光,还有漂亮的水洼点缀,山下的湖水十分清澈、碧绿,如同镶嵌在大山中的宝石一般。红岩绿水、险寨奇涧,生态自然,美得一塌糊涂。有网友称其为"一个被上帝遗忘的地方",高椅岭也成为著名的"网红打卡地"。2021年,高椅岭旅游区经过改造开发,增加了悬崖秋千、"步步惊心"、高空滑索、热气球等惊险刺激项目,体验感更强。

### (二)高椅岭旅游区主要景点介绍

#### 1.连椅桥

古时候高椅岭的老百姓为了求仙祈福,就用木材搭建了一座桥,取名连椅桥。现在游客见到的连椅桥是在原地修建的,气象一新,成为网红桥,桥下碧波微澜,桥身左右轻晃,既让人感到害怕,又特别好玩。

#### 2.古柳堡

据说铁拐李的高脚椅有一只脚是用瑶池旁边的柳树做成的,非常具有灵性,摔坏后可以恢复原有面目。传说因这里的柳枝即使被折下,也能就地成活,生根发芽,再加上柳树树干巨大,气度非凡,蔓延成片,就形成如今游客所见的这片古柳堡。传说只要用柳叶拂面,姑娘会变得更加美丽,男孩子会变得更加强壮,老人会更加长寿,小孩会更加聪颖。

#### 3.登天云梯

无限风光在险峰,登天云梯一步一台阶,台阶比较陡峭,一路延伸,直通天际云霄,让人望而生畏。登上峰顶,千山万壑都在眼底,可领略人生的坎坷与壮观。相传,这是一位年迈的丈夫为妻子所凿建的爱情阶梯。这个故事鲜为人知,知道其中蕴意的爱侣,总愿意携手攀登天云梯,借此寄予美好的爱情祈愿。

4. 悬空栈道

悬空栈道海拔约240米,长400米,可通往一线天和龙脊。栈道依附在山体绝壁之上,在山间蜿蜒盘旋,底下是万丈深渊。游人行走其上,仿佛置身于云海,脚踏万仞空谷,头顶高耸巨峰,令人惊心动魄之余,也顿生"极目楚天舒"之感。

5. 龙脊

高椅岭丹霞地貌栩栩如生,最高耸而突兀的那一块地方,亮丽的明黄色线条格外突出,犹如纵穿山岭的经脉,又似长龙脊背,当地人称为"龙脊"。台阶沿着山岭顶部的路延伸,似乎直通天际云霄,让人望而生畏。尽管地势陡峭,但到高椅岭游玩的人一般都会攀登龙脊,据说它会给走过的人带来福气。

6. 巨蜥湖

巨蜥湖是高椅岭的标志性景点,因常年雨水堆积而成,因地势原因,水无法流出,从而形成精美绝伦的美景。整个山体宛如巨大的蜥蜴安静地蛰伏在碧水上,栩栩如生。由于水位不高,"巨蜥"得以露出完整的身姿。这只"巨蜥"沉睡了千万年,颇有一丝老者的高深韵味。山水相连处又似有金线勾边,蔚为壮观。

## 任务实施

作为郴州地陪导游,小王可以分四步完成该项任务。

(1) 做好准备。熟悉团队情况和接待流程,分析中学生研学旅游团体验式学习的特点,且游客来自广东,游览过丹霞山,对丹霞山与飞天山、高椅岭的区别感兴趣,小王要做好关于丹霞地貌的知识准备。

(2) 接团与讲解。提前到达,车边迎接,询问游客情况;致欢迎词,到达目的地后组织开营仪式,分组并强调纪律安全,讲解游览注意事项,为活动安全有序开展打好基础;重点介绍本区情况。

(3) 沿途及景区介绍。讲解飞天山国家地质公园、高椅岭旅游区,在讲解过程中突出飞天山和高椅岭丹霞地貌的独到之处,展现它们在游览观光、休闲度假、攀岩探险、科普教育等各种旅游项目上的多重功能。

(4) 给学生安排探究性作业,让学生返校后进行成果汇报和展示,致欢送词。

## 任务考核

| 考核项目 | 评分细则 | 评分标准 |
| --- | --- | --- |
| 语言能力 | 语音、语调准确,吐字清晰,音量适度,语调富有变化,语速适中。语法正确,用词准确、恰当,能运用必要的修辞手法;语言流畅,语汇丰富,表达准确、生动,并能恰当运用体态语,有较强的感染力 | 满分15分 |
| 仪表礼仪 | 言行举止符合导游人员礼仪、礼貌规范 | 满分15分 |
| 沿途讲解 | 讲解内容全面、正确,条理清晰,详略得当,重点突出,结构完整。讲解方法运用得当,讲解生动、有趣,能体现一定的导游技巧,现场感强,能吸引人 | 满分60分 |
| 导游规范 | 熟悉导游服务规范,导游服务程序正确 | 满分10分 |

## 任务拓展

任务一:作为地陪,小王将带领一个广州的中学生研学旅游团到郴州飞天山和高椅岭进行一日游,在游览过程中,同学们对"睡美人"这一神奇的自然丹霞景观特别感兴趣。假设你是导游小王,请你结合所学知识并查阅相关资料,对"睡美人"这一景点进行导游讲解,要求条理清晰,脱稿,时间不少于2分钟。

任务二:写出郴州高椅岭旅游区讲解词,并进行模拟讲解,要求讲解词逻辑清晰、知识准确、重点突出,讲解自然得体,生动有趣,脱稿,现场感强,时间不少于5分钟。

即测即评

# 任务八 鉴赏汝城热水温泉旅游资源

## 任务导入

2023年3月8日,郴州某旅行社导游员小李作为地陪,接待一个江西赣州市前往郴州汝城进行一日游的女性旅游团,行程如下:

早上8:00从江西赣州出发,走夏蓉高速赴湖南郴州汝城热水镇(约148千米,正常行车时间约2.5小时),上午10:30—12:00参观中华温泉博览馆,参观温泉地图、文化长廊、生活展示区、泉华遗址保护区、温泉文化艺术馆等功能区,全方位了解感受温泉养生文化。

吃完中餐并午休后,于14:30—15:30到福泉山庄泡温泉,体验天然氡温泉。下午16:00从汝城乘车返回江西赣州。

在游览过程中,团队客人对汝城的特色温泉浴很感兴趣,想了解女性泡什么温泉浴最好。此外,有游客提到江西宜春明月山的温泉也很出名,相比其他温泉,汝城热水温泉有什么特色?

## 任务探究

### 一、汝城热水温泉景区概况

（一）温泉景观

中华温泉博览馆原名汝城温泉文化园,位于湘、粤、赣三省交界处的热水镇境内,占地26亩,是国内唯一集温泉文化展览与温泉游览体验于一体的温泉主题公园。该园于2005年9月建成,2014年实施了提质改造工程,总占地面积约23000平方米,由温泉地图、文化长廊、生活展示区、泉华遗址保护区、温泉文化艺术馆、温泉体验区等功能区组成。中华温泉博览馆以热水汤河涌泉、明代封泉遗址、红军池等自然人文景观为依托,配套有温泉文化艺术馆、中华温泉文化地图、温泉文化长廊、汤溪、莲泉、泡足池、栈道、景观亭、景观桥等设施项目,充分挖掘了温泉洗浴文化,体现了湘南水乡园林风格,是湘南地区体验和弘扬温泉养生文化的标志性景观建筑。同时,该馆作为一个极具吸引力的开放式景点,为来景区的游客和广大群众提供了一个了解温泉知识、休闲度假、学习交流的良好平台。

热水温泉古称"灵泉""福泉"。相传远古时期,后羿张弓搭箭,射落九个太阳,其中一个坠落于汝城,掉在热水河,从此以后,石气生烟火,潭声若沸汤,热水河变成了闻名遐迩的"汤河"。早在唐乾元二年(759年),汝城热水河的灵泉圣水就载入了国家地理志。历史上许多文人墨客曾留下了赞美灵泉的诗篇佳句。宋朝诗人阮阅作诗赞曰:"谁将炎热换清凉,可使澄泓作沸扬。从赐骊山妃子沐,人间处处重温汤。"

据地质分析,热水温泉生成于距今8000万年前的新构造运动。热水温泉旅游是国家4A级旅游景区,也是郴州建设"中国温泉之城"的龙头和核心景区。热水温泉是华南地区流量最大、水温最高、水质最好、面积最广的天然热泉,被誉为"华南第一泉"。其地热资源分布面积3平方千米,天然流量为每天5540吨,可开采量为每天1.5万吨。汝城热水温泉属高温热水型温泉,地下深部水温达142.10 ℃,地表水温最高达98 ℃。水质呈弱碱性,无色透明;泉水含有硅、钠、钙、锂等30多种对人体有益的微量元素,其中氡的含量特别高,达142埃曼,是国内罕见的"氡泉",有利于调节内分泌、促进新陈代谢,泡洗后能消除疲劳、强身健体。热水温泉是珍贵的疗养保健型天然温泉,被老百姓称为"送子泉""长寿泉"。

汝城热水温泉景区位于南岭山脉中部和罗霄山脉南端的交接处,平均海拔600米,为典型的盆地地貌,地处北纬25°这一世界公认的黄金气候生态带上,属亚热带温暖湿润气候,夏无酷暑,冬无严寒,常年气候宜人,四季瓜果飘香,加上树木茂盛、竹林婀娜、空气清新、景色秀美,享有"四面青山列翠屏,草色花香尽是春"的美誉。依托丰富独特的旅游资源,汝城把发展文化休闲旅游产业作为富民强县战略,着力打造休闲度假、健康养生胜地,创响"理学发源地,田园温泉城"旅游品牌,旅游产业发展来势喜人。景区内有飞水寨瀑布、南国天山草原、仙人桥、蜗牛塔、飞来石、原始森林、竹海、红军池、封泉遗址、商代文化遗址、冰川遗址等自然景观和人文景观,是观光、旅游、度假的理想之地。

(二)少数民族风情

热水镇不仅有著名的"华南第一泉",还具有浓郁的少数民族风情。境内主要有畲族和瑶族两个世居少数民族,少数民族人口约4000人,有一个畲族瑶族村(高滩畲族瑶族村),是湖南省畲族人口比较集中的地区。畲族、瑶族民风淳朴,村民勤劳好客,民俗风情浓郁,宗教文化深远。这里的少数民族村民还保留着自己颇具特色的传统文化。从房舍到服饰起居、节日、歌舞、婚嫁、信仰等,独具地方特色。他们有自己独特的穿戴服饰、刺绣手艺和婚嫁习俗。

畲族山歌是畲族文化的"活化石"。2006年5月20日,畲族民歌经国务院批准被列入第一批国家级非物质文化遗产名录。畲族山歌的歌词非常讲究押韵,具有诗一般的格律,一般七言一句,两句一行,两行一条,四句一首。其曲调多为中国传统的五声民族调式,女声多用假声歌唱,男声则以如同说话般音域的平讲式歌唱和假声歌唱两种为主。畲族民歌的主要传承方式有活动传承、家庭传承、老师传承和文本传承等。畲族人在每年农历三月初三都要举办盛大的歌会,竞相飙歌,互相学习。

畲族人喜欢蓝色和绿色,红色、黄色、黑色也颇受欢迎。畲族男子一般上穿着色麻布圆领、大襟短衣,下穿长裤,冬天套没有裤腰的棉套裤。老年男子扎黑布头巾,外罩背褡。结婚礼服为青色长衫,祭祖时则穿红色长衫。畲族妇女的服装大多是用自织的苎麻布制作,有黑、蓝两色,黑色居多,衣服右开襟,衣领、袖口、右襟多镶有彩色花边,一般来说,花多、边纹宽的是中青年妇女的服装。畲族妇女服饰以象征万事如意的"凤凰装"最具特色,即服饰和围裙上有各种彩色花纹刺绣,镶金丝银线;高高盘起的发髻扎着红绳;全身佩挂叮叮作响的银器。服饰条纹图案排列有序,层次分明,衣领上常绣一些水红色、黄色的花纹。畲族妇女服装,各地略有差别,其共同特点是上衣多刺绣。

瑶族人衣服多为青色棉布面料,佩银饰。服饰男简女繁,男性穿对襟衬衫,白头布裤,大裤管。女性头梳高盘髻,扦银(铜)簪,戴银(玉石)耳环,身穿绣有图案的大襟布衫和鸟嘴鞋。

## 二、汝城中华温泉博览馆内景点

### (一)文化长廊

文化长廊由18块石碑和19幅壁画作品组成,是了解汝城文化和景观的窗口。石碑上主要刻写了著名历史人物吟咏地热温泉的诗歌和题词,而19幅壁画分别描绘了永乐皇妃、后羿射日、汝城文塔、畲族风、漳溪梯田、暖水、九龙江岩鹰石、汝城古祠堂、江背山大峡谷、古法造纸、太极予乐湾、绣衣坊、南国天山大草原、飞水寨瀑布、热水、香火龙、热水漂流、濂溪书院、畲族图腾凤凰及其服装主色等内容,淋漓尽致地体现了汝城温泉文化和当地的特色自然人文景观。

### (二)温泉文化艺术馆

温泉文化艺术馆由科普知识、生活生产、思想仪式、历史地理、养生治疗五大板块组成。其中,第一板块包括温泉的成因与形成条件,温泉的矿质标准、分类、主要功效、化学组成,科学泡温泉、泥浴、水浴等科普知识;第二板块介绍了温泉在疗病养生、农业灌溉、烹煮食物及古代手工业、农业及观赏游玩等生活生产过程中的作用;第三板块以彩陶艺术品的形式生动展现了佛家"空性"思想、日本温泉仪式、韩国温泉文化、罗马温泉哲学等温泉思想仪式;第四板块从历史地理角度展现温泉文化,包括郦道元的《水经注》、李时珍的《本草纲目》中关于温泉的记载,庾信、白居易、秦观、杨慎等描写温泉的诗文,并以彩陶艺术品的形式展现了温泉与一些帝王之间的故事;第五板块从化学、物理、心理疗效等方面介绍了温泉的养生治疗功能,同时展出了许多养生文化浮雕。

### (三)莲泉

莲泉是汝城人为纪念周敦颐作《爱莲说》而命名的泉眼,泉名为作家王跃文所题:出泥不染,品质高洁。泉眼周边以碎瓷片铺就,寓意岁岁平安。观赏莲泉最好的位置是温泉文化艺术馆的三楼。

### (四)红军池

在热水汤河河畔散布着许多大小不一的天然水池,常年流淌着滚热的温泉水,也流传着老百姓津津乐道的红色记忆。红军池就是热水河边一个约3米宽的池子,因留有红军光荣足迹而得名。1934年10月底中央红军突破敌人第一道封锁线后,从江西禾洞、文英进入热水圩一带休整,开展革命斗争,建立了红色政权。在汝城温泉(热水镇)一带,红军与群众建立了深厚的感情。红军为群众挑水、劈柴、搞生产,群众给红军腾房子、送粮食,用温泉为红军洗浴、疗伤。经温泉疗养后,红军一洗战争的疲劳,伤势痊愈,迅速恢复体力,为突破国民党在湖南汝城至广东仁化、城口之间布下的第二道封锁线蓄积了体力。在群众的大力支援下,红军粉碎了敌人一次次围剿,取得一次次胜利。为纪念军民鱼水深情,当地群众把红军洗浴、疗伤的池子称为"红军池"。

### (五)封泉遗址

封泉遗址又名泉华遗址,此处有一个名为"封"的汉白玉艺术品和一组8个演绎范渊封泉故事的铜质雕塑。封泉遗址形成于明代,由河卵石、桐油、糯米浆、石灰等拌筑而成。相传,明正德年间,曾任云南按察司副使的范渊衣锦还乡时,有风水大师向其建言,热水物华天宝,人杰地灵,风水格局独特,应出"大人物",可惜热气冒出,"漏了气",坏了龙脉。于是,范渊派人收集汝城、仁化、崇义三县的桐油,拌石灰、糯米浆、砂石等,堆在汤河热泉泉眼之上,希望能将泉眼封住,使泉水不再漏气。然而,地热是封不住的,依然从"封泉"四周冒出,留下了一片面积200多平方米的褐黑色遗迹,地热与河中冷水交融,形成云雾缭绕、仙气缥缈的奇特景观。当年的桐油灰堆被岁月洗尽铅华,沧桑如斯,就是我们现在看到的"封泉遗址"。2011年,封泉遗址被列为湖南省第九批文物保护单位。

## 三、热水温泉特色体验项目

### (一)花瓣浴

花瓣浴是汝城温泉的特色之一。所谓花瓣浴,是指用玫瑰、百合、荷花等天然香气芬芳的鲜花或干花花瓣来泡浴。花瓣中的有用成分随温水的热力渗透肌肤,能够起到美容嫩肤、促进身体气血循环、放松身心、愉悦心境等多种效果。

### (二)石板浴

石板浴也是汝城温泉的特色之一,通过石板制热,可产生对人体有益的物质,直接作用于人体,可缓解腰腿疼痛、关节痛。

### (三)冰火水疗

冰火水疗是在蒸汽浴房中进行10分钟左右的桑拿浴,温度往往超过50℃,这便称为"一热";继而在−5~3℃的冷水里,没顶浸浴4分钟左右,此法谓之"一冷";从冷水中爬起,披裹上毛巾,再入蒸汽浴房里蒸烤,称之"一烤"。蒸烤完毕后,又入冷水池中浸浴,这样一热一冷反复多次地锻炼,有助于强化身体。

### (四)温泉鱼疗

温泉鱼疗是一种特殊的美容疗法,充当水疗师的是一群没有牙齿、体长不到5厘米的热带鱼。这些小鱼不仅能在超过40℃的温泉里畅游,也有益于人们的身体健康,被称为"亲亲鱼"。当人们进入温泉池中,鱼儿都围拢在人们周围,勤勤恳恳地"工作",啄食人体老化的皮质、细菌和毛孔排泄物,从而达到让人体毛孔畅通、排出体内垃圾和毒素的作用,同时还能更好地帮助人体吸收温泉水中的多种矿物质,加速人体新陈代谢,达到美容养颜、延年益寿的神奇功效。

### (五)体验温泉小食

热水温泉水温高达98℃,游客可以体验温泉煮鸡蛋、花生、红薯等小食,特别是温泉煮蛋。用温泉水煮出来的蛋,吸收泉水之精华,不但营养丰富、口感极佳,而且滋补作用明显。当地每年都会举行温泉煮四季全蛋宴,将土鸡蛋分别与荠菜、艾叶、茶叶、当归放入温泉池中同煮,被称为"四季全蛋",寓意来年风调雨顺、五谷丰登。

## 四、中华温泉博览馆周边旅游景点

### (一)飞水寨瀑布

飞水寨瀑布是一处美丽壮观的瀑布,瀑布水源来自海拔1600米的万时山南国天山大草原。瀑布宽26米,飞流直泻235米,是一个四叠状的差别侵蚀性瀑布,近观瀑布似九天银河,飞流直下,水声如雷,气势如虹。

### (二)南国天山大草原

南国天山大草原属于高山沟谷型草原,草甸绵延湘、粤、赣三省,绿草如茵,牛羊成群,微风荡漾,身临其境,给人"天苍苍,野茫茫,风吹草低见牛羊"的大草原之感。南国天山大草原是古代兵家必争之地,唐代农民起义领袖黄巢、清代太平天国翼王石达开都曾在此厉兵秣马;革命战争时期,中央红军、广东五岭地委、北江纵队、崇仁革命委员会、汝城革命委员会,都曾在此崇山峻岭的高山草甸中战斗过。这里同时也是"驴友"户外运动大本营,每年"驴友"们都在此聚会,欢庆红三角万时山帐篷节。

### (三)冰川遗址

位于热水墟地热田东南诸山的第四纪古冰川遗迹,面积达50多平方千米,是我国纬度和海拔最低的古冰川遗迹,也是保存最好、最完整,又较为集中的古冰川遗迹。遗迹有冰蚀地貌、冰川擦痕、冰川沉积物、冰缘堆积物、漂砾等。此处冰蚀地貌发育齐全,冰斗、冰窖、冰槽、悬谷、冰坎、角峰千姿百态,形态各异,堪称古冰川博物馆,具有很高的科普价值和旅游开发价值。

### (四)蜗牛塔

蜗牛塔又称热水塔,坐落于郴州汝城县热水镇热水河大水口畔,始建于元初,现存的蜗牛塔为清代所建。相传,在古代"蜗牛精"常到热水镇兴风作浪,毁坏禾苗,危害百姓,百姓对其深恶痛绝。为对付"蜗牛精",热水的有识之士多方筹资建造了该塔,才镇住了"蜗牛精",蜗牛塔由此得名。蜗牛塔坐北朝南,为六方七级楼阁式砖塔,塔座为六边形青石基,面积14平方米,塔通高约17米,上有葫芦宝顶;门匾镌刻"天开文运",三层镌刻"文昌阁"匾,四层镌刻"奎映灵泉"匾,五层镌刻"文光射斗"匾。此塔矗立在青山绿水之间,结构灵秀,文采焕然,加上有动人的传说,更增加了神秘的色彩。2011年,蜗牛塔被列为湖南省省级文物保护单位。

(五)仙人桥

热水河离热水镇北面1千米的地方,叫大水口。这里两山夹峙,完全是一派"龟蛇锁大江"之势。当地人把河东的"蛇形山"叫蕌子坡,把河西的"龟形山"叫作蜗牛山。蕌子坡和蜗牛山之间,有一座石拱桥,叫仙人桥。仙人桥桥高15米、宽12米,是汝城最高的石拱桥。此处两山夹峙,自古以来就是汝城通往江西的天堑。多少年来,人们一直想在这里架设一座拱桥,使天堑变通途。人们几经筹备,几度兴工,拱桥却屡建不成。据说直到某年,人们从外地请来一名身怀绝技的建筑师傅,组织了一支100人的施工队伍,昼夜奋战,居然仅花了几天的工夫,拱桥就修成了,速度之快让人们都感到不可思议。一个工人通过细心观察,发现做工的有100人,而吃饭时总是只有99人,此时人们才明白,原来是有仙人相助,于是拱桥竣工后人们就把此桥称为仙人桥。

## 任务实施

作为郴州地陪导游,小王可以分三步完成该任务。

(1)做好准备。熟悉团队情况,分析女性旅游团的特点和需求,考虑到游客对热水特色温泉特别感兴趣,要做好温泉沐浴文化、温泉保健等知识准备。

(2)接团与讲解。提前到达集合指定地点,迎接游客并致欢迎词;重点介绍热水温泉的特点、功效及特色温泉,包括女性游客感兴趣的美容养颜温泉,使游客了解热水温泉的特色尤其是医疗保健价值,深刻感受温泉沐浴文化,尽情享受温泉带来的放松与惬意;在泡温泉之前,注意说清楚泡温泉的禁忌人群及注意事项。

(3)致欢送词。

## 任务考核

| 考核项目 | 评分细则 | 评分标准 |
|---|---|---|
| 语言能力 | 语音、语调准确,吐字清晰,音量适度,语调富有变化,语速适中。语法正确,用词准确、恰当,能运用必要的修辞手法;语言流畅,语汇丰富,表达准确、生动,并能恰当运用体态语,有较强的感染力 | 满分15分 |

项目二 "游"在郴州

续表

| 考核项目 | 评分细则 | 评分标准 |
|---|---|---|
| 仪表礼仪 | 言行举止符合导游人员礼仪、礼貌规范 | 满分15分 |
| 讲解能力 | 讲解内容全面、正确,条理清晰,详略得当,重点突出,结构完整。讲解方法运用得当,讲解生动、有趣,能体现一定的导游技巧,现场感强,能吸引人 | 满分60分 |
| 导游规范 | 熟悉导游服务规范,导游服务程序正确 | 满分10分 |

## 任务拓展

任务一:小李作为地陪,带领江西赣州的女性旅游团到郴州汝城热水温泉进行了一日游,在参观了中华温泉博览馆、泡了当地的特色温泉后,一些游客提出,郴州的龙女温泉也有很高的知名度,不知道龙女温泉具有哪些特色。假设你是导游小李,请你结合所学知识并查阅相关资料后进行龙女温泉的导游词创作,并进行无文字凭借模拟导游讲解,要求条理清晰、重点突出,有较强的现场感和亲和力,时间不少于3分钟。

任务二:在游览汝城热水温泉的过程中,有游客提出疑问,是不是所有人都适合泡温泉,在泡温泉的过程中有哪些需要注意的事项。假设你是导游,请你结合所学知识并查阅相关资料后进行解答。

即测即评

# 任务九 鉴赏汝城九龙江国家森林公园旅游资源

## 任务导入

郴州某旅行社导游员小陈,将作为地陪接待一个广州来郴州汝城九龙江国家森林公园进行休闲避暑一日游的亲子旅游团,行程如下:

广州市—郴州汝城县—九龙江国家森林公园(游览九龙戏水、九龙奇岩、飞龙瀑、瑶畲风情园,体验玻璃桥、玻璃栈道、玻璃漂流、丛林穿越、旱滑道、溯溪)。

在游览过程中,很多家长对九龙飞瀑和瑶畲风情园感兴趣,而孩子们则对玻璃漂流、丛林穿越、旱滑道等体验项目充满期待。请问,小陈应该如何做好此次导游讲解接待工作,使游客朋友们都能乘兴而来、尽兴而归?

## 任务探究

### 一、九龙江国家森林公园景区概况

九龙江国家森林公园位于湖南省汝城县的东南部,地处湘、粤、赣三省交界处,公园最高海拔1403.6米,最低海拔185米,地形复杂,山体纵向切割深度大,造成沟壑交错、峡谷幽深,以其"山奇、林深、石绝、水美、泉灵"而闻名遐迩,被誉为湘、粤、赣"旅游金三角"。

关于九龙江国家森林公园的由来,还有一个神奇的传说。相传,秦始皇统一六国后为抵御匈奴入侵,便下令修建万里长城。负责征调劳役的杨周平是一个上知天文、下知地理的"半仙",传说他有一条号令诸神的打神鞭,打地地裂,打山山崩,众神莫敢不服。他目睹天下百姓为修建长城而受苦,于是动了恻隐之心,从东海赶来九条龙,以减轻天下百姓的劳役之苦。杨周平赶着九条龙沿珠江而上,途经汝城三江口时,因一时疏忽,九龙逃脱,逃到九龙江一带。九龙见此处山高林密,山脉气势磅礴,恰似九条卧龙,正是隐匿踪迹、逃过杨周平法眼的好地方,于是依山就势,幻化成山水。一日,杨周平寻到此处,见这里树木茂盛,竹林密布,小河弯弯,风景美丽,宛如人间仙境,再观山脉走势,如九龙汇聚于此,知道它们就藏匿于此,于是走遍整个九龙江,想把九条龙找出来。有一条龙忍耐不住,从龙穴中探身出来透气,被杨周平撞见。他立刻挥动打神鞭,打断了龙脉,顿时血流成江,九条龙由此化为九条山脉卧于此地,九龙江因此而得名。

九龙江国家森林公园总面积8436.3公顷,森林覆盖率达97.4%,保存有完整的原始次生林群落及南岭山脉低海拔沟谷阔叶林,空气负离子浓度超过每立方厘米10万个,被誉为"南岭植物王国""华南第一氧吧"。园内8月平均气温18.7 ℃,是绝佳的养生避暑休闲胜地。同时,九龙江国家森林公园是一座巨大的生物宝库,已整理出种子植物183科、1678种,陆生脊椎野生动物72科、217种,是我国华南地区物种资源和遗传基因保存完好的典型天然林区之一。园内有国家一级保护植物银杏、南方红豆杉、水杉、柏乐树等,有闽楠、花榈木、红椿、篦子三尖杉、榉树、鹅掌楸、香果树、伞花木、金毛狗、兰花、石斛、金线兰、黑桫椤、金荞麦、木荚红豆、观音莲座蕨、百日青等多种国家二级保护植物,有云豹、穿山甲等国家一级保护动物和斑林狸、苏门羚、红腹角雉、长耳鸮、娃娃鱼等20多种国家二级保护动物。

九龙江国家森林公园自古就有"千里烟雨""四面青山列翠屏,草木花香处处春"的美誉,集雄、奇、险、秀、幽于一体。园内还有湖广古驿道、古炮楼、古驿站、古凉亭、太平天国兵马演练场、晒袍岭、寺庙遗址和红军长征留下的足迹。

2009年12月,九龙江森林公园获批为国家级森林公园。2010年开始,九龙江国家森林公园实施了三小旅游公路、青龙峡游步道、九龙玻璃栈桥等30多个旅游基础设施项目的建设。2013年9月,九龙江国家森林公园创建为国家4A级旅游景区,同年12月,被评为"中国最美森林旅游景区"。

## 二、九龙江国家森林公园特色景点和项目

### (一)九龙奇岩

九龙奇岩景区是湖南九龙江国家森林公园核心景区,北被九龙飞瀑高山景观带环绕,南至九龙飞瀑景区,面积2298.78公顷。景区内有青云湖、神龟啸天、观音坐莲、仙龟巡山、千年古树桩、龙潭瀑布、玉帘瀑布、碧水潭瀑布等景点。

### (二)飞龙瀑

飞龙瀑是九龙江国家森林公园内最大的瀑布,此处山势陡峭,落差达100多米,飞龙瀑犹如一条白练悬挂在青山之间,水流从高处飞泻直下,跌落在岩石上,如蛟龙吟啸,激起水花无数。酷暑时节前往此处,站在飞龙瀑前,阵阵微风裹挟着水珠喷溅在脸上,令人暑气顿消,更添一份酣畅淋漓的清爽。

### (三)瑶畲风情园

瑶畲风情园位于九龙江国家森林公园、三江口森林艺术小镇境内,是以文化展示体验为主的民俗主题风情园,是湖南汝城瑶族畲族文化历史的一个缩影。

风情园占地21965平方米,建筑面积约2万平方米,由主体建筑、牌坊骑楼、广场景观三个部分组成。园内主要包括以盘古广场为中心的瑶畲文化展示区,以骑楼回廊为主要构造的休闲旅游服务区和以小品景观为表现形式的瑶畲民俗风情区。在这里,游客可以穿上瑶、畲两族的传统服饰,观赏精彩的瑶族长鼓舞表演,参与踩高跷、抛红蛋、大脚板等特色娱乐项目,还能品尝特色美食,感受满满的瑶畲风情和魅力。

### (四)玻璃桥

九龙江玻璃桥是郴州地区第一座高空玻璃桥,整个玻璃桥由钢架结构和玻璃支撑,横亘于两山之间,穿过幽深峡谷,桥身加上玻璃栈道全长800米,玻璃桥长300多米,宽2.12米,可并排容纳5人,垂直高度达到120米。此处是一个绝佳的观景平台,人行于桥上,脚下是莽莽林海,对面是气势磅礴的飞龙瀑,九龙江全貌尽收眼底,可谓"人在云端走,景在脚底游"。全透明的设计,再加上玻璃炸裂特效,对普通挑战者而言,这绝对是一个实打实的"试胆通道"。

### (五)玻璃栈道

九龙江玻璃栈道全长488米,垂直高度约200米,建有玻璃观景站台、观景亭、索桥等设施。栈道跨越景区最大的瀑布飞龙瀑,贴于峭壁,宛如一条玉龙在林间盘旋,

被《环球人文地理》杂志誉为"山水之间的一抹惊艳"。

### (六)玻璃漂流

九龙江玻璃漂流河道由高强度透明玻璃打造,引入景区内纯净的溪流水,水质清澈,游客从玻璃滑道俯冲而下,在感受惊险刺激的同时还能从不同角度饱览森林美景,体验感丝毫不逊色于峡谷漂流。抓住橡皮艇,顺着陡峭的山势一路尖叫,把酷暑和燥热全部甩掉,尽情享受玻璃漂流带来的清凉。

### (七)峡谷漂流

九龙江峡谷漂流于2014年9月9日起正式开漂起航,漂流河段全长5千米,分为两段。上段为逍遥漂,河面相对平缓;下段为勇士漂,水流湍急。漂流河道起伏有度,有得天独厚的地理环境和自然风光优势,水质清澈、奇石横生、风景秀丽。

### (八)丛林穿越

丛林穿越全线180米,是集练习、挑战、惊险、刺激、穿越于一体的娱乐挑战项目。丛林穿越利用九龙江特有的自然环境,在树林、山水之间设置梯子、吊桥、穿越隧道、丛林索道、空中飞人、树筒平衡等难易程度不等、风格各异的重重关卡。

### (九)溜溜溜旱滑道

九龙江"溜溜溜旱滑道"建在玻璃栈道出口,全线300米,贯穿原始森林,滑道最高垂直落差100米,平均坡度36°,有9个弯道,游客可以自由控制速度。与森林为亲、以瀑布为伴,游客在享受刺激的同时,也可纵观原生态的美景。

### (十)溯溪

溯溪是九龙江国家森林公园夏天非常经典的一项户外体验活动,以侏罗纪为主题,整条路线长1千米,画有14幅3D恐龙画,共计226平方米,画面栩栩如生,为夏日溯溪增加了一丝趣味。沿着溪水,逆流而上,直面感受瀑布的飞流,泡在水潭中肆意游玩,拉着铁链往溯溪的终点前进,是一件浪漫的事情,也是一件具有童真的事情。

## 任务实施

作为郴州地陪导游,小陈可以分三步完成该任务。

(1)做好准备。熟悉团队情况,分析亲子旅游团的特点和需求,考虑到游客对九龙飞瀑、瑶畲风情园、溯溪、旱滑道、丛林穿越等景点和特色体验活动感兴趣,做好相关知识准备。

(2)接团与讲解。提前到达集合指定地点,迎接游客并致欢迎词。重点介绍九龙飞瀑、瑶畲风情园等景点及特色体验项目。

(3)致欢送词。

## 任务考核

| 考核项目 | 评分细则 | 评分标准 |
| --- | --- | --- |
| 语言能力 | 语音、语调准确,吐字清晰,音量适度,语调富有变化,语速适中。语法正确,用词准确、恰当,能运用必要的修辞手法;语言流畅,语汇丰富,表达准确、生动,并能恰当运用体态语,有较强的感染力 | 满分15分 |
| 仪表礼仪 | 言行举止符合导游人员礼仪、礼貌规范 | 满分15分 |
| 讲解能力 | 讲解内容全面、正确,条理清晰,详略得当,重点突出,结构完整。讲解方法运用得当,讲解生动、有趣,能体现一定的导游技巧,现场感强,能吸引人 | 满分60分 |
| 导游规范 | 熟悉导游服务规范,导游服务程序正确 | 满分10分 |

## 任务拓展

任务一:小陈作为地陪,带领一个广州前往郴州汝城九龙江国家森林公园进行休闲避暑一日游的亲子旅游团。在体验九龙江国家森林公园的玻璃桥与玻璃栈道之前,有游客问,现在很多景区都修建了玻璃栈道,九龙江的玻璃栈道有什么特别之处吗?假设你是导游小陈,请你结合所学知识并查阅相关资料为游客们答疑解惑。

任务二:撰写郴州汝城九龙江国家森林公园讲解词,并进行模拟讲解,要求讲解词逻辑清晰、知识准确、重点突出,讲解自然得体,生动有趣,无文字凭借,现场感强,时间不少于5分钟。

即测即评

# 任务十 鉴赏永兴板梁古村旅游资源

## 任务导入

郴州某旅行社导游员小李作为地陪,将接待一个岳阳前往郴州板梁古村进行一日游的老年旅游团,行程如下:

岳阳市—郴州市永兴县高亭司镇—板梁古村（游接龙石桥、镇龙塔、民居古屋、金陵古驿道、龙泉古庙、板梁私塾、月亮塘、望夫楼，逛棋盘石街，听板梁传说）。

在游览过程中，有游客提出，岳阳市的张谷英村是明清古村落，板梁古村也是明清古村，那么板梁古村有什么特色呢？请思考小李应该如何做好此次导游讲解接待工作，凸显板梁古村的建筑特色及民俗文化。

## 任务探究

### 一、板梁古村景区概况

板梁古村位于湖南省郴州市永兴县高亭乡西北部，土地面积2.4平方千米，一个自然村布局，辖19个村民小组，村民以种粮、种烤烟为业，生活传统古朴。板梁古村蕴藏着中国古老的宗法仪式、儒学传统、哲学意识、建筑技巧、生态原理等，被誉为规模最大、保存最好、文化底蕴最厚重的"湘南第一村"，成功入选全国首批特色景观旅游名村、国家3A级景区，是郴州市唯一的"中国历史文化名村"。

关于板梁古村名字的由来，有一个有趣的民间故事。据说在明永乐年间，村里的承事郎刘润公返乡建古厅，当厅堂建筑即将完工，准备张灯结彩上梁时，竟然不见了横梁！忙乱之际，村民发现村前河溪漂来一块木板，工匠捞来一量，尺寸正好与屋梁相吻合，因良辰吉时已到，工匠即以此板代梁，将这块木板镶嵌到屋梁上，古厅这才得以完工修建，后来人们称该村为板梁村。

板梁古村历史悠久，始建于宋末元初，兴盛于明清时期，距今已有600多年历史，是原金陵县的重要集镇，也是往返桂阳、耒阳、常宁的商埠之地。板梁人杰地灵，是当地刘姓的主要开源地之一，据族谱记载，从板梁迁徙开发的刘姓村庄有400多个，8万多人。板梁在历朝为官者数百人，历史底蕴厚重，是典型的湘南宗族聚落。古村内广为流传的刘润公昌修大水坝、圣旨牌与碑记、育婴局功德、一夜建官厅、刘承烺与黄克诚板梁暴动、刘参传奇等历史故事，以及象鼻山与文官下轿武官下马、板梁名传说、东圣祠传说、碧禅寺传说、娘娘殿传说等故事更为古村增添了浓厚的历史色彩。

板梁古村蕴含着深厚丰富的建筑和风水文化。古村背靠象岭平展延伸，依山就势，规模非常宏大，村前视野开阔，小河绕村而下，三大古祠村前排列，古驿道穿村而过，石板路连通大街小巷。村前有一座七层古塔，进村有石板古桥，村内建有庙祠亭阁、旧私塾，还有古商街、古钱庄。古村小桥流水，曲径通幽，宝塔、古井、石板路布局机巧，奇石异村令人叫绝，乡村古风别有洞天，其村落布局充分体现了中国传统风水学崇尚自然、奉行天人合一的自然格局。板梁古村至今仍保留着360多栋湘南明清古民居建筑,古民居分上中下三个房系,浑然一体。这些历经千劫而不倒的古民居,栋栋雕梁画栋、飞檐翘角,无论是它的水磨青砖,还是它的砖雕、石雕、木雕,其工艺都十分精湛,让人叹为观止。古村青石板街巷延绵千米,古民居、古祠堂、清泉、半月塘、晒谷坪、古驿道、自然田园等有机排序,系统构建出"人与人""人与自然""人与社会"和谐共生的乡村聚落环境特色。

凭借其深厚的文化底蕴和秀美的自然风光,通过对传统的耕读文化进行现代化改造,融合旅游休闲文化,板梁古村曾先后举办了"板梁寻年味,古村过大年""古村爱情宣誓仪式""板梁古村元宵灯会""游板梁古村,品周礼古宴""坐高铁看古村"等一系列特色旅游活动,吸引了大量游客的前来,成为与莽山、东江湖齐肩并进的郴州旅游文化名片。板梁土茶(虫子茶)和板梁大餐(10碗荤)更是成为远近闻名的"土特产",让游客尽享传承数百年的美食盛宴。

## 二、板梁古村主要景点介绍

### (一)三大祠

板梁古村分上、中、下三片房系,每片房系分别建了三座祠堂,并且各有两进超1000平方米的大厅。祠前各挖了一个半月塘,三片、三祠、三塘象征着"三生万物"。三大祠是古村的核心景观之一,这些祠堂建于明永乐年间,供村人祭祀之用。每逢重大节日,刘氏子孙都要在这里举行隆重的仪式,祭奠先人,祈祷先祖福庇后人,期盼年年大丰收、家家发达兴旺。如今,古村人们的婚礼、大寿、老人的仙逝等大大小小的红白喜事一般都在祠堂里举行,一直延续着古村的民俗习风。

### (二)接龙石桥

跨溪进村是一座三孔九板跨度20米的石板桥,即接龙石桥。传说该桥将已走失的龙气接了回来。全桥由9块5米多长、60厘米宽的天然整块大青石铺就,从青石板上的凹痕可见历史的久远。

### (三)镇龙塔

镇龙塔建于清道光九年(1829年),为砖石结构,塔基直径8米,塔高28.8米,有石台阶按八卦拾级而上。镇龙塔结构密实,历经近200年仍完好无损。

### (四)民居古屋

板梁古村保存的连片古民居有360多栋,民居内石雕、砖雕齐全,人物、花鸟、山水栩栩如生,而且栋与栋之间各不相同,可谓集湖南建筑风格之大全。尤以下片刘绍苏(清代三品官员)建居和中片刘绍连建居雕刻齐全、保存完好、美不胜收,为湘南所少见。一个图腾一个意境,一组雕刻一个故事,古朴悠扬,宁静深远。

因深受中原文化与岭南文化的双重影响,板梁古村的民居古屋依山傍水,随坡就势,其建筑采用传统中轴对称手法,按照封建礼制要求进行布局与设计。此外,因板梁也是原金陵县的重要集镇,直通桂阳、耒阳的重要商埠之地,明清鼎盛时期,随着商品经济交流频繁,文化相互融合,其建筑形式与装饰也承袭了徽派民居、岭南民居与客家建筑的造型元素和特点。

### (五)板梁私塾

板梁私塾是当地早期的学府,清代时出了个三品官员就读过这所私塾。板梁先祖崇文,耕读持家是古训,有文字的纸都是不能乱丢的,要送到接龙桥的逝纸楼去化掉。"山不在高,有仙则名。水不在深,有龙则灵",板梁私塾不大,但名气不小。私塾里的天井已有600多年历史,雕刻着珍贵的古石雕。板梁的先祖把学子看成鱼,企盼"鲤鱼跃龙门"。

### (六)棋盘石街

过了接龙桥,村中大街小巷纵横交错如棋盘,店铺、民居处处以石板路相连,分麻石街、青石街等,石街相连长十数里,自古就有"雨雪出门不湿鞋,设客五十(桌)不出村"之称,足见当年的繁华景象。

### (七)古泉、月亮塘

板梁古村有10口甜水古井,泉水四季喷涌,特别是上村头的"雷公泉"。春雷炸响,泉水从石山下喷涌而出,出水量达每分钟10多立方米。泉水流经三大厅前的三个半月塘,再环绕村庄而下,泉水冬暖夏凉,冬天村民用水不冷,夏季炎热下溪冲澡纳凉,天旱之年也涌流不息,水量之大湘南仅有。为什么池塘要修成半圆形的呢?因为板梁祖先饱学周公礼仪和中庸之道,深谙"月满则亏,水满则盈"的哲理,所以以此告诫后人要谦和忍让,永不自满。

### (八)望夫楼

板梁古村的村北象鼻山悬崖上有一栋小巧而奇特的小楼,名曰"望夫楼",登楼顶可望穿河溪和官道尽头。板梁是商埠之地,男子们多乘船顺溪水外出经商。上去广东,下到长沙、江汉、江浙。夫去少则月余,多则数月难归。商途遥远,风险难料,妇女们在家日夜担心,牵挂不已,遂早去龙泉寺烧香祈祷,暮上崖头注目观望,风雨无阻。溪水滔滔随船去,归帆点点盼夫来。久而久之,村民们都把崖头叫作望夫台。说来也怪,商人们在妻子牵挂下都能平安归来,财源广进。为了感谢妻子们的牵挂之情,也为望夫妇女们遮阳挡雨,众商贾集资在望夫台盖了一栋塔形带平台的楼台,取名"望夫楼"。

### (九)东圣祠

传说明末清初,板梁瘟疫流行,百姓流离失所、苦不堪言。一天,村里一位德高望重的老者梦见一位女神仙,女神仙从东方款款而来,对老者说:"吾乃东方圣母,为解瘟疫而来,后山有种蓝黄双色草,你采来用泉水煎汁给百姓喝,可保平安。"老者醒后叩谢不已,次日领村民上后山果见蓝黄双色草,便采集煎服,果然药到病除,解除了一场瘟疫。村民为感谢圣母恩赐,便在村南建一座"东圣祠",撰门联"东方明唉,击鼓敲钟,大开觉路;圣心悲哉,救苦解难,普及黎民",内供圣母娘娘金身塑像及诸佛菩萨,常年晨钟暮鼓,香火缭绕,传说凡有灾难,但求即灵。至今村中仍保留许多民间药方。

### (十)碧禅寺

板梁古村河溪对岸有一古寺,匾书"碧禅寺",三个字苍劲有力,门侧对联为"碧水涤尘三千净,禅心化顽六合宁"。传说当地有一男子年过50岁尚膝下无子,便常年虔诚拜佛祈祷,终于感动天地,晚年得子,其子少年英俊,聪明过人。弱冠即高中进士。该男子遂建"碧禅寺"以感谢佛祖恩赐。皇帝听闻此事,御赐匾额。经此后碧禅寺名声大振,盛极一时。

### (十一)娘娘殿

相传,板梁有个大古戏台,方圆数十里的村民都来看戏,十分热闹,此事惊动上苍,王母娘娘也要来看戏,于是村民在村侧山下溪边建一小殿以供娘娘下榻。第二天竟发现殿后陷下一个山窝,有股泉水热气腾腾往外喷涌,老人们说这是王母娘娘开出温泉洗澡的。于是村民们塑造娘娘金身于殿内朝拜,取名"娘娘殿",后山窝就叫娘娘窝。据地质考证,娘娘窝地下60多米深确有温泉,悦来温泉就是从此发源的,很有开采价值。

## 任务实施

作为郴州地陪导游,小李可以分三步完成该任务。

(1)做好准备。熟悉团队情况,分析老年旅游团的特点和需求,鉴于游客对板梁古村的建筑特色感兴趣,要做好相关知识准备。

(2)接团与讲解。提前到达集合指定地点,迎接游客并致欢迎词;重点介绍接龙石桥、镇龙塔、民居古屋的建筑特色及其体现的民俗文化。

(3)致欢送词。

## 任务考核

| 考核项目 | 评分细则 | 评分标准 |
| --- | --- | --- |
| 语言能力 | 语音、语调准确,吐字清晰,音量适度,语调富有变化,语速适中。语法正确,用词准确、恰当,能运用必要的修辞手法;语言流畅,语汇丰富,表达准确、生动,并能恰当运用体态语,有较强的感染力 | 满分15分 |
| 仪表礼仪 | 言行举止符合导游人员礼仪、礼貌规范 | 满分15分 |
| 讲解能力 | 讲解内容全面、正确,条理清晰,详略得当,重点突出,结构完整。讲解方法运用得当,讲解生动、有趣,能体现一定的导游技巧,现场感强,能吸引人 | 满分60分 |
| 导游规范 | 熟悉导游服务规范,导游服务程序正确 | 满分10分 |

## 任务拓展

任务一:小李作为地陪,带领一个岳阳前往郴州板梁古村进行一日游的老年旅游团。在参观雕梁画栋的板梁古民居时,有游客问到,古代建筑最讲究坐地朝向,一般都是坐北朝南、坐西朝东,但是为什么板梁古村却坐东朝西?假设你是导游小李,请你结合所学知识并查阅相关资料为游客们答疑解惑。

任务二:在参观板梁古村的过程中,有游客提出村里的古民居装饰题材多见葡萄、石榴、丹桂、莲蓬等植物,以及鱼、鹿、象、狮、麒麟、蝙蝠等动物,我国雕塑工艺品都讲究图必有意,意必吉祥,那么这些动植物都代表了什么吉祥的寓意?假设你是导游小李,请你结合所学知识并查阅相关资料为游客们答疑解惑。

即测即评

# 任务十一 鉴赏临武西瑶绿谷旅游资源

## 任务导入

郴州某旅行社导游小王作为地陪,将接待一个从广州前往郴州临武西瑶绿谷旅游区进行一日休闲游的旅游团,行程如下:

广州—郴州临武—西瑶绿谷旅游区(参观浪漫樱花谷、黄木坳、分水坳、长河、桃源坪村,感受瑶族民俗风情)。

在游览过程中,游客对西瑶绿谷的瑶族风情特别感兴趣。作为导游,小王应该如何做好此次导游讲解接待工作,让游客能乘兴而来尽兴而归?

## 任务探究

### 一、西瑶绿谷旅游区概况

西瑶绿谷旅游区(以下简称旅游区),位于临武县西南部,地处湘粤两省交界处,东临临武县双溪乡,西接蓝山县,南与广东省连县交界,北和本县城关、花塘、武源乡接壤。外部交通便捷,区位优势明显,岳临、厦蓉、京珠、清连高速均在半小时行程内,辐射全国。旅游区为亚热带季风性湿润气候,总面积12441公顷,森林覆盖率高达95%,保存有完整的原始次生林,是一座巨大的生物宝库和"天然氧吧"。旅游区先后被评为"湖南省生态旅游示范区""国家AAA级旅游景区",以及郴州市"十佳旅游目的地"和中国(湖南)气候旅游胜地"夏季避暑旅游目的地",并作为临武县代表性资源助力临武县进入"2018百佳深呼吸小城"名单。

旅游区优美的生态,宜人的气候,为众多野生珍稀动植物提供了良好的栖息生长环境。旅游区内生长着上千种植物,据初步调查,共有种子植物175科、699属、1515种;稀有分布树种多,如这里的宽叶泽苔草为湖南省除莽山、蓝山外的第三分布点,此外还有珍贵的多脉凤仙、软荚红豆等;珍稀树种群落类型多,有形状怪异的福建柏、金光闪烁的金叶含笑、稀少的红椿,以及分布最广的甜槠常绿阔叶林群落等。旅游区已记录野生脊椎动物223种,包括陆生脊椎动物201种、鱼类22种;国家重点保护动物33种,其中蟒蛇、黄腹角雉、林麝、云豹等国家一级保护动物4种,大鲵、虎纹蛙、黑鸢等国家二级保护动物29种;另有139种陆生脊椎动物属于"国家保护的有益的或者有重要经济、科学研究价值的陆生脊椎动物"。鸟类有夏候鸟或繁殖鸟13种,冬候鸟13种,旅鸟2种。旅游区内的南风界是候鸟迁徙的主要通道,每年春秋两季,成群结队的候鸟从这个通道往返迁徙,成千上万只候鸟在碧水蓝天之间,时而展翅高飞,时而悠闲憩息,呈现出一幅生机勃勃的动人画卷。

西瑶绿谷旅游区分为长河、分水坳、黄木坳、凤凰岭四大景区,共有景点68处,具有"青、幽、秀、奇、险、古"的特色,旅游区涵盖了生物景观、地文景观、水文景观、人文景观及天象景观五大类型。旅游区内瑶族同胞聚居,底蕴深厚的瑶族文化、保存完好的瑶寨村落特色鲜明,瑶文化、民族风俗别具一格。瑶族历史传说、民俗节庆、民族歌舞、民族服饰、民居建筑等随着时代的变迁依旧不断传承,瑶族歌舞、瑶族绣品、西山腊肉、西山米酒、临武鸭等文化习俗及土特产品远近闻名。

## 二、西瑶绿谷旅游区主要景点

### （一）浪漫樱花谷

樱花是爱情与希望的象征，代表着高雅、质朴纯洁的爱情。西瑶绿谷旅游区依托原生态山谷地貌，呈片区栽种不同品种樱花，花海沿溪而上，堪称生态樱花博物馆。走进樱花谷，人们能欣赏到万株樱花迎风摇曳，满树烂漫，如云似霞的樱花花海给游客们带来美不胜收的赏花体验。

### （二）凤凰岭景区

凤凰岭景区位于旅游区的西部，面积为314.9公顷，是西瑶绿谷旅游区的核心景区。区内森林植被繁茂，珍稀野生动植物资源众多，水文景观十分丰富，沟谷纵横，溪潭飞瀑不胜枚举。景区内江溪纵横穿过，峡谷两岸山峰壁立，环境僻静清幽，空气负离子含量高，两侧茂密的原始次生林沿溪沟蜿蜒密布，在长度不到400米的溪沟内密布着天栈潭瀑布、提源瀑布、双龙瀑布、文昌坪瀑布等各具特色的大瀑布，形成一处罕见的瀑布群，是徒步观光、河谷探险的绝佳旅游场所。

### （三）长河景区

长河景区位于旅游区北部，面积为3672.7公顷。景区内拥有水域面积达213公顷的长河水库，总库容4088万立方米，水库水质清澈甘甜，是临武县人民的饮用水源地。一汪碧水，两岸青山，如同一颗镶嵌在临武大地的明珠，光彩照人。长河水库水面十分开阔，湖岸线曲折蜿蜒，景色富于变化，适宜开展水库观光、垂钓休闲等旅游活动。此外，景区主要景点还有位于西瑶谷富塘境内的石缘洞，这是一处天然喀斯特地貌溶洞，洞内幽静深邃，洞洞相连。岩洞共分五厅，里面各厅依次增大，各厅的壁上可见到石羊、石鸟等奇异"壁画"，适宜开展洞穴探幽旅游活动。景区内还有望夫岩、假山林、长河渔村等景点。

### （四）分水坳景区

分水坳景区位于旅游区东部，面积3887.8公顷。分水坳是珠江流域和湘江流域的分水岭，山之南是珠江水系，山之北是湘江水系。分水坳也是著名的临武八景之一"西山雾雪"的最佳观赏处。景区内群峰耸立，山坡陡峭，地形地貌奇特，海拔1711.8米的临武县最高峰天头岭就位于该区。三峰岭海拔1470米，是临武的"母亲河"武水的发源地，也是登高览胜的理想去处。景区内主要景点有池形酷似天鹅的天鹅塘，属湖南省内少见的高山湿地；有大面积集中连片的杜鹃林和高山草甸，集中在天鹅塘、三峰岭等高山地带。4月下旬至5月上旬，杜鹃花漫山遍野盛开，是旅游赏花的绝佳去处。景区适宜开展登山野营、避暑休闲，以及观赏高山草甸、湿地、杜鹃花等活动。

天鹅潭嵌在海拔近1600米的山巅上,远看酷似一只引颈高歌的天鹅,四周绿草茵茵,时而雾罩纱笼,每年春夏之交,山下繁花去尽,这里才始露峥嵘,山顶数百亩高山杜鹃漫山遍野迎风怒放,景致十分壮观。红的花,绿的草,蓝的天,与天鹅潭相映相衬,让人沉醉,忘返流连。

### (五)桃源坪

桃源坪位于旅游区西部,面积为2048.2公顷。景区内森林植被繁茂,沟谷纵横,境内野生动植物资源众多,水文景观十分丰富。景区内沟谷森林景观独具特色,条条绿色峡谷密布其中,其中特色鲜明的绿谷当属大江溪。大江溪水量丰富,峡谷落差明显,沟壑深幽,潭、池密布,溪沟内每隔不到100米就有一个深潭或浅池,在不到3千米的距离内分布有大小潭、池共30余处,有半月潭、翡翠池、洗心池、鳄鱼潭、碧沙潭、静月潭等。

桃源坪是瑶族聚居地,民族文化积淀较深。瑶族人民创造了丰富的民族文化,悠久的历史传说、丰富的民俗节庆,以及极具特色的民族歌舞、民族服饰和民居建筑,无不透露出浓厚的民俗文化的魅力。瑶乡的秀水灵山,孕育了瑶族人民淳朴善良、热情好客的本性。宾主围坐,喝大碗茶、敬大碗酒、品瑶家腊肉、赏高台长鼓舞,饮酒对歌,歌不断、酒不断、舞相连。高台长鼓舞在临武瑶乡已流传500多年,又称为"打高台""耍高台",是瑶族人民在生产生活过程中的艺术再现,因其舞蹈动作粗犷、节奏明快,且在狭窄的高台上起舞而独树一帜。2016年5月,桃源坪高台长鼓舞被列入湖南省非物质文化遗产名录。桃源坪这个"养在深闺人未识"的特色民族村寨,将以其得天独厚的自然景观、浓郁的民俗文化特色、优美的人居环境,成为一张吸引世人目光的旅游名片,一展其神秘瑶乡的原生态魅力。

### (六)黄木坳景区

黄木坳景区位于旅游区南部,面积2280.5公顷。景区内森林茂密,沟谷、溪流纵横,且大多处于原始状态。景区内的鱼竹冲沟谷神秘幽静,人迹罕至,沟内原始次生林密布,珍稀野生动植物数量众多,是开展科教探险的首选之地。景区地文景观体量大,其中最具代表性的景点是"塔公塔母"。此外,"神龟峰""兽形石""红岩峰""四仙护塔"等地文景观也堪称经典。

景区的南风界是候鸟迁徙的主要通道,每年春秋两季是候鸟迁徙的季节,成群结队的候鸟从这个通道往返迁徙,规模十分壮观,南风界修建了候鸟观测塔,可开展生态观鸟活动,吸引了大批爱鸟的游客前来。景区北部有一座解放战争烈士墓,因年代久远疏于管理,旅游区拟将墓园进行整修扩建,为游客提供缅怀英烈、继承革命传统的教育基地。

## 任务实施

作为郴州地陪导游,小王可以分三步完成该任务。

(1)做好准备。熟悉团队情况,分析休闲游的特点和需求,鉴于游客对西瑶绿谷旅游区的瑶族风情特别感兴趣,要做好相关知识准备。

(2)接团与讲解。提前到达集合指定地点,迎接游客并致欢迎词;重点介绍凤凰岭、长河、桃源坪的景观特色,以及斑斓的瑶族民俗文化。

(3)致欢送词。

## 任务考核

| 考核项目 | 评分细则 | 评分标准 |
| --- | --- | --- |
| 语言能力 | 语音、语调准确,吐字清晰,音量适度,语调富有变化,语速适中。语法正确,用词准确、恰当,能运用必要的修辞手法;语言流畅,语汇丰富,表达准确、生动,并能恰当运用体态语,有较强的感染力 | 满分15分 |
| 仪表礼仪 | 言行举止符合导游人员礼仪、礼貌规范 | 满分15分 |
| 讲解能力 | 讲解内容全面、正确,条理清晰,详略得当,重点突出,结构完整。讲解方法运用得当,讲解生动、有趣,能体现一定的导游技巧,现场感强,能吸引人 | 满分60分 |
| 导游规范 | 熟悉导游服务规范,导游服务程序正确 | 满分10分 |

## 任务拓展

任务一:郴州某旅行社导游员小王作为地陪,接待一个广州前往郴州临武县西瑶绿谷旅游区进行一日休闲游的旅游团。在参观过程中,游客对长河景区喀斯特地貌溶洞内的石羊、石鸟等奇异"壁画"的成因特别感兴趣,假如你是导游小王,请你查阅相关资料,为游客答疑解惑。

任务二:为郴州西瑶绿谷旅游区的桃源坪景区创作讲解词,并进行模拟讲解,要求讲解词逻辑清晰、知识准确,重点突出景区内的瑶族民俗文化,讲解自然得体,生动有趣,无文字凭借,现场感强,时间不少于5分钟。

即测即评

## 任务十二　鉴赏湖南宝山国家矿山公园旅游资源

### 任务导入

郴州某旅行社导游小王作为地陪,接待一个来自郴州某小学的学生研学旅游团,他们将前往宝山国家矿山公园进行研学之旅,行程如下:

游客服务中心—1号月台—时空隧道—2号月台—石钟乳区—现代采矿支护展—现代采矿旧址—水平钻孔—现代作业采矿展—古窿洞—隋唐采矿展—汉代火爆采矿展—宋元支护展—矿井体验区—寻宝梯—365环形大厅—365出口(玻璃房)—露天采矿区—古郡观景台—餐饮中心—子龙训练营(户外拓展基地)—铜币主题雕塑—矿冶博览园—矿山博物馆—竖井。

在带团过程中,一名小学生问道:我们游览的宝山国家矿山公园和"世界有色金属博物馆"——柿竹园有什么区别?

### 任务探究

#### 一、湖南宝山国家矿山公园概况

湖南宝山国家矿山公园(宝山工矿旅游景区,以下简称矿山公园)规划面积7.8平方千米,核心景区占地面积1.48平方千米,是以古代采矿遗址、现代采矿遗址为核心景观,以矿冶历史文化为主题,以展示古代和现代采矿工艺流程为主要内容的一个特色旅游景区,被誉为湖南文化旅游的一张新名片。

宝山俗称宝岭,古称大凑山,原地名子龙,是三国时期赵云攻略桂阳郡屯兵的地方。这里矿藏极为丰富,有铅、锌、银、金、钼、铼、铋、铜、硫、铁等多种矿产资源,是中国自汉代以来历代官家炼银、冶铸的地方,天下第一农具(神农作耒)和天下第一剑(尚方宝剑)的原材料均出自宝山。

矿山公园分为"一心七区",即游客服务中心,井下探秘区、露天采矿区、矿冶博览园区、子龙训练营区、古郡观景台(烹采园区)、矿山风情园区、选冶工艺参观区,如图2-5所示。这里有国内罕见的露天单体采矿区、中南有色矿山较为现代化的竖井、世界最大的古铜币主题雕塑、财富大道等景点。井下有色彩鲜艳的孔雀石、晶莹剔透的冰晶针,游客在这里可以开展矿井探险活动、观看3D电影,而古时遗留下来的众多老窿洞,更是一部千百年来宝山悠久的采矿史。

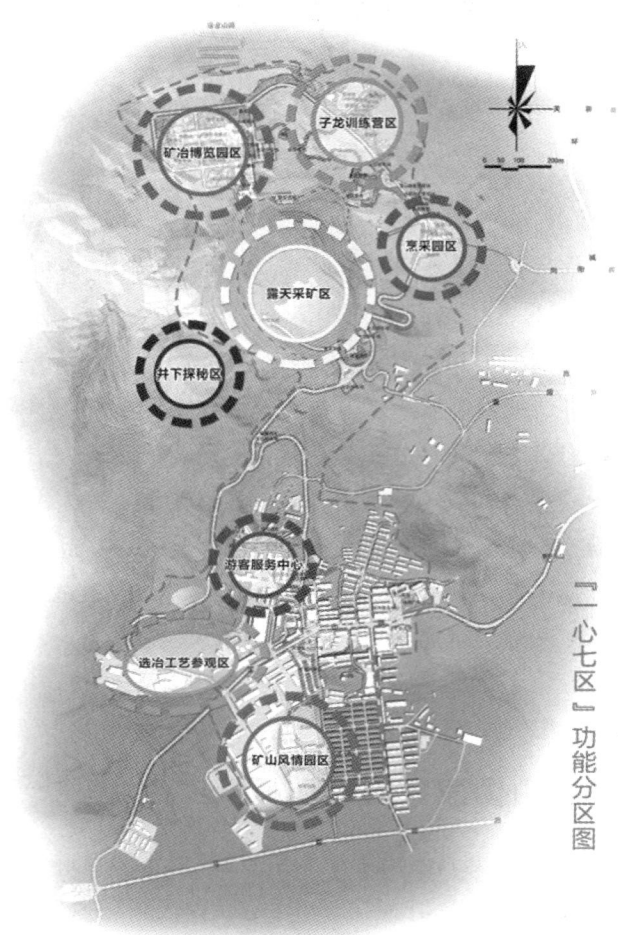

**图2-5 湖南宝山国家矿山公园"一心七区"功能分区图**

图片来源:https://www.meet99.com/jingdian－baoshangongkuang.html

## 二、湖南宝山国家矿山公园主要景点

### (一)井下探秘区

井下探秘区是整个矿山旅程的起点,也是整个矿山公园中最具特色的区域,其主题可以概括为"游十里井道,赏百处奇景,品千年历史,寻万般宝藏",旨在通过奇妙的地下之旅,观赏矿山奇景,品味宝山历史。井下探秘区设计共分为7个板块,由330中段的入口区、神奇地貌展示区、现近代采矿展示区、古代遗址探秘区、矿井体验区、探宝区和365中段的休闲观光区组成，是整个矿山公园的核心。

(二)矿山风情园区

矿山风情园包括矿山风情街、矿工家属区、运动休闲中心和休闲公园四大部分。矿山风情街涵盖了食、住、行、游、购、娱六大旅游要素。矿工家属区建筑具有典型的工业建筑特色，排列整齐有序，坡屋顶建筑形式极具特色，建筑空间尺度宜人，游客在此处可以亲身体验矿工生活。运动休闲中心是整个矿区的一个运动休闲区域，建设有一个室内体育馆，有可利用的现成的游泳池等运动场地。休闲公园利用现有水域，整治岸线和改造土壤，种植景观树木，加强绿化。

(三)露天采矿区

露天采矿区(简称露采场)是曾经露天采矿留下的巨型坑洞，边坡层叠、地形奇特，是现代工业留下的特色景观，外观酷似罗马斗兽场。露采场自1966年开采，于1995年闭坑，其间共完成总采量1519万立方米，采出矿量588万吨，产值达4.5亿元，采出金属主要是铜、钼、铋、硫等。经过30年的开采，露采场形成了一个巨大的仰天锅，上部长550米、宽500米，下部长90米、宽35米，中心垂直高度达220米。这种规模在全国有色金属矿山中极为少见。

(四)古郡观景台(烹采园区)

以"矿山之光"为主题，一方面通过景墙浮雕上历史故事的重现，让游客了解宝山及桂阳的历史底蕴；另一方面运用管道、矿石、安全帽、岩芯等元素组成具有矿山特色的景观小品，重点体现矿山的现代工业化气息，使游客在观赏桂阳城全景的同时，体味"矿山之光"。通过古今对比，特别是矿工生活和"烹采"过程的对比，引发游客溯源思今的情思。

(五)子龙训练营区

子龙训练营区通过仿三国时期风格建造古城墙、屯兵营，向游客展示相关人文典故，向游客展示世界非物质文化遗产湘昆剧，通过设置露营帐篷、射箭练习场等相关古代场景，吸引游客参与，打造真实的三国屯兵计取桂阳。游客可以参与拓展训练、品味三国文化、追寻历史遗迹。

(六)矿冶博览园区

矿冶博览园区采用规整式园林设计手法，布置一横一纵两条轴线，轴线交叉处设置圆形广场，横轴西起矿山博物馆，竖轴南接竖井。轴线两侧布置机械器具展示，向游客展示寻矿、探矿、验矿，以及开采、冶炼等相关生产工艺的过程，融科普教育于游览娱乐。广场为宝山承办大型节事活动提供场所。

## (七)选冶工艺参观区

采矿、粉碎、选矿和冶炼一系列工艺流程的参观体验,让游客对相关生产工艺有所了解,融科普教育于游览娱乐,打造矿冶观光特色之旅。

### 任务实施

作为郴州地陪导游,小王可以分四步完成该项任务。

(1)做好准备。熟悉团队情况和接待流程,分析小学生研学旅游团体验式学习的特点,鉴于客人来自湖南郴州,当地有较多的矿山企业,客人对矿产的采选、冶炼流程以及赵云的传说故事比较感兴趣,要做好相关知识准备。

(2)接团与讲解。提前到达,车边迎接,询问客人情况;致欢迎词,到达目的地后组织开营仪式,分组并强调纪律安全,讲解景区游览注意事项,为活动安全有序打好基础;重点介绍本公园情况。

(3)沿途及景区介绍。讲解宝山国家矿山公园景区,重点介绍采选、冶炼的过程和特色。

(4)致欢送词。可以给学生安排探究性作业,让其在返校后进行成果汇报和展示。

### 任务考核

| 考核项目 | 评分细则 | 评分标准 |
| --- | --- | --- |
| 语言能力 | 语音、语调准确,吐字清晰,音量适度,语调富有变化,语速适中。语法正确,用词准确、恰当,能运用必要的修辞手法;语言流畅,语汇丰富,表达准确、生动,并能恰当运用体态语,有较强的感染力 | 满分15分 |
| 仪表礼仪 | 言行举止符合导游人员礼仪、礼貌规范 | 满分15分 |
| 沿途讲解 | 讲解内容全面、正确,条理清晰,详略得当,重点突出,结构完整。讲解方法运用得当,讲解生动、有趣,能体现一定的导游技巧,现场感强,能吸引人 | 满分60分 |
| 导游规范 | 熟悉导游服务规范,导游服务程序正确 | 满分10分 |

### 任务拓展

任务一:小王作为地陪,将带领一个广州的中学生研学旅游团到湖南宝山国家矿山公园进行研学游,在游览了井下探秘区、露天采矿区、矿冶博览园区、子龙训练营区、古郡观景台(烹采园区)、矿山风情园区、选冶工艺参观区等景点后,同学们对矿藏的采选、冶炼流程特别感兴趣。假设你是导游小王,请你结合所学知识并查阅相关资料为同学们讲解其中一个或几个景点的特色。

任务二:写出湖南宝山国家矿山公园讲解词,并进行模拟讲解,要求讲解词逻辑清晰、知识准确、重点突出,讲解自然得体,生动有趣,无文字凭借,现场感强,时间不少于5分钟。

即测即评

## 任务十三 鉴赏安仁稻田公园旅游资源

### 任务导入

郴州某旅行社导游小王作为地陪,接待一个耒阳前往郴州安仁进行一日游的旅游团,行程如下:

神农殿—神农广场—神农雕像—石磨游园—荷花游园—江滩乐园—稻田广场—农闲古戏台—农耕博物馆。

在游览过程中,团队客人对安仁的特色稻田公园很感兴趣。请问,小李应该如何做好此次导游讲解接待工作,使游客能够了解稻田公园的特色,尽情享受景区带来的轻松与惬意。

### 任务探究

#### 一、安仁稻田公园概况

稻田公园位于安仁县境内,建于2013年5月,2014年3月21日正式开园。园名由中国工程院院士、"杂交水稻之父"袁隆平先生亲笔题写。公园在保持原生态、原生产模式不变的前提下,将公园元素融入稻田,是全国首创集农业示范、农耕体验、科普教育、旅游观光、休闲娱乐于一体的国家4A级旅游景区(见图2-6)。

公园主要景点有神农殿、神农广场、神农雕像、水车游园、风车游园、石磨游园、荷花游园、江滩乐园、水上拓展中心、湘南民居、稻田广场、农闲古戏台、农耕博物馆等,可谓是园中有景,景中有园。这里天蓝、水清、山绿,春观油菜花,夏看映日荷,秋赏金色浪,冬踏田园雪,可谓四时皆景,十里画廊,令人目不暇接、流连忘返。这里既能领略刀耕火种的传统农耕文化,又可参观机械化、标准化的现代农业示范。这里既是农业项目的综合展示,也是一个"望得见山,看得见水,记得住乡愁"的开放式公园。

图 2-6　安仁稻田公园

图片来源：http://www.anrenzf.gov.cn/15/58753/58872/58873/content_3222279.html。

园内熊峰山、凤岗山雄踞东西两端，永乐江、排山河穿境而过，大源水库、大石水坝点缀其中，稻田山庄、神乐园、益品茶园、神农寨等十大庄园映满园区，形成"两山、四水、十农庄"的多功能现代农业公园。

## 二、安仁稻田公园主要景点介绍

（一）水上拓展中心

水上拓展中心占地面积5000平方米，其中水域面积3000平方米。设有浮油桶踏步、独木桥、"凌波微步"、滚木栈道、圆环桥、情侣桥等项目，集休闲和挑战于一体。

（二）水车游园、风车游园、石磨游园

永乐江全长210千米，顺地势自东南向西北流经安仁全境，造就了"郴州粮仓"的传奇，也积淀下深厚的水车文化。水车游园集中展示应用广泛的筒车，园中设立"杂交水稻之父"袁隆平院士雕像、"爷孙农耕乐"组合雕像，使农耕智慧与田园情趣得到充分体现。

在安仁，风车既是工具，是朴实智慧的结晶；也是玩具，是纯真童年的记忆。风车游园集中展示中西各式风车，古朴造型与现代设计完美结合。

充分运用石磨，米塑、烫皮、薯粉、糍粑等食物也就应运而生，凝聚成安仁百姓舌尖上永恒的回味。石磨游园因广种紫薯，故又称"紫薯游园"。

（三）神农殿

神农殿2001年重建于凤冈山上，殿高20.8米、长42.8米、宽32.8米，整个建筑采用仿古建筑风格，内有一尊高7余米的炎帝神农塑像。

## （四）神农广场

在神农广场的中央,一尊高9.9米、宽4.26米的神农雕像昂然屹立,神农雕像的周围是李时珍、宋慈、张仲景、孙思邈、扁鹊、王叔和、葛洪、华佗8尊神医石雕像群。正台平面底部的周围是一个圆形水池,水池底部是碧蓝色的瓷板,日光照射,相映生辉。正台平面与圆形水池周围中间高出的部分由灰黑色的瓷板镶嵌,古香古色,清新典雅。从中央向四周延伸,东、南、西、北四个方位竖立着若干个神兽石雕,游人赏景,煞是壮观。

### 任务实施

作为郴州地陪导游,小王可以分三步完成该任务。

(1)做好准备。熟悉团队情况,分析旅游团的特点和需求,鉴于游客对稻田公园特别感兴趣,要做好相关的知识准备。

(2)接团与讲解。提前到达集合指定地点,迎接游客并致欢迎词;重点介绍稻田公园的特色。

(3)致欢送词。

### 任务考核

| 考核项目 | 评分细则 | 评分标准 |
| --- | --- | --- |
| 语言能力 | 语音、语调准确,吐字清晰,音量适度,语调富有变化,语速适中。语法正确,用词准确、恰当,能运用必要的修辞手法;语言流畅,语汇丰富,表达准确、生动,并能恰当运用体态语,有较强的感染力。 | 满分15分 |
| 仪表礼仪 | 言行举止符合导游人员礼仪、礼貌规范 | 满分15分 |
| 沿途讲解 | 讲解内容全面、正确,条理清晰,详略得当,重点突出,结构完整。讲解方法运用得当,讲解生动、有趣,能体现一定的导游技巧,现场感强,能吸引人 | 满分60分 |
| 导游规范 | 熟悉导游服务规范,导游服务程序正确 | 满分10分 |

### 任务拓展

任务一:小李作为地陪,将带领湖南衡阳的大学生旅游团到郴州安仁稻田公园进行一日游。假如你是小李,请你结合所学知识并查阅相关资料为游客们讲解其中一个或几个景点的特色。

任务二:写出安仁稻田公园讲解词,并进行模拟讲解,要求讲解词逻辑清晰、知识准确、重点突出,讲解自然得体,生动有趣,无文字凭借,现场感强,时间不少于5分钟。

即测即评

# 项目三 "吃"在郴州

## 学习目标

**【素质目标】**

1. 通过对安仁药膳猪脚的分享弘扬中国药膳文化。
2. 通过对烧鸡公、嘉禾血鸭等美食的分享弘扬郴州传承的湘菜文化。
3. 通过对临武鸭全席、东江湖全鱼宴、周礼古宴的分享弘扬郴州特色宴请文化。
4. 增强家乡认同感,厚植家乡美食情怀。

**【知识目标】**

1. 了解郴州各县市区的主要特色菜肴,掌握具体几道著名美食的特色内容及推荐方法。
2. 掌握郴州几道主要特色小吃,介绍其基本内容及推荐方法。

**【能力目标】**

1. 能为游客讲解郴州各县市区的主要特色菜肴,介绍具体几道著名菜肴的特色。
2. 能为游客介绍郴州几道主要特色小吃。
3. 能根据具体情境为游客提供美食攻略。

# 项目三 "吃"在郴州

## 项目导读

"抓住游客的心,需先抓住游客的胃"。越来越多的旅游业界人士有着这样共同的感受。在许多游客心中,美食已然成为旅游的另一个代名词,与美景具有同等重要的吸引力。作为旅游六要素之首的"吃",对于旅游业发展而言,具有举足轻重的作用。受地域特征、风俗习惯等因素的影响,郴州饮食文化的差异在一定程度上强化了地域之间景观差异性的吸引力。越来越多的旅游爱好者来到郴州旅游,同时希望品尝到郴州的特色美食。美食介绍是导游讲解的重要内容,能拉近与游客的距离,一般在旅游行程回程(行程有自由活动时间)途中讲解。本项目主要从郴州特色美食、特色小吃两个方面来介绍郴州。

## 思维导图

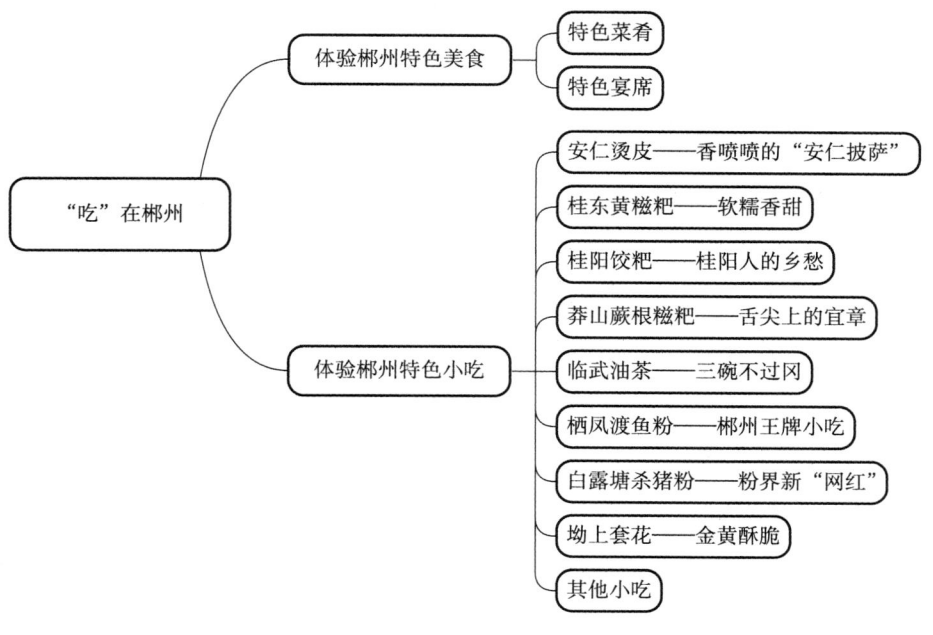

## 任务一　体验郴州特色美食

 任务导入

地陪小王将接待一个上海考察旅游团,游客对当地美食表现出强烈的兴趣,旅行社在行程中特意留出时间给游客品鉴郴州美食。如果你是小王,你应如何为游客介绍郴州美食?行程如下:

第一天:高铁站接团—万华岩—午餐—苏仙岭—入住市区酒店—晚餐自由活动(美食推荐);

第二天:早餐—东江湖—午餐(三文鱼特色餐)—下午送高铁站—行程结束。

任务探究

郴州传统菜系以湘菜为主,油重色浓,多以辣椒、熏腊为原料,口味注重香鲜、酸辣、软嫩,比如腊肠或者辣椒炒肉之类的,都是郴州菜里特征比较明显的。湘菜很多的口味和川菜有点相似,但是又有所区别。川菜口味偏麻辣,而湘菜调味尤重酸辣。因地理位置的原因,湖南气候温和湿润,人们多喜食辣椒,用以提神祛湿,郴州也不例外。湘菜历来重视原料互相搭配,滋味互相渗透。用酸泡菜作为调料,佐以辣椒烹制出来的菜肴,开胃爽口,深受青睐,成为独具特色的地方饮食习俗。

郴州各县市区也有不同的特色菜肴,具有代表性的有安仁药膳猪脚、马田豆腐、嘉禾血鸭、苏仙夫子肉、烧鸡公、高山禾花鱼、畲族竹筒菜等。郴州还有具有当地特色的宴席,如临武鸭全席、东江湖全鱼宴、周礼古宴等。

### 一、特色菜肴

#### (一)安仁药膳猪脚

说到郴州安仁,不能不提的一道特色菜便是草药炖猪脚,即草药猪脚汤,它被称为"天下第一汤"。《舌尖上的中国(第三季)》第四集《养》中,安仁美食药膳猪脚作为该集开篇大菜率先出场。

据传,明嘉靖年间,时年26岁的李时珍一到安仁,就"采茶九龙庵,野炊香火堂,洗药药湖池,制药香草坪,易药南门洲"。这一年,安仁春夏连旱,秧苗都插不下,又发生蝗灾,九月至十一月未下滴雨,饥荒随即而来。李时珍在县城南门洲上广施良药,被人们称为"活神仙"。当他听人们说起,在安仁东南的龙海三塘村,人们正患一种叫"打摆子"的病,三两天内便死了近十人。李时珍前往诊治,到后山采来一大把柴柴草草、兜兜脑脑煎成汤,给病患每人一勺,"摆子"便不打了。之后,李时珍又上山采下活血藤、木通等草药,用猪脚炖汤,喝了这猪脚药汤的第三天,"打摆子"的人们不但恢复了元气,还浑身有使不完的劲。因此,这种神奇的草药炖猪脚便这样流传下来,成为春分时节安仁的一道养生"神汤",也逐渐成为一个中药文化符号。

安仁药膳猪脚

另外,《安仁县志》记载,千百年来,安仁就一直保留着在春分节气后家家户户熬草药汤喝的习俗。食养并用的中华药膳文化博大精深,安仁有着浓墨重彩的一笔,安仁草药炖猪脚开启了食养文化之先河。自古以来,安仁就以中草药交易著称,流传着"药不到安仁不齐,药不到安仁不灵,郎中不到安仁不出名"的千古佳话。当地百姓将增骨风、鸡血藤、月风藤、黄花倒水莲、杜仲、小活血等10多种草药与猪脚、黑豆等熬成黑黑的浓汤,不但滋补身体,且滋味美不可言。

2017年,在安仁美食文化节现场,活动主办方神乐园(湖南神乐生态庄园有限公司)特制了一口直径达2米多的"锅无霸",7人手牵手才能将大锅环抱。锅中放入30多味草药、8000斤猪脚、10000个鸡蛋以及120斤黑豆,食材经严格把关。猪脚汤在专家现场指导下熬制17小时后,万人同品"草药炖猪脚汤",一饱口福。该活动得到了上海大世界基尼斯理事会的关注,并派相关人员在现场全程勘查认证,成功申报大世界基尼斯纪录。

如此受欢迎,尤其在春分节气,它更成为安仁药膳的文化符号。这源于安仁药膳猪脚的显著特色。

第一,做法简单,但熬制时间较长。先将增骨风、鸡血藤、月风藤、黄花倒水莲、杜仲、小活血等10多种草药洗后晒干,剁成一寸长短备用,熬药时将草药倒进锅内,添水盖住草药为宜,猛火熬8小时左右,将药汤滗出后再添水熬药渣4小时,熬好后将两汤倒在一起再熬,陈年药材需要醒发、熬煮、过滤,只有反复这样,才能逼出药性,发挥药汤本身的功效。然后放入大块猪脚、猪肉、鸡肉、鸡蛋、黑豆,加上一些熟地、枸杞子、当归等中药一起文火熬制一天一夜,熬成黑黑的浓汤,肉和黑豆软烂了即可食用。

第二,选用食材精细严格。比如,要选用小黑豆、陈年高粱,这是最重要的两种材料。小黑豆是少有的药豆,目前当地都快失种了。小黑豆入锅,药效更明显,而高粱必须用陈年的,当年的高粱容易引起胀气,加入药汤会起反作用。

第三,口味浓香,滋补祛湿,经过熬制的汤药不只有单纯的药味,更多地夹杂粗粮的浓香。据当地的中医介绍,这种既有骨头的鲜又有药材的浓的汤品,实属美味补品,还能驱除体内湿气。

此外,在草药猪脚汤里人们还会特意放入剥壳的鸡蛋,这除了增味,还有着深刻寓意,即寄托家人团圆的愿望。

### (二)马田豆腐

豆腐作为一种常见食材,物美价廉,深受老百姓喜爱。在郴州,要数马田地区的豆腐制作技艺精湛。在长期实践过程中,马田豆腐不论是在加工制作上,还是在烹调上,都闻名郴州乃至全国。

在加工制作上,马田豆腐的制作工艺复杂严格,制出来的豆腐清醇而细腻,洁白柔嫩而韧性十足。马田豆腐以黄豆和石膏为主要原料,采用"石膏点豆腐"的南派技法,通过一道道复杂的工艺加工而成,并有其独到之处。马田豆腐以白、嫩、细、鲜、韧见长,看似风也吹得烂,可拿在手上却富有弹性,随便摆弄几下都不易开裂。马田豆腐的制作工艺薪火相传,至今已有上百年的历史。

制作的品种也十分丰富,有鲜嫩的水豆腐、熏烤的黄金干豆腐、油炸的油豆腐、包馅的酿豆腐等,形状不一,有条状的,有块状的,还有薄片状的。黄金干豆腐着重于"熏",熏烤以油茶壳为燃料,出箱后的水豆腐能否熏成金黄色,关键在于掌握火候和翻动时机——烟大则黑,烟小则不黄,非经师傅指点和长期实践难以领略其精髓。黄金干豆腐熏后切开,外黄内白,如"金包玉"的艺术品。酿豆腐是豆腐衍生出来的品种,过去也就逢年过节才能吃到。在徽菜和客家菜中均有酿豆腐,只不过在徽菜中一般称为"瓤豆腐"。两者是否同宗,按客家人的说法,是因为以前南方没有面粉,只能用豆腐来包馅,也就是豆腐包的水饺了。马田乃至郴州地区的酿豆腐一般是用油豆腐包馅,根据馅料不同分为素、荤两大类上十个品种:素酿豆腐的馅料主要有糯米、香菇、干笋尖、莲子等;荤酿豆腐的主料是鲜瘦肉,配料有腊肉、腊鱼、腊肠以及香菇等。

在烹调上,马田豆腐的烹调方法繁多,水豆腐焖雄鱼头、油炸酿豆腐、油焖白豆腐等是都色、香、味俱全的佳肴,吃后意犹未尽。可以煎或煮,加上小葱、辣椒、麻油等佐料,芳香扑鼻,口味鲜甜无比。油炸酿豆腐是把做好的酿豆腐放进用鸡蛋和面粉调成的面糊中,四周滚上浆,用茶油炸得金黄香酥,犹如刚出炉的金砖。蒸熟,再淋上香料,随着腾腾的热气,成为餐桌上的诱惑。春节时,这道菜备受欢迎,除了味美外,人们把吃酿豆腐叫作"抱金砖",有出外抱得金砖回的寓意。

### (三)嘉禾血鸭

郴州地处湘南,气候适宜,再加上池塘众多,适合养鸭。舜华临武鸭作为"福城四件宝"之一更是闻名全国,而郴州人做鸭菜也是技艺精湛,不论市区还是各县都有很多餐厅以鸭菜闻名,如嘉禾血鸭、炒土鸭、子姜炒鸭、米粉鸭等。其中,嘉禾血鸭是郴州市嘉禾县的特色美食,在长期实践过程中,不论是做法上还是口味体验上都经得起考验。

嘉禾血鸭

嘉禾血鸭在制作方面,选用食材严格,必须选用本地放养的土鸭,而且须选用刚刚出栏的仔鸭,肉方腴嫩肥美,若不肥则同于嚼蜡。宰杀时,保留鸭血,鸭子去毛洗净后切块,放入锅中炒干水分后加入茶油炒至黏锅,再放入精盐、八角、桂皮、子姜、红椒后加水焖煮,起锅前倒入鸭血即可。

值得一提的是,制作程序时间紧张。由于要取用新鲜的鸭血,鸭子必须现杀现做,制作血鸭的过程也颇为匆忙紧凑。首先,在一只小碗里备上少许盐水,宰鸭的时候,把鸭血尽数沥到小碗中,再滴几滴烈酒去腥,然后用筷子微微搅动,不使血浆凝结成块。随后,将鸭子褪毛洗净,用厚背砍刀将其切成长条状,切完还要用刀背将鸭骨细细敲松、敲碎,使之骨肉分离。同时,还要用料酒、酱油、生姜进行腌渍,待入味后,再将鸭肉剁成小颗的肉粒。

接下来就是炒的过程。炒的时候,先把鸭肉粒在锅中焙干水分,再加入切成细丝的子姜一同翻炒,待炒出香味,加干辣椒、甜酒糟,调好味后把鸭血倒进去。这时候,火一定要猛,炒动的速度也一定要快,使鸭血在受热凝结之前,就均匀地附在鸭肉上,炒熟后就可以起锅了。

在口味方面,嘉禾血鸭之所以能够成为夏日的开胃菜,是因为子姜的辅助。子姜乃是生姜的嫩芽,为夏日上市的时蔬,不仅口感生脆,其中亦蕴含丰富的姜辣素,有益脾胃、改善食欲的作用。嘉禾血鸭口感爽滑、香辣,具有不粘锅、不粘碗碟的特点。吃的时候,已被炒熟的黏稠鸭血会顺着口舌渐渐化散开来,颜色非常鲜艳。带有浓郁酒香、味道微辣的鸭肉,嚼起来也是十分入味。由于鸭骨已被敲碎,鸭肉和软骨的柔韧感,在牙齿上都可以清晰地感受出来。饱吸了鸭肉鲜味的子姜丝,微辣带脆,亦十分味美。

(四)苏仙夫子肉

在郴州老郴县(今苏仙区和北湖区),有着"无肉不成席"的说法。郴州话"肉"谐音"陆(六)",所以喜事酒席上第六道菜肴就是肉,一般是整块扣肉。苏仙夫子肉也是郴州的一道特色菜,是郴州苏仙岭附近非常地道的民间风味菜,一般是用地方精选土猪肉制作而成。此菜特点:晶莹剔透,咸鲜味浓,风味独特。其做法如下。

(1)将五花肉洗净,切成大概0.5厘米厚的片,再用盐、料酒、葱段、姜片、五香粉、桂皮粉等腌制入味。

(2)平底锅倒油,将腌好的五花肉均匀地裹上米粉,放入锅中煎至两面微黄,盛出。

（3）原锅留油，下葱末和红椒末、姜粉炒香，倒入酱油和料酒炒匀，最后将煎好的肉片倒入锅中与配料拌炒均匀，上锅蒸1小时即可。

注意：五花肉可以切得薄一点，用小火慢煎，这样肉里的油脂就会被煎出去，吃起来就不会腻了。

（五）烧鸡公

全国很多地方都嗜辣，郴州的一道菜对人们却是一种挑战，在点菜的时候分"中辣""微辣"而没有"超辣"，因为一般人挑战不了，"微辣"就足够辣得人汗流浃背。后来，很多食客因为喜爱吃却又顶不住其辣的威力，各大餐馆就出现了"微微辣"，普通食客一般点"微微辣"。那么，是哪一道菜有这么大的吸引力呢？那就是郴州味道之"烧鸡公"。

郴州烧鸡公是一道典型的家常菜，制作方法并不复杂，家庭住户、街头餐馆都可制作，然以湘阴渡、栖凤渡的最为正宗和出名。关于这道菜的传说有多种版本，湘南地区房屋落成上梁时，自古有宰杀雄鸡祭祀的习俗，以祈求五谷丰登、人兴财旺，然后烹制成菜款待匠工，此说法应最为可信。久而久之，这种以祭拜为主的食物，便演变成郴州人桌上的美味了。特别是开春的时候，当地人都会带着孩子来吃烧鸡公，这早已成为郴州的一大风俗。

郴州烧鸡公特色明显，美味功效兼具。在郴州人的眼中，它不仅仅是一道特色家常菜，还具备一定的药膳滋补作用。其特点：颜色红亮，口味鲜辣浓郁，皮脆肉嫩，回味无穷，酒饭俱佳。公鸡肉的营养也比较丰富，从中医的角度来讲，公鸡肉属于一种温热性质的肉，可以补中益气、活血化瘀、驱寒暖胃，能够改善脾胃虚弱导致的食欲不振和四肢寒凉，对于妇女中气亏虚导致的月经过多也有改善功效。而从营养学的角度来讲，公鸡肉含有丰富的蛋白质、纤维素、脂肪和氨基酸，不仅可以为人体补充丰富的营养，并且能够促进肠道蠕动。

郴州烧鸡公，近年来越来越受游客欢迎，堪称郴州特色美食的一张文化名片，并且，很多游客也是通过烧鸡公，对郴州的美食文化有了一定的了解。如今，集结于郴州市区燕泉路、五里堆路以烧鸡公为主题特色菜的餐饮商家也形成了一定的规模，成为本地市民聚会宵夜，以及外地朋友品尝郴州特色美食的好去处。其中，郴州市区最著名的是日益森烧鸡公，有着郴州老字号餐饮馆称号的日益森，以茶油爆炒出锅的烧鸡公而闻名，一端上桌，浓烈的香辣味就扑面而来，爽脆劲道，咸香鲜辣，六月伏天治湿气，寒冬腊月散寒气。日益森烧鸡公好吃的秘诀在于对原材料的挑选，其制作选用嘉禾县的三味辣椒和临武县大冲乡的辣椒。这两种辣椒结合，辣得过瘾，香得诱人，让烧鸡公的辣味更有层次。

当然，郴州烧鸡公也会令不吃辣的游客望而生畏。所以，怕辣的食客，一定会点一道水煮萝卜丝,好在尽兴过后,夹一筷子,解辣下火。

如今,被多家媒体报道的日益森烧鸡公,在省市烹饪大赛中,屡次获奖,成为全国一道名菜,知名度越来越高。

郴州烧鸡公看起来复杂,制作方法却很简单:先将6斤(1斤=500克)以上的公鸡宰杀洗净,切成小块,再用高压锅压制3～5分钟。然后热锅上火烧油,下入老姜,将压制好的鸡肉入锅,加盐、干米椒爆炒5分钟,最后放酱油、味精、蚝油少许,原汤焖制入味后加葱段、淋生茶油出锅即可。

(六)高山禾花鱼

郴州高山禾花鱼,是生活在郴州境内五岭和罗霄两大山脉海拔500米以上梯田中的鲤鱼,因采食落水的禾花,其肉具有禾花淡淡的香甜,又因生活在常年低温的泉水中,生长缓慢,肉质细嫩,骨骼较软,其独特的风味深受人们喜爱。

2016年,郴州市畜牧兽医水产局启动"郴州高山禾花鱼"农产品地理标志保护登记工作,并通过农业部(农业农村部)评审答辩,郴州高山禾花鱼获批国家地理标志保护农产品。作为新晋的国家地理标志保护农产品,高山禾花鱼可与临武鸭、永兴冰糖橙等郴州老牌地理标志产品相媲美。

郴州高山禾花鱼获批国家地理标志保护农产品,得益于郴州的地理环境。高海拔区域是高山禾花鱼最喜欢的"鱼床"。按照产地环境要求,郴州高山禾花鱼产业发展区域为五岭、罗霄山脉海拔500米以上有适渔梯田的山区,包括:北湖区的仰天湖瑶族乡、鲁塘镇、保和瑶族乡、石盖塘镇;苏仙区的良田镇、坳上镇、五盖山镇;宜章县的五岭镇、玉溪镇;临武县的南强镇、舜峰镇;桂东县的桥头乡、新坊乡、东洛乡、青山乡、沤江镇、沙田镇、清泉镇、大塘镇、四都镇、寨前镇、普乐镇;汝城县的文明瑶族乡、土桥镇、井坡镇、濠头乡;永兴县的七甲乡、鲤鱼塘镇;资兴市的八面山瑶族乡、回龙山瑶族乡、兴宁镇。这些山区平均海拔达到了500～800米,境内云雾缭绕,溪水潺潺,田畴连绵。村民大多仍采用传统的方式耕作,用可以直饮的纯净山泉水灌溉稻田。

水质优良,适合禾花鱼生长的优越环境造就了禾花鱼的以下特点:活动能力强,尾部力量大,柔韧性好;体型修长;体表光泽、无病灶,鳞片紧密完整,细腻光滑;鳃颜色鲜艳,鳃丝清晰、完整、无脱落损伤;鱼眼饱满,角膜透明;鱼鳍完整光滑;肌肉紧实,有弹性;泄殖孔平滑不突出。

原始的食材加上简单的厨艺,可做汤,可油炸煎炒,再加上辣椒的参与,就成了餐桌上的一道美味菜肴。郴州高山禾花鱼在上市期间常常供不应求,形成了可观的经济效益和社会效益。2016年,郴州举办了首届美丽乡村旅游文化节,其中仰天湖禾花鱼米丰收节是四大主题活动之一,之后历年都有举办禾花鱼节,成为郴州乡村旅游文化节一部分,增进了游客的体验,更促进了当地产业发展。每年9月,大量游客自驾或

郴州高山
禾花鱼

组团来郴州品尝禾花鱼,还亲自下稻田抓鱼,体验抓鱼的乐趣。亲子互动更是让小孩乐此不疲,成为小孩童年难忘的经历。

### (七)畲族竹筒菜

竹筒菜最早起源于江西遂川县横岭、衙前、双桥、新江、五斗江一带山区,客家人使用竹筒储藏芥菜(俗称薜菜、青菜),年代久远,在湖南郴州主要流行于汝城。

竹筒菜的特点是清香醇美,除了各类肉、菜的味道外,又增添了竹子自有的清香味,故菜品的味道特别清香,老幼皆宜。酷热严暑,用一个竹筒菜泡汤,能使胃口顿开,食欲增加。此菜不馊不残,不损肠胃,焖肉比干菜笋尤胜一筹。孕妇、产妇以及病人食用,更为适宜。此菜不油腻,在菜谱结构调整、减肥增进健康方面有其独特功效。还有些地方流行用竹筒盛酒也是一样的道理。

在郴州汝城热水河漂流景区,有畲族风情餐厅供游客体验这道特色菜。

## 二、特色宴席

### (一)临武鸭全席

临武鸭是中国八大名鸭之一,肉质细嫩,味道鲜美,有着上千年悠久的养殖历史,曾为朝廷贡品,声名远播。

临武迎宾馆充分发挥了临武鸭的特色,经过努力终于成功开发出了"临武鸭全席",宴席全部用临武鸭做主菜,经过不同的做法将临武鸭的精华展现其中,具有浓厚的地方特色。每道菜各有特点,现介绍几款经典菜。

1.临武鸭酿豆腐

酿豆腐是郴州一带常见的一道菜。临武迎宾馆通过创新,用正宗临武鸭的胸脯肉,配以马蹄、葱花等做成酿豆腐,外形则是用老南瓜雕刻成的一具栩栩如生的鸭。这道菜看起来美观大方,吃起来松软可口,具有浓厚的地方特色。

2.孔雀开屏

"孔雀开屏"这道菜,方盘的一角竖着一只孔雀头,身后排着十几块切开的芒果。芒果肉已经挖去,里面放着鸭丁、腰果及佐料,瓷盘两边还摆放着9片金红色的胡萝卜。看上去,红、白、黄、绿相间,仿佛一只五彩孔雀昂首开屏。

3.八宝葫芦鸭

盘子上横卧着一个硕大的金黄葫芦,其实,这是用临武鸭鸭皮包着的八宝饭。八宝饭里有8种配料,当然少不了鸭肉。这道菜做工精细,色泽金黄,营养价值高。

4. 顶呱呱

这道菜用临武鸭头作为原料,经老卤水长时间卤制而成,风味独特,特享有顶呱呱之名。

5. 尖椒炒临武鸭

这道菜具有浓厚的农家风味,尖椒微辣,鸭肉美味,是一道受大众欢迎的菜。尖椒炒临武鸭于2010年入选了上海世博会十一道精品湘菜之一。

6. 虫草花炖老鸭

这是一道别有风味的汤。此汤用虫草花和鸭肉炖至酥烂,味道鲜美。虫草花具有平喘、止咳等功效,此汤为滋补良品。

临武迎宾馆因地制宜,充分发挥临武特色,开发的临武鸭全席获得了"郴州名宴"的称号。临武县委、县政府对临武鸭全席的推进非常重视,鼓励要大胆创新、做大做强,为弘扬民族饮食文化、促进社会经济发展做贡献。

(二)东江湖全鱼宴

地处东江湖南畔的黄草镇,因水而兴,因鱼而旺。这里盛产鳜鱼、银鱼、翘嘴鱼、三角鲂、鲟龙鱼、虹鳟鱼、桂鱼及青鱼、草鱼、鲢鱼、鳙鱼等,鱼类产品年产超过3000吨,产品畅销国内外。黄草镇的民俗文化,也与鱼相生相伴。养鱼、捕鱼、钓鱼、吃鱼已成为当地居民的生活方式,渔船、渔网、渔火成为当地主流文化生活的一大特色,鱼文化节则成为黄草旅游的文化品牌。当地很多餐馆用东江湖水孕育的活鱼,以煮、煎、炸、蒸、腌、片等手法制作出"雄霸东江""花开湖心""椒盐鱼排""飘香鱼片""黄金鱼饼""年年有余""前程似锦""鱼跃龙门"等纷繁复杂的菜式。

东江淡水三文鱼也是一大特色,其肉质鲜美,蘸上除腥味和增强口感的芥末,吃在嘴里满口都是鱼肉的鲜嫩。所以,来东江湖一定不能错过品尝当地的三文鱼。

三文鱼中含有丰富的不饱和脂肪酸,能有效降低血脂和血胆固醇,防治心血管疾病。近年来,资兴市正确处理保护与开发的关系,依托东江湖天然的冷水资源开发三文鱼等冷水鱼养殖基地20多家,年产三文鱼1000吨以上,产品远销全国各地,同时带动了资兴市东江湖旅游的发展。三文鱼成了东江湖鱼类产品的翘楚,给餐桌增添了十分难得的珍馐美馔。

三文鱼有多种吃法,在东江湖大坝广场、资兴市内众多东江三文鱼专营、兼营场所,"三文鱼美味系列"联袂登场:香煎三文鱼,烟熏三文鱼,三文鱼刺身,三文鱼寿司,三文鱼沙拉,烤三文鱼,炖三文鱼头……

很多餐厅推出三文鱼宴,做的三文鱼就是"一鱼五吃""一鱼六吃"。

首先是三文鱼刺身,也是非常受欢迎的一道菜。生食三文鱼,既保持了鱼肉的鲜

东江湖三文鱼刺身

美,也不会让鱼肉本身的营养流失。"三文鱼刺身蘸芥末"是主要的生食做法,切成细片的新鲜鱼肉,红润细腻,蘸上除腥味和增强口感的芥末,吃在嘴里满口都是鱼肉的鲜嫩。三文鱼还有蘸干粉、蘸酱汁等多种吃法。

其次是香煎三文鱼骨。三文鱼全身都是宝,一条三文鱼切成刺身,剩下的部分怎么利用呢?三文鱼骨利用煎炸的方式,使得鱼骨脆酥、鱼骨贴身的鱼肉煎炸后香气扑鼻,入味十足。

此外,还有凉拌三文鱼皮。鱼皮剥了之后不会扔掉,切成丝凉拌。浇上生抽或者其他调料,再配上黄瓜丝、香菜,一口吃下去很劲道。

鱼鳍等部位的鱼肉也可以煎炸,但更多是做鱼汤。做成的鱼汤非常鲜美,汤汁营养丰富。此外,还有鱼杂煎蛋、剁椒鱼头鱼尾等,构成了三文鱼一鱼多吃。

三文鱼搭配其他特色菜就构成了东江湖三文鱼宴,如果全部用东江湖里的鲜鱼,比如三文鱼、翘嘴鱼等,就可以共同做成一席全鱼宴,全鱼宴是东江湖旅游一大特色。

### (三)周礼古宴

"周礼古宴"是永兴乡间红白喜事重大活动必遵的综合性民俗礼仪,以板梁古村为中心,保留最完整。宴会菜肴融汇了湘菜、徽菜和粤菜的特色,号称"十碗荤"。周礼古宴是集礼仪、民乐和饮食文化于一体的传统民俗。

板梁古村,依山傍水而建,刘姓聚族而居,其村名的由来也颇为传奇。传说600多年前,村中兴建主厅堂,即将完工上梁时,竟然不见了横梁。突然,一村民发现村前小溪漂来一块木板,工匠捞上来一量,尺寸正好。吉时已到,于是锣鼓喧天,爆竹齐鸣,唱诵上梁赞,将其吊上墙垛,"以板代梁",故名"板梁",沿用至今。

板梁古村初建于元至正十八年(1358年),强盛于明清时期,已有600多年的建村历史。古村充分遵循"崇尚自然""天人合一"思想,三大宗祠村前排列,背靠象岭平展延伸,倚山就势,360多栋元明清古民居聚集而居,建筑整齐,浑然一体,规模非常庞大,被誉为"湘南第一村"。村前有七层古塔,进村有石板古桥,村内建有庙、祠、亭、阁、古私塾、古钱庄、古商街等。石板、古井、半月塘布局机巧,奇石异树令人惊艳,乡俗古风别有洞天。

"周礼古宴"是源自周朝的一种宴席礼仪,其渊源可追溯到周朝"三礼"之《仪礼》,经过千百年流变,宴礼仍保留着《仪礼》中的主要程式。整个仪式将尊老、敬老、融和、有序等文化理念融于仪礼程式中,将迎客、安客、祈福、排座、民乐、演唱、菜肴、美食等以固定形式流传。"周礼古宴"仪礼分迎客、宴客、送客三部分,仪礼班子由司礼、司乐、司厨三部分组成。

#### 1.迎客

每逢行古宴之礼,村头接龙桥上,行礼司仪头戴一字巾帽、身穿酱红长袖衫,欢喜迎客,吉祥童子则身着圆领彩衣,列队行鞠躬礼。

迎客后接至宴会大堂——宴客祖厅,在行走过程中有《巧梳妆》《游春》《十打》《青女赏月》等曲子演奏,司乐队演奏和演唱的曲目非常丰富,将节奏明快的湘南花鼓小调和婉转绵长的古昆腔结合,令人耳目一新。

2.宴客

客人按长幼秩序从上至下入座,祖厅传杯,祝酒四杯,贺词四轮。宴席三亭到位(寓意步步高升),大乐三曲为篇,唱赞三合成章,敬酒三巡成礼,菜肴三三加一。

3.送客

宴客之后就送客,三部分完成才是完整的周礼古宴。

2017年,板梁古村推出"周礼古宴"体验活动,其中,来自粤港澳的游客占六成以上,板梁古村的旅游收入就相当于往年一年的总和,创下了古村旅游历史最高纪录。

近年来,永兴当地政府按照"望得见山、看得见水、记得住乡愁"的理念,加大了板梁古建筑的保护力度,尤其注重挖掘、传承和弘扬古村传统文化,开发古村旅游资源。目前,板梁已成为全国特色景观旅游名镇(村)、国家4A级旅游景区和中国传统村落,板梁正以其独特的建筑风格和人文环境,吸引着天下游客。

## 任务实施

作为郴州地陪导游,小王可以分三步完成该任务。

1.结合行程特点,把握好讲解时机

此次行程时间为两天,接团时间是第一天上午或早上。

第一天,考虑到万华岩离高铁站较近,所以线路安排先游览万华岩后再吃午餐。午餐由旅行社安排团餐,可在万华岩回郴州市区途中或市区选用旅游团餐。在接团过程中需介绍其他事项,而回郴州用午餐车程40分钟左右,此时游客对食物需求较旺盛,而且不会因为行程劳累而想睡觉,所以介绍郴州美食正是时候,而旅游团餐中安排的一些特色美食介绍也会激发游客的兴趣。

午餐后下午行程为苏仙岭,游玩后入住市区酒店,车程20分钟以内甚至更短,在从苏仙岭回酒店过程中抓紧时间为游客准备晚餐。自由活动是推荐特色美食的很好的时机,也对游客晚餐的选择提供了很好的帮助。

第二天是去东江湖,早餐后从市区出发大概40分钟车程,游客精力旺盛,对下一个目的地的景点、美食都会充满好奇。导游应抓住这个时机,除了介绍东江湖景点,

还可以介绍东江湖美食,满足游客对美食的好奇心。

2.把握好介绍内容

第一天行程中,午餐后的苏仙岭之行,苏仙夫子肉正是一道苏仙美食。另外,在团餐中,如嘉禾血鸭等菜用得较多,可详细介绍嘉禾血鸭等郴州美食。晚上从苏仙岭至入住酒店,需要讲解注意事项以及酒店介绍,时间相对较为紧张,可根据行程特点在从万华岩回市区或午餐后去苏仙岭的途中详细介绍和讲解烧鸡公等美食,为游客晚餐选择做参考。

3.结束介绍,讲解自由活动注意事项

在介绍美食供游客自由活动参考时,导游应及时介绍自由活动的安全注意事项,以及考虑游客口味,给游客一定的提醒。比如,上海游客品尝烧鸡公,不宜点太辣,可以再点一盘白萝卜丝解辣。

4.介绍讲解要点

美食介绍首先需要抓住游客的心,突出游客感兴趣的点,比如美食来源与传说,为美食附上一层神秘感;然后从口味、功效方面介绍美食,触动游客的味蕾;其次介绍美食的特色,勾起游客的好奇心;再次介绍美食的分布,让游客知道在哪里可以吃得到;最后介绍注意事项,提高游客的安全意识。讲解介绍应突出特色重点,符合导游服务能力标准。

## 任务考核

| 考核项目 | 评分细则 | 评分标准 |
| --- | --- | --- |
| 语言能力 | 语音、语调准确,吐字清晰,音量适度,语调富有变化,语速适中。语法正确,用词准确、恰当,能运用必要的修辞手法;语言流畅,词汇丰富,表达准确、生动,并能恰当运用体态语,有较强的感染力 | 满分15分 |
| 仪表礼仪 | 言行举止符合导游人员礼仪、礼貌规范 | 满分15分 |
| 讲解介绍 | 讲解内容全面、正确。讲解条理清晰、详略得当、重点突出、结构完整。讲解内容的特色把握精准,讲解方法运用得当,讲解生动、有趣,能体现一定的导游技巧,现场感强,能吸引人 | 满分60分 |
| 导游规范 | 熟悉导游服务规范,导游服务程序正确 | 满分10分 |

## 任务拓展

任务一:小王作为地陪,将带领一批广州的游客在郴州进行三日游,小王准备在行程导游中沿途讲解郴州美食。请根据行程路线,结合郴州美食特点,突出介绍郴州

与广州的不同点,并进行模拟讲解。行程如下:

第一天:接高铁—午餐团餐—苏仙岭—东江湖—入住资兴东江酒店—晚餐自由活动(美食推荐);

第二天:早餐—永兴银楼—午餐(美食推荐)—观音岩——线天—入住安仁—晚餐(美食推荐);

第三天:早餐—安仁稻田公园—午餐团餐—送高铁—行程结束。

任务二:小王作为地陪,将带领一批四川的游客在郴州进行三日游。请根据行程路线,结合郴州美食特点,突出介绍郴州与四川美食的不同点,并进行模拟讲解。行程如下:

第一天:接高铁—永兴板梁古村—午餐(体验周礼古宴)—萧克故居—入住嘉禾—晚餐(美食推荐);

第二天:早餐—临武滴水岩—午餐团餐—入住桂阳—晚餐(美食推荐);

第三天:早餐—桂阳宝山公园—午餐团餐—送高铁—行程结束。

任务三:请同学们自行收集学习资料,了解安仁名菜钚汤、抖辣椒,永兴名菜永兴腐竹、马田牛肉,资兴名菜资兴米粉鸭、米粉鹅,以及东江湖翘嘴鱼、胖婆捆鸭相关知识。

即测即评

# 任务二 体验郴州特色小吃

## 📎 任务导入

地陪小王接待了一个广州旅游团,旅游者对当地美食小吃表现出强烈的兴趣,正好行程第二天晚上和第三天晚餐可以自由活动,旅行社未安排团餐,特意留出时间给游客品鉴郴州美食。如果你是小王,你应如何为游客介绍郴州美食?行程如下:

第一天:接高铁—午餐团餐—苏仙岭—入住郴州市区酒店—晚餐自由活动(美食推荐);

第二天:早餐—东江湖—午餐(美食推荐)—安仁—入住安仁县城酒店—晚餐(美食推荐);

第三天:早餐—安仁稻田公园—午餐团餐—送高铁—行程结束。

### 📎 任务探究

民以食为天，每个城市都有属于自己的美食记忆，它可能是一种味道，一份小吃，一家门店，或是一个品牌。郴州小吃以栖凤渡鱼粉为代表，种类丰富多样，涵盖米食、蕨类、肉类。其口味独特，给郴州人味蕾深处带来难忘的美食体验，也吸引更多的外地人前来品尝。

## 一、安仁烫皮——香喷喷的"安仁披萨"

说到安仁小吃，人们最忘不了的应该是安仁烫皮了。安仁美食众多，非常受欢迎，很多人周末专门开车前往安仁只为吃一口烫皮。

烫皮又称"粉皮"，是安仁县独具特色的美食小吃之一，也是安仁祖祖辈辈的传承和回忆。不论是其来源、制作技艺，还是吃法，都有着显著特色。

### （一）安仁烫皮的来源

从来源来说，安仁烫皮体现了安仁人的淳朴。相传，烫皮卧鸡蛋是过年招待贵客和丈母娘选女婿时的一道必备饭前餐点。听老一辈人介绍，过去日子苦，吃食虽然很紧张，但是安仁人勤劳好客，宁愿紧着自己，也要招待好客人，所以过年的时候，客人上门拜年，安仁人家首先就是煮一碗香喷喷的烫皮卧鸡蛋上桌招待客人，如果此客人是主人家特别重视的客人，主人家还会在烫皮下面偷偷卧三个鸡蛋。因此，过去去别人家时，客人端着烫皮的第一件事，就是挑开烫皮小心地看看下面卧着几个鸡蛋，这似乎成为主客心领神会的暗波。更有趣的是，男方去女方家相亲时，如果男方得到了丈母娘的认可，烫皮下面也会卧着三个鸡蛋，当男方看着有三个鸡蛋时，心中一喜，基本上就知道事情成了。这似乎是一种约定俗成，体现了安仁人的善良、朴实与通透。

### （二）安仁烫皮的制作技艺

从技艺上来看，安仁烫皮是大米通过安仁人手中技艺所变换的"披萨"。安仁县是农业大县，安仁人勤奋、好学、聪慧，一年到头，忙完农耕后，变着法将日子过活、过细，就连大米都能在老百姓手中变着花样。例如，元宵米塑（俗称"琢鸡婆糕"）、米花、烫皮等，就连烫皮的吃法都是多种多样的，以湿烫皮为主，即所谓的"安仁披萨"（后演变成现在安仁独具特色的一道早餐食品）。

### （三）安仁烫皮的吃法

从吃法上，安仁烫皮有多种吃法，可一烫多吃，现介绍两种吃法。

吃法一：以大米为原料，经浸泡并用传统手工磨成浆后，放入锅中蒸熟。蒸熟后，将辣椒、萝卜干、海带丝、豆腐皮等馅料放入面皮中，卷成筒状，形似广东肠粉。烫皮外皮细嫩可口，馅料咸辣适度，深受人们青睐，此吃法又称"安仁披萨"。如果要和

安仁烫皮

广东肠粉区分,那就是安仁烫皮特殊工艺制作在口感上要劲道些。另外,里面裹的馅料较单一,偏咸辣,符合郴州人民的口味,所以吃起来不腻。

吃法二:做成细粉长丝当主食或炒菜用。先把粳米提前用水浸泡,再磨成米浆,将1~2小勺米浆倒入铁皮盆内,摇均匀成小薄层后放入锅中高温蒸熟。然后放在室外晾至七成干,把烫皮垒起大块或卷成筒,再按需要切成小片或细长粉丝。可以将其密封存储起来,这样既能保证来年丰收前的吃食,也可以作为好客的一道餐点,还可以煎炸成"安仁薯片",作为孩子们的零食。平时或来客人时,也可以煮热加鸡蛋或肉丝,更是香喷喷的美味佳肴了。

## 二、桂东黄糍粑——软糯香甜

黄糍粑又名"大禾糍",每逢过年,桂东人家家户户都要做黄糍粑。桂东黄糍粑不仅是新年桂东人餐桌上的必备,更代表了一种桂东情怀和文化。桂东话"糍"的发音为"齐",寓意齐全,所以过年要吃糍(齐)。

### (一)黄糍粑的制作工序

黄糍粑的制作有五道工序。

第一步,熬碱水。用一种桂东人叫作"黄泥柴"的灌木趁新鲜烧成灰,将开水反复地往灰上淋,滤出来的溶液就是碱水,将槐米按比例熬成溶液过滤,趁两种溶液都还在沸腾时将它们混合到一起搅匀。

第二步,配米。一般将籼米和糯米按2:1的比例配好,后用水充分浸泡膨胀,然后滤干再用碱水浸泡一天。

第三步,磨浆。将用碱水浸泡的米磨成浆后用布袋吊起来滤干。

第四步,蒸熟、捣合。将吊干的米浆扒开成20克左右的小团放到蒸笼里急火蒸熟。

第五步,成形。

### (二)黄糍粑的吃法

黄糍粑不仅制作工序复杂,吃法也多样。

1. 炒

先将腊肉丝、野生香菇、油豆腐、蒜苗丝、芹菜等放入油锅内炒熟,并将黄糍粑切成条状,倒入锅中同炒。黄糍粑作为一道特色菜,入口劲道有嚼劲,并融入其他菜料口味,深受人们的喜爱。

2. 蒸

一般将黄糍粑切成片,蒸熟后,糍粑软糯可口,蘸白糖或辣椒酱吃。

3. 煮

将黄糍粑切成粒,加上米酒或甜酒煮成甜食;或者加入鸡蛋汤花做成咸味的一道羹。适合老年人食用,无须咀嚼。

4. 做火锅

将糍粑切成片,放入火锅,蘸上自己喜欢的酱,蘸农家豆腐乳味道极好。

5. 烤

根据个人口味,在炭火上做烧烤,糍粑表面形成一层淡黄色锅巴,味道很香。这也成为很多人的童年回忆。

6. 炸

黄糍粑切片晒干后,做成糍粑片吃,又脆又香。

在郴州苏仙区南岭山庄、香雪路香雪桥附近都有一些桂东餐馆,可以品尝到正宗的黄糍粑。

## 三、桂阳饺粑——桂阳人的乡愁

素有"千年古郡"之称的桂阳,这里大人小孩都爱吃"饺粑"。饺粑是桂阳的特产,也是桂阳人特有的叫法。在桂阳人的心中,饺粑是习惯、是乡愁、是骄傲。对每一个土生土长的桂阳人而言,最幸福的事情莫过于清晨起一个大早出门,去吃一份似乎永远吃不腻的饺粑。

### (一)桂阳饺粑的来源

吃饺粑的习惯不知可以上溯到哪个年代。过去,百姓人家一般只在元宵节、清明、立夏、中秋或孩子满月等特殊日子才吃得上饺粑。做饺粑更是一件神圣的事情,做饺粑时要淋浴、更衣、焚香,其中缘由不得而知。随着人们生活水平的提高,吃饺粑成了家常便饭。如今,桂阳饺粑以其晶莹剔透的靓丽色泽、五味俱全的多门类、皮薄馅多的高质量、香喷诱人的新口味、形如半月的好寓意而远近闻名。

### (二)桂阳饺粑的种类

桂阳饺粑的种类很多。按原料分,桂阳饺粑有糯米饺粑、粘米饺粑、艾叶饺粑、高粱饺粑、红薯饺粑、荞麦饺粑、藕粉饺粑、蕨根饺粑等。过苦日子时,还有米糠饺粑。

按时令分,桂阳饺粑有立夏饺粑、春节饺粑、清明饺粑等,尤其以清明时节做的清明饺粑为一大特色。清明祭祖时,供品不可少的就是饺粑,这种供品饺粑一般都是用纯米做成并风干的,耐储存。而清明时节,人们食用的饺粑还在大米粉里加入少许艾叶,米粑就从白色变成深绿色了,咬起来还伴有清新的艾叶味道,据说还有一定的药用价值。

如果根据包裹饺粑的叶子来分的话,桂阳饺粑还有桐叶饺粑、荷叶饺粑、柚叶饺粑等。只要踏上这片土地,吃饺粑可以随心所欲了,有水煮、清蒸、油炸等多种吃法。街上到处都可以买得到,而且价廉物美。

### (三)桂阳饺粑的特点

桂阳饺粑的特点是馅多皮薄。一是馅种类多,主要有大蒜、香葱、萝卜丝、豆角、白菜、豆腐、腊肉、少许辣椒粉等拌馅。二是馅风味多,馅有酸、甜、辣、咸等多种风味。粑皮很薄,带一点糯却不腻。

### (四)桂阳饺粑的制作工艺

桂阳饺粑在做法工艺上很精细。首先选用优质米,一般都是糯米和粘米搭配。然后用清水把米淘洗干净、晒干、磨成米粉,取适量米粉于盆中,加水搅拌,接着使劲揉米粉团,直到米粉团有了很强的黏性,再将这半熟的米粉分捏成一个个汤圆大小的疙瘩,用手将这些米粉疙瘩拍成薄薄的圆饼状后,再用一个饭碗倒扣上去,随手扯掉碗沿的米粉团团,掀开碗,超薄超圆的米粉粑皮就出来了。轻轻地将粑皮摊开托在左手掌心,右手夹起早就准备好的馅放进粑皮中间,再将粑皮对折,包住馅,用力捏粑的边沿。一些有经验的人可在粑的边沿捏出很多好看的花纹。

### (五)桂阳饺粑的食材选择

桂阳饺粑对食材的要求很高。做饺粑的食材要选用优质的晚稻米、鲜嫩的前腿肉。原材料用得好,口感自然不会差。

很多人认为饺粑是饺子,其实它们有很大的区别:一是食材不同,饺粑采用米粉,饺子用面粉;二是饺粑个头大,皮相对饺子厚一些,饺子则小一些;三是饺粑馅多,口味偏重,馅食材以肉为主,偏咸、辣,饺子则清淡一些。饺粑做好之后,排列整齐地放在竹篾或者不锈钢粑托上,再连同粑托放在大锅里蒸,完全靠水蒸气将饺粑内外蒸熟、蒸透。蒸饺粑更是一门大学问,火候不够,熟不透;火候过了,会黏锅,还会软得不成形,馅会漏。因此,要蒸出一锅色、香、味、形俱佳的饺粑,与拌馅、手法、火候关系极大。

桂阳最有名的饺粑要数090县道边上的全义饺粑,可以说是桂阳的"网红饺粑区"了,做饺粑,几乎是全义村村民的自带技能。开往市区的车辆途经全义村时,都会停下车买饺粑吃,后来卖饺粑的村民越来越多,全义饺粑的名声慢慢传开,现在郴州市区也有多家店卖饺粑。很多车辆涌进090县道,都是奔着全义饺粑去的。所以,来桂阳一定要记得品尝桂阳的饺粑,这其实更是在品尝一种文化。

## 四、莽山蕨根糍粑——舌尖上的宜章

　　《舌尖上的中国(第二季)》第二集《心传》,其中有湖南省唯一美食——莽山蕨根糍粑。湖南莽山蕨根糍粑,在质朴、浓情、乡愁、生态、原汁原味、美轮美奂中出现,在节目中播出时间虽然只有2分多钟,但向人们袭来一阵山乡、瑶乡、美乡之风,人们的嘴里仿佛感觉到蕨根糍粑的醇香与甘甜。《心传》引领我们寻找那些即将消失的美味,展示了宜章的美食美景和瑶族文化。

　　莽山蕨根糍粑是蕨根粉混合矿泉水等制作而成,香软不腻。莽山蕨根糍粑选料于神奇瑰丽的原始森林莽山,内含丰富的维生素、蛋白质、氨基酸等人体必需的营养成分和微量元素,利用高科技并结合瑶家、土家技术精制而成,具有安神补肾、益智养颜等功效,是一种绿色食品。

　　蕨根糍粑与莽山有着深刻的渊源。在物质匮乏的年代,山区耕地少,粮食产量不足,勤劳聪慧的莽山瑶族人民从蕨根提取食物。莽山蕨类植物漫山遍野,春天奉献出鲜嫩的蕨芽,夏秋时期还可以拔出粗壮的蕨根。蕨根富含淀粉,瑶族人民常用它做蕨根糍粑。所以它一直是许多山区人民,包括瑶族人民充饥饱腹的补充食物。随着人们生活水平的提高,莽山蕨根糍粑如今已成为原生态绿色美食。

　　蕨根糍粑做工精细。将蕨在溪水中洗净,刹去绿色的地上部分,将黑褐色的根茎放进石臼中,用木杵捣碎。取出捣碎的蕨根放入木盆中,加水没过蕨根,用力揉洗,直到蕨根再也没有白浆渗出。盆中乳白色的汁液沉淀一小时后,过滤蕨根的渣,把蕨根水保存下来。盆底白白的一层就是蕨根粉。把蕨根粉和余下的水搅匀,倒进锅中用小火煮,边煮边用"打饭叉"搅拌,待到乳液变成深褐色透明的浓浆,黏在"打饭叉"周围时即撤火。取出这一团浓浆放在铺了干粉的簸箕上,分成若干小团,冷却且表面干硬后即可收藏于米缸中用于食用。接下来就是加工蕨根糍粑了。

　　蕨根糍粑吃法多样。将蕨根糍粑切成片,可加葱、蒜、姜炒着吃;也可煮着吃,水开后放入,然后搭配一些青菜,放盐调味,或根据自己的口味放入其他作料,最后撒上一点芝麻粉。还有一种吃法是用油略煎炒糖。加工蕨根糍粑的关键:一是油要足,二是加热时间要短。不然蕨根糍粑会变得过分黏稠,黏成一团。另外就是油炸,炸好后,根据口味,喜欢吃甜的,就可以撒上糖及一些芝麻,还可以包着腌菜或酱豆腐之类的吃。

　　近年来,蕨根糍粑这道绿色食品越来越受到游客欢迎,在莽山旅游的人们都要点一盘蕨根糍粑。相对烧鸡公、栖凤渡鱼粉等较辣的美食,蕨根糍粑可谓是大众口味,还有很多游客想带回家享用。如今,为了满足游客需求,当地将蕨根糍粑加工好后用真空包装成特产在超市售卖,保质期可达半年。

莽山蕨根糍粑

## 五、临武油茶——三碗不过冈

很多地方有油茶,比较著名的是广西、湖南等地的油茶,郴州的油茶以临武油茶较为著名。临武人对油茶可以说是情有独钟,有的人一日三餐,几乎每餐必有,若有来客,也以油茶盛情款待,而且往往一喝就是三大碗,让人想起"三碗不过冈"的典故,所谓"一碗疏,二碗亲,三碗见真情"。

临武地处南岭山脉北麓,群山环抱,寒湿颇重,祖传的油茶散寒逐湿,有防病健身的作用。而临武油茶春喝能提神醒脑,夏饮能健脾利湿,秋喝能驻容美肌,冬饮能祛风保暖、延年益寿。

临武油茶制成后呈褐黄色,比普通茶叶泡的茶水颜色深。泡油茶讲究选料,油茶用料中的茶叶(当地人喜用临武出产的野生东山雾茶)不用嫩叶,摘后用鸡血藤烘干。其中重用生姜,是取其性味辛散而驱风逐寒。

临武油茶的常规制作方法:将茶叶与捣碎的姜在锅中混合爆炒,加入适量食盐,边炒边拍打,让茶叶出胶、姜出老汁。当炒至锅内冒白烟时,即冲入沸水,盖上锅盖,煮一会儿,然后加入适量的食油,再根据个人的嗜好在碗内放入用油炸好的脆酥玉米粒、油爆糯米花、花生等佐食。这样吃时软、硬、脆、香样样俱全,闻时茶香扑鼻,品尝其甘、辛、苦、涩、咸五味,沁人心脾,喝后余味三天绕舌。

## 六、栖凤渡鱼粉——郴州王牌小吃

"走千里路、万里路,舍不得栖凤渡",这句流传了千百年的古话说的不仅是栖凤渡的地方好,更是夸它独树一帜的传统小吃——栖凤渡鱼粉。一说起栖凤渡鱼粉,只要是郴州人,应该都会下意识咂一下嘴巴,咽咽口水,一股浓烈的鱼香和着辛辣味便回味在口中了。栖凤渡鱼粉有如此吸引力,当属郴州王牌小吃。

栖凤渡鱼粉的发源地是郴州市苏仙区栖凤渡这个古镇。传说栖凤渡与三国名士庞统有一段渊源。庞统起初并不被刘备重用,只得一个便县县令的小职。一次,他投宿栖河古渡小镇,因心事重重,食欲不振,一夜辗转难眠。第二天起床已是晌午时分,顿感饥肠辘辘,而店家早已卖完了吃食。恰巧一名渔翁打鱼回来经过此店,店家便急中生智,买了一条河鲢鱼,立刻杀了熬成鱼汤,调入当地特产豆膏、茶油等佐料,用干切粉做成一碗鱼粉。庞统食后汗流满面、胃口大开、酣畅淋漓,顿时觉得精神抖擞,大声赞道:"此乡野之味,亦可登大雅之堂!快哉!快哉!"到了耒阳,他励精图治,最终成就一番事业。因庞统号"凤雏",为纪念他,后人把庞统夜宿的古渡称为"栖凤渡",而那碗激励其心志的鱼粉就称为"栖凤渡鱼粉",这便是栖凤渡鱼粉的由来。

栖凤渡鱼粉制作过程严格。常见的做法是将河鲢鱼熬成鱼汤,加入当地的五爪朝天红椒粉,调入当地特产豆膏、茶油等佐料,再用干切粉做成鱼粉。栖凤渡鱼粉的做法说简单也简单,说不简单又不简单。最关键的是汤料,它由各种调料熬制而成,里面少不了鱼、姜、蒜、辣椒和茶油。尤其是鱼必须是鲢鱼,而且要是早晨买来的鲜活的鲢鱼,容不得半点假,用隔夜的或放在冰箱里的鱼来做,那汤料定不会鲜。辣和鲜构成了鱼粉的特殊风味。真正的栖凤渡鱼粉食材选用非常严格,粉用的是栖凤渡本地的优质干切粉,汤用的是栖河(也有西河的叫法)里的鲢鱼熬制而成的。

栖凤渡鱼粉

20世纪80年代,许多栖凤渡人到郴州卖鱼粉干起了个体户,栖凤渡鱼粉在郴州的许多县市都有了不小的名气。目前,在栖凤渡镇鱼粉传承基地掌勺的是现年70多岁的吴安英。作为栖凤渡鱼粉的第三代传承人,吴安英自幼跟随母亲学习鱼粉制作,从事传统鱼粉制作、熬汤60多年,亲手煮过的鱼粉难以计数。每到周末节假日,就有许多外地人慕名来栖凤渡吃鱼粉。

现在,栖凤渡鱼粉已经成为郴州人引以为豪的家乡小吃,每当介绍郴州小吃时,人们首先介绍的就是栖凤渡鱼粉,而郴州游子回乡后也不忘第一时间内要吃一碗栖凤渡鱼粉来唤起自己对家乡的熟悉味道。一碗粉表一乡情,一座城养一方人。吃粉长大的郴州人,哪怕走出郴州,尝过世间百味,却总会眷恋儿时的味道,因为那一碗粉,就是故乡。

目前,郴州大街小巷布满了栖凤渡鱼粉店。在郴州市区,有杨婆鱼粉、金国鱼粉、佳兴鱼粉、大树下鱼粉等多家品牌,其口味较为正宗,成为"网红打卡店"。

## 七、白露塘杀猪粉——粉界新"网红"

郴州人吃的鱼粉一般都是栖凤渡鱼粉,而肉粉,虽然家家户户都可以自己煮,但是味道却差异甚大。于是,在众多的肉粉店中,白露塘杀猪粉则是新"网红"品牌。

白露塘杀猪粉

顾名思义,杀猪粉,就是水煮肉粉,或者猪三鲜粉,猪肉加上猪血、猪肝、猪腰,然后加一个鸡蛋,这是标配。至于这么独一无二的特色,总结成两点,就是"鲜"和"足"。"鲜"字主要体现在猪三鲜食材都是每天早上市场上最新鲜的,粉汤也是现熬的,客人来了才下锅熬煮,所以味道很"鲜"。"足"字则是分量足,满满一大碗,而且粉是不限量的,可以随自己胃口大小增加。就这两点,让杀猪粉变得味浓且让人意犹未尽。喜欢吃辣的,可以加点辣椒油,配合泡菜味道更赞。

白露塘杀猪粉来源其实不太久远,不像栖凤渡鱼粉那样有深厚的历史。早在1998年,在白露塘镇上,杨家阿嫂在镇上赶圩的马路市场摆了一个小小的粉摊,当初的杀猪粉还被称作"三鲜粉",小粉摊也没有名字,人们总是一句"杨婆,煮碗三鲜粉!"每天早晨回荡在白露塘镇街口,久而久之便成了小粉摊的活字招牌。做了10年有余,食客络绎不绝,老主顾们在跟杨婆交谈中提到,这碗三鲜粉的用料及口味与外地的杀猪菜相似,建议改名为"杀猪粉"。杨婆觉得这个名字响亮,2008年,"白露塘杀猪粉"就此成名。老板每天早上4点多起床开始制作,十年如一日,白露塘杀猪粉由此知名度越来越高。

在郴州,最有名的杀猪粉是白露塘老粮站杀猪粉,市区人人驱而往之。早上7点多,就人满为患。据当地人反映,食客一定要端着煮好的粉,守着正在熬煮的汤,因为一锅就十来碗,你稍微离开一会儿,汤就被分配完了,这意味着你要等下一锅汤,甚至还要等好几锅,其激烈程度可想而知,等一个小时也是常有的事。

现在,外地游客也慕名而来,有些团队会安排游客品尝白露塘杀猪粉。但需要提醒游客两点。杀猪粉店一般都是普通餐饮粉店,其地方狭窄,不似旅游餐厅能容纳大型团队用餐,而且条件设施较为破旧,桌椅拼接随意,夏天较热。一碗粉,端起来站着吃、坐着吃、蹲在旁边吃是常有的事,这也是一种难忘的体验。吃白露塘杀猪粉,其实吃的也是一种情怀。

## 八、坳上套花——金黄酥脆

当传统的美食和手艺被机械化的流水线一茬茬收割时,那些依然坚持用手工制作的美食,便显得弥足珍贵,比如郴州民间小吃套花。

套花是郴州的传统节令美食,尤其过年的时候家家户户都会做。许多郴州人,都存有对套花的记忆——在窗外的爆竹声中,亲人们围坐在一起,桌上的果盘中总有一个会盛着套花。

套花在郴州也被称为"桃环"或"套环"。几乎所有的节令美食都饱含了人们对美好生活的向往,如饺子寓意吉利,年糕寓意"年年高",月饼寓意团聚。标准的套花,有6个大圈6个小圈,寓意一年里的6个大月和6个小月,也意味着六六大顺,套花环环相扣,寓意着阖家团圆。

坳上套花

制作套花是郴州人的拿手技艺。第一道工序是碾米。米,需上好的糯米,将糯米碾成粉状后,在锅中翻炒一下。在炒热的糯米粉中加入糖和盐,混合搅拌,做成黏黏的面团。第二道工序至关重要,将这些面团搓成细细的条状,在制作人的巧手下,面团被捏成桃花状,外面的大圈套着里面的小圈,一环套一环,环环相扣。第三道工序是油炸,捏好的套花,需要入锅油炸。若要将套花炸得金黄酥香,必须用郴州本地的土茶油。诚然,这增加了美食的成本,但是,对于一种寓意丰富的节令美食来说,这一切都是值得的。千百年来,套花的外形不曾改变,人们对美好生活的祈盼,也不曾改变。套花烹制非常严格,材料的配合和火候至关重要,增之减之都会少了风味。套花与茶油似天生绝配,若将茶油换成花生油、棕榈油,无论如何,都少了套花应有的酥香,色泽上也不似茶油炸出来的这般金黄。对郴州人来说,茶油亦是必不可少的年味。

套花名气较大的要数坳上古村,在当地形成了一套产业。每年年关将至,坳上家家户户开始忙碌做套花,坳上在当地独创具有食疗效果的美味佳肴——乌米粽的基础上,又推出了乌米套花等系列产品。乌米套花比乌米粽更难制作,要把优质白色糯米浸泡在采摘的乌饭树叶、择子柴叶、金刚刺嫩头、枫香树嫩叶等十余种能食用的树叶洗净捣碎过滤的汁液中数日,用清水洗净晾干,磨成粉,然后像做普通的套花一样,加糖、芝麻揉粉搓条制成套花,用柴火进行油炸,出锅的套花香味四溢,不仅不油腻,还具有健胃消食、祛风祛湿、清凉解毒之功效。

## 九、其他小吃

郴州特色小吃还有更多特产,如桂阳坛子肉、红薯发糕、东江盐焗鸡、汝城板鸭等。

### 任务实施

作为郴州地陪导游,小王可以分以下几步完成该任务。

1. 结合行程特点,把握好讲解时机

该行程为3天,第一天高铁接团后直接用午餐,午餐后去苏仙岭,午餐是旅行社安排团餐,在接高铁至午餐途中导游要自我介绍,还要介绍其他行程,一般没时间介绍小吃。可在苏仙岭去入住酒店的路上重点介绍当地小吃,游客对晚上的自由活动也充满好奇,小吃介绍也会激发游客的兴趣。

第二天游览东江湖,游玩后去安仁,车程2小时左右,时间较长,下午无行程。游客在东江湖游览可能要排队,行程会比较累,应安排休息,在快到达安仁县城酒店的时候为游客晚餐自由活动推荐特色小吃,这也对游客晚餐的选择提供了很好的帮助,满足游客对小吃的好奇心。

2. 把握好介绍内容

第一天行程是苏仙岭,入住市区,可介绍郴州小吃,为游客晚餐选择做参考。有栖凤渡鱼粉、桂阳饺粑、白露塘杀猪粉、桂东黄糍粑等小吃供游客晚餐自由活动品尝。

第二天游玩东江湖,在去东江湖途中可重点介绍东江鱼;下午去安仁,除了介绍市区代表小吃,还应该重点介绍安仁烫皮。

3. 结束介绍,讲解自由活动注意事项

在介绍美食供游客自由活动参考时,导游应及时介绍自由活动安全注意事项,还要考虑游客口味和忌口,给游客一定的提醒,比如广州游客吃栖凤渡鱼粉不宜点太辣,让老板少放些辣椒,兑一点清汤,不辣的白露塘杀猪粉或许更适合游客口味。

4.介绍讲解要点

美食介绍需抓住游客的心,突出游客感兴趣的点。比如介绍美食来源与传说,为美食附上一层神秘感;然后从口味、功效等方面介绍美食,触动游客的味蕾;其次介绍美食的特色,勾起游客的好奇心;再介绍美食的分布,让游客知道在哪里可以吃得到;最后介绍注意事项,提高游客的安全意识。讲解介绍应突出特色重点,符合导游服务能力标准。

## 任务考核

| 考核项目 | 评分细则 | 评分标准 |
| --- | --- | --- |
| 语言能力 | 语音、语调准确,吐字清晰,音量适度,语调富有变化,语速适中。语法正确,用词准确、恰当,能运用必要的修辞手法。语言流畅,语汇丰富,表达准确、生动,并能恰当运用体态语,有较强的感染力 | 满分15分 |
| 仪表礼仪 | 言行举止符合导游人员礼仪、礼貌规范 | 满分15分 |
| 讲解介绍 | 讲解内容全面、正确,条理清晰,详略得当,重点突出,结构完整。讲解内容的特色把握精准,讲解方法运用得当,讲解生动、有趣,能体现一定的导游技巧,现场感强,能吸引人 | 满分60分 |
| 导游规范 | 熟悉导游服务规范,导游服务程序正确 | 满分10分 |

## 任务拓展

任务一:小王作为地陪,将带领一批四川的游客在郴州进行三日游。请根据行程路线,结合郴州小吃特点,突出介绍郴州小吃与四川小吃的不同点,并进行模拟讲解。行程如下:

第一天:接高铁—临武滴水岩—午餐团餐—入住桂阳县城酒店—晚餐(美食推荐);

第二天:早餐—桂阳宝山公园—午餐团餐—桂东—入住桂东县城酒店;

第三天:早餐—第一军规广场—沙田—送高铁。

任务二:创作出郴州美食小吃讲解词,并进行模拟讲解。

即测即评

# 项目四
# "住"在郴州

## 学习目标

【素质目标】
1. 通过对郴州酒店的介绍了解郴州文化,树立对家乡的热爱。
2. 通过对郴州特色民宿的介绍弘扬乡土文化,厚植家乡情怀。

【知识目标】
1. 了解郴州市区及县城几家主要旅游酒店的地理位置等基本信息。
2. 掌握郴州特色民宿的主要特色及推荐方法。

【能力目标】
1. 能为游客讲解郴州主要的酒店信息。
2. 能为游客介绍郴州特色民宿。
3. 能为不同类型及不同需求的游客制定不同特色住宿攻略。

## 项目导读

对那些习惯挑选住所的游客来说,酒店可不仅仅是睡觉的地方那么简单,而是旅行的一部分,其卫生条件、地理位置都很重要,最好是酒店内就能满足基本的娱乐活动。一家好酒店,装修不用太奢华,但会从文化、空间陈列上给客人提供一种更高价值的体验,用有形空间和无形服务让客人感知

项目四 "住"在郴州

当下的宁静。在生活节奏日益加快的今天,这种文化体验也愈发珍贵。此外,对客人来说,一家好的酒店就是一道美丽的风景,能够让客人"复得返自然",给自己的身体和心灵放一个假。本项目主要从郴州常规住宿酒店和特色民宿酒店两个方面来介绍郴州。

**思维导图**

```
                    ┌── 豪华(五星级标准)酒店
         体验郴州酒店 ├── 高档(四星级标准)酒店
        │           └── 舒适(三星级标准)酒店
"住"在郴州┤
        │              ┌── 东江湖度假民宿
        │              ├── 桂东民宿
         体验郴州特色民宿├── 特色温泉疗养
                       └── 其他特色民宿
```

## 任务一  体验郴州酒店

### 任务导入

小王作为地陪,将带领一批广东来的游客在郴州进行四日游。请根据

行程路线,结合郴州各酒店特点,分不同星级介绍所推荐的酒店。行程如下:

第一天:接高铁—午餐—苏仙岭—入住郴州市区;

第二天:早餐—高椅岭—午餐—寿佛寺—农耕博物馆—晚餐—入住资兴;

第三天:早餐—东江湖—午餐—桂东—入住桂东;

第四天:早餐—第一军规广场—沙田—送高铁。

## 任务探究

郴州近几年旅游业的迅速崛起无疑是酒店业发展的重要助力点,由之产生的大量住宿需求使得郴州酒店业绩良好。与此同时,随着国民消费水平的提高,休闲散客比例逐渐增加,客源的价格敏感度逐渐下降,顾客对个性化、主题、文化感强的中高端产品愈加青睐。随着旅游业快速崛起和城市化进程的加快,通过市场化的投资和经营,需求的增长和升级将逐渐提升整体业绩。目前,郴州传统酒店从豪华(五星级标准)、高档(四星级标准)、舒适(三星级标准)方面来说有以下代表性酒店。

# 一、豪华(五星级标准)酒店

## (一)温德姆至尊豪廷大酒店

郴州温德姆至尊豪廷大酒店是由郴州市城投资产经营管理有限责任公司按照国际五星级标准投资建设的首家国际品牌奢华涉外商务公司,是美国温德姆(Wyndham)酒店集团麾下的核心品牌酒店。酒店坐落于郴州市城东生态公园王仙岭北麓,郴州大道2336号,毗邻郴州市奥林匹克体育中心和国际会展中心,位于湘南学院正对面。交通极为便利,距离京珠高速公路入口仅5分钟车程、高铁站15分钟车程,是郴州市唯一按照白金五星级标准建造的国际品牌酒店。该酒店包括各类型豪华客房390间、餐位1000个,可容纳600人的无柱式大型宴会厅,配备有健身房、室内恒温游泳池,酒店集住宿、会议、餐饮、购物、SPA、KTV等休闲娱乐项目于一体。

酒店客房豪华,餐厅众多,能满足不同客户需要,包括具有异国风情的餐厅、特色酒吧、日韩料理餐厅等。其中,著名的有游廊大堂吧(Lobby Bar)、西餐厅豪廷咖啡厅(Cafe Plaza Royale)、松屋日韩餐厅(Matsuya J&K Restaurant)、中餐厅东廷渔府等。

1. 游廊大堂吧

游廊大堂吧华丽迷人,落地观景窗令视线通透,氛围明亮,营造了轻松而愉悦的氛围,是会见商客或纯粹放松的好去处。游廊大堂吧提供多种味美小吃、特色酒水、新鲜泡制的茶与咖啡、鲜榨果汁等。

2. 豪廷咖啡厅

豪廷咖啡厅时尚典雅,提供各式充满地域风情的自助餐和自选菜,由知名大厨为宾客精心主理,在此宾客可以品尝到来自世界各地的特色美食,醉心其中。

3. 松屋日韩餐厅

松屋日韩餐厅综合韩国特色菜和日本菜式,以高品质食材配以上乘烹调,承诺食品热菜热上、凉菜冷上,精心挑选两国高级食材,为宾客提供充满韩式风情泡菜、人参炖鸡、烧牛肋骨,以及日式天然新鲜鱼片、紫菜寿司卷、铁板烧和特级和牛等韩国特色菜和日本菜。

4. 中餐厅东廷渔府

中餐厅东廷渔府传承其对原材料挑剔的同时,结合粤菜中的经典——顺德菜的做法,秉承健康饮食的理念,以经营郴州地道的东江湖鲜为主题,取湘南地区高山峻岭的山珍奇味为食材。

此外,值得一提的是,温德姆至尊豪廷大酒店还配有健身中心——蓝睦健身中心(Blue Harmony Fitness)。在蓝睦健身中心,宾客可以感受非一般的健康之旅。这里配备先进完备的健身器材,让宾客舒展筋骨、恢复活力。酒店另配置网球场、羽毛球场、乒乓球室、茶艺室可供消费。另外,酒店三楼还有国际会议厅,这是郴州唯一一家拥有近1000平方米豪华无柱式国际宴会厅的酒店。副楼还配有2800平方米的网球中心,也是目前中国酒店行业里非常专业、设施较齐全的,酒店还拥有郴州目前最大的室内泳池,特别适合有商务会议需求的团队。

(二)金皇酒店

郴州金皇酒店位于郴州城市中央唯一的南北大动脉——北湖区南岭大道中段(原七里大道8号,郴州卷烟厂斜对面),地理位置优越,交通极为便利,近北湖公园、友阿、步步高、新天地等大型购物广场,周围餐饮、娱乐等生活配套齐全,出行便捷。酒店占地面积1.31万平方米,总建筑面积8.65万平方米,总投资逾6亿元;外观采用太师椅的经典建筑设计,以气度非凡的建筑立面以及富含科技与人性美感的内部构成,成为郴州最耀眼的城市作品。

酒店拥有各式客房及套房235间,均由名家设计,设计风格现代时尚,华贵典雅,让宾客倍感浪漫与舒适;同时设有时尚中西餐厅、高档中餐VIP包厢、会议及宴会大厅、高端KTV、SPA区、高端足浴、茶吧休闲区、精品购物商场、银行等;地下室设有全自动机械式泊车位400多个。配套设施齐全,功能完善,适合商务会议、旅游会展的团队订制。

"中国白银第一股"郴州市金贵银业股份有限公司(简称"金贵银业")的总部,就在金皇酒店。酒店一楼大堂也有银器门店,游客可现场购买物美价廉的银器产品。

### (三)雄森国际假日酒店

郴州雄森国际假日酒店是一家高品质五星级酒店。酒店位于郴州繁华中心地带五岭广场博物馆路,交通方便,住宿便捷,周边有本地特色土菜,以及鱼粉、杀猪粉等郴州闻名小吃。酒店距离市政府及各大单位步行约5分钟,距郴州中心广场五岭广场仅隔一条马路。五岭广场是郴州市民活动娱乐的地方,热闹非凡,游客在此能零距离体验郴州市民丰富的娱乐活动,感受郴州近年来幸福感指数飙升的良好势头。

酒店住宿适合喜欢热闹的旅游团队,能近距离接触郴州市民,感受郴州市民的生活风貌。车水马龙的市中心也不乏小吃和特色餐厅。酒店附近有大华天都、名汇城等几大商场,逛街娱乐十分方便,也适合年轻商务团队自由活动。

酒店总建筑面积约6万平方米,楼层高27层,由主、副楼两部分组成。酒店拥有豪华、高雅、舒适的各类客房近400间(套),房间装饰简约精致,设施设备齐全,以满足各类宾客的服务需求;酒店拥有能容纳逾千人的大型多功能厅和各种规格会议室,为各类宴会和各级会议等提供环境极佳的场所和专业优质的服务;酒店还拥有20多个极具文化气息的用餐包厢和近2000个餐位,各种美味佳肴均由名厨主理;酒店康体娱乐项目齐全,茶楼、足浴、推拿、棋牌、KTV等,能最大限度满足休闲度假和商务客人的需求。

### (四)仙居岭·京伦酒店

郴州仙居岭·京伦酒店毗邻爱莲湖、石榴湾,距离景区王仙岭、苏仙岭约15分钟车程,距离飞天山、东江湖约40分钟车程,出行便利。酒店占地面积19732平方米,总建筑面积76000平方米。酒店拥有豪华客房、爱尔兰自助餐厅、VIP包厢10多个,并有能容纳800人同时就餐的维多利亚多功能宴会厅,总餐位2000余个。其中,一楼的福城风味餐厅精心为客人准备了平价实惠的郴州本地特色美食和川、鲁、粤及淮扬菜,朋友小聚则可以到酒店二楼的VIP包间享受具有性价比的各地美食。酒店还配有大小不同的宴会厅,维多利亚厅可同时容纳千人以上会议和宴会,并且拥有高清LED屏和先进的视听技术设备及灯光效果,可满足各种会议、活动与婚宴的需求。酒店另设棋牌室、桑拿室、KTV、游泳池、健身房,设施、功能完善,能满足商务、会议、休闲活动的需要。

仙居岭·京伦酒店位于G4高速郴州收费站附近,汽车旅游团队下高速后入住此酒店很方便。酒店毗邻湘南风情园爱莲湖,宾客步行可至爱莲湖散步,达到身心放松的效果,适合旅游休闲团队。

此外,郴州市区豪华酒店还有奥米茄酒店、瑞际酒店,每年接待团队量也比较大。

## 二、高档（四星级标准）酒店

### （一）郴州国际大酒店

郴州国际大酒店位于城区交通主干道人民西路与体育路交会处，地处繁华的北湖商业圈中心区域，去往火车站、武广高铁、京港澳高速都十分便捷。毗邻北湖公园西门，步行过人民西路马路斜对面即可到达。北湖公园是郴州十大文化符号之一，郴州女排训练基地也位于这里。旅游团队晚上自由活动可散步至北湖公园，适合休闲旅游团队。

酒店设施设备齐全，客房配备智能化网络服务体系，新风系统实现室内外空气交换，确保室内空气清新，室温宜居。酒店宴会厅豪华宽敞，可同时容纳400多人进餐，是举办大型酒会、宴会及商务展示活动的理想场所。百味食府主营健康营养自助早餐、午晚正餐，餐厅布局错落有致，可接待6席小型宴会，能同时容纳200人用餐。10多间高雅豪华的各式包厢，荟萃粤、湘等美味佳肴，有专业宴会服务人员。商务会议区可同时容纳千余人开展商务会议、办公培训，商务沙龙有专业会议服务团队提供专属服务。

### （二）星程酒店（郴州五岭广场大屋里店）

星程酒店（郴州五岭广场大屋里店）位于郴州市北湖区南岭大道（北湖区政府对面），地处五岭广场繁华中心商圈，位置优越，交通便利，是湖南大屋里酒店管理有限公司打造的中高端时尚人文酒店，可以称得上在郴州市区酒店中具有文艺范的一家。

"邻里•家里•大屋里"代表了自然亲切的邻里关系和其乐融融的大家庭文化氛围，表达了酒店热情朴实的传统待人待客之道，为顾客呈现极其舒适的生活场景和极为融洽的相处方式。

酒店装修风格简约精致，环境别具一格，设施设备齐全，设有地下停车场、早餐厅、健身房、电影院、自助洗衣房等配套服务项目。通过高品质的环境设施、时尚雅致的人文氛围、温暖人心的细致服务，致力于为追求生活品质的商旅人士提供"亲切、信任、自然、舒适"的旅居空间体验，适合旅游休闲、娱乐放松的旅游团队。

### （三）飞天花园酒店

飞天花园酒店位于郴州市苏仙区翠江路1号，背靠国家4A级旅游景区飞天山国家地质公园，毗邻高椅岭、东江湖景区。酒店拥有66间客房，其中包含11栋欧式花园别墅、山景标双8间、山景标单3间、江景标双7间、江景标单2间、江景套房1间、山景套房1间。别墅区风景优美，亲近大自然，适合不赶行程、休闲度假的半自由行团队。

酒店设施设备齐全，拥有超500平方米的宴会厅、800平方米的草坪，是举办山水婚礼的浪漫之地；酒店拥有中西餐厅及10个包厢、独具特色的树上餐厅是游客打卡休闲的不二选择；KTV、麻将房、篝火晚会、露天烧烤等设施一应俱全，是举办团建及家庭游的不错选择。

### （四）资兴鑫淼豪廷酒店

资兴鑫淼豪廷酒店位于郴州市资兴市鲤鱼江大桥西侧，交通便利，距离东江湖景区车程10分钟。酒店位于东江旁边，夏日早晨起床可一览雾漫小东江奇观。该酒店是集住宿、餐饮、娱乐、康体、会务于一体的精品旅游涉外酒店，设施齐全，拥有各类客房150间，可满足游客需要。酒店地理位置优越，楼下东江边有很多小吃，也有资兴著名的夜市一条街，其中很多店家做的鱼口味非常好，适合游客夏天一边吹江风一边宵夜。

### （五）汝城龙腾国际大酒店

汝城龙腾国际大酒店是郴州市汝城县一家豪华酒店，位于交通便利的汝城县环城西路卢阳大道新行政中心旁，距离武广高速汝城南2.9千米左右，距离厦蓉高速汝城北6.6千米左右，距热水温泉、九龙江森林公园、红色文明沙洲等旅游景区均40分钟车程，紧邻濂溪书院、太阳城购物广场，附近还有多所学校。汝城龙腾国际大酒店总建面积2.3平方米，主楼有9层，拥有庭院式停车场、各类客房200余间、餐饮豪华包厢14个，以及豪华多功能宴会厅，可接纳30桌宴会或350人会议，并有足浴、KTV、棋牌、洗衣房等配套服务。酒店环境优雅、卫生干净整洁、服务优质，是客人旅游、休闲、商务、会议下榻的理想场所。

汝城旅游住宿要求较高的团队，可选择入住该酒店，以满足旅游团队对豪华酒店住宿的需要。

### （六）桂东玲珑王国际大酒店

桂东玲珑王国际大酒店是由玲珑王集团按照国家旅游高星级饭店标准精雕细琢而成的集餐饮住宿、康体娱乐、商务会议、休闲旅游、购物等综合服务于一体的极具人性化和文化底蕴的养生度假酒店。酒店位于湖南桂东桂花大道南大门广场，紧邻106国道、炎汝高速公路，交通便利，地理位置十分优越。院内生态森林环抱着雄伟气派的酒店主楼，在幽静山林深处"隐居"着全天候智能化欧式风格别墅，环境十分优雅，是旅游休闲及修身养性的世外桃源、家外之家。酒店建筑面积3万余平方米，主楼17层，内设总经理室、行政人事部、餐饮部、房务部、康体娱乐部、公关营销部、财务部、工程部、保安部；酒店8~17层拥有具有现代时尚风格的总统套房、行政商务套房、豪华客房、情侣房、新婚房、度假休闲房、特色套房等不同类型的客房；餐饮包厢环境优雅、格调独特，中餐大厅豪华气派，可同时接纳1000余人就餐。

除了上述酒店,郴州市区及各县城还有更多高档酒店,如桂阳金都汇国际酒店、宜章丽呈和一酒店、宜章隆莱国际大酒店、安仁君逸酒店等。

## 三、舒适(三星级标准)酒店

### (一)凯里亚德酒店

凯里亚德酒店(郴州北湖公园店)位于郴州市北湖区同心路,地处繁华的北湖商业圈中心区域,毗邻友阿国际广场、友谊中皇城、兴隆步行街等大型商圈及购物中心,周边餐饮、购物、娱乐等基础设施齐全。酒店距离市区旅游景点北湖公园、苏仙岭、植物园、南塔岭约10分钟车程,距离厦蓉高速约20分钟车程。

凯里亚德酒店(Kyriad Marvelous Hotel)隶属于锦江国际集团,源自欧洲第二大酒店集团——法国卢浮酒店集团,是维也纳酒店集团战略合作伙伴。酒店拥有100余套各类豪华客房,酒店商务休闲以及配套设施齐全,餐厅、书吧、啤酒吧、健身房、自助洗衣房、多功能会议厅等应有尽有。酒店配有精美营养早餐30多个品种,涵盖法、意、中早餐的精品,结合当地特色美食,让清晨的味蕾尽情释放。

### (二)郴州印象假日酒店

郴州印象假日酒店位于郴州市北湖区升平路,郴州市火车站正对面,地处北湖重要商圈,交通便利,周边配套齐全。

郴州印象假日酒店是一家文化主题经济型酒店,装修别致典雅,秉承时尚主题与传统文化元素相结合的设计风格,融合郴州本土各式风情,让游客宾至如归的同时还能享受一场真正的视觉盛宴。因其客房价格不高,接待旅游团队较多,与旅行社合作较多。

### (三)郴州丰豪大酒店

郴州丰豪大酒店位于郴州市区中心——北湖路,交通便利,地理位置优越。酒店是一座12层建筑,营业面积1万多平方米,集餐饮、住宿、娱乐于一体的商务型酒店,主营项目包括餐饮、住宿、会议等;餐厅2500多平方米,有600多个餐位,提供粤、湘等特色菜系及火锅、夜宵等;设有多功能厅、大型婚宴厅,以及豪华包间24间,还设有会议室、茶楼等设施;客房部设有豪华标准客房等90间、总统套房2间。酒店对面是兴隆步行街,逛街、享受美食小吃都非常方便,价格也不贵,吸引很多年轻一族入住。

### (四)其他经济型旅游酒店

郴州舒适酒店还有府上轻居酒店、资兴江滨国际大酒店等,适合中档旅游团队需要。如果旅游团队对住宿的要求不高,郴州还有很多经济型酒店供游客住宿,如橙子酒店、苏园宾馆、尚尔酒店等。各县城也有很多经济型酒店供游客入住。

## 任务实施

作为郴州地陪导游,小王首先应结合线路安排和各酒店地理位置来介绍。根据线路行程。第一天游览苏仙岭、入住郴州市区,可推荐介绍豪华酒店——仙居岭·京伦酒店、高档酒店——星程酒店(郴州五岭广场大屋里店)、舒适酒店——郴州丰豪大酒店。第二天入住资兴,可推荐资兴鑫淼豪酒店或其他高档、舒适酒店。第三天入住桂东,可推荐桂东玲珑王国际大酒店或其他高档、舒适酒店。

另外,结合游客需求特点,突出讲解介绍酒店特色。如豪华酒店——雄森国际假日酒店,可重点介绍地理位置的优越和五岭广场的热闹;高档酒店——郴州国际大酒店,可介绍地理位置距离北湖公园近。舒适酒店——郴州丰豪大酒店可满足游客在步行街逛街、享受美食小吃的需求。

最后,还应客观介绍酒店房间设施设备、入住注意事项等,提醒查房(房间设备是否缺失、被单是否卫生等),告知客人酒店早餐餐厅地点及早餐时间、早餐形式,可推荐餐厅特色早餐,提醒游客按时吃早餐。

## 任务考核

| 考核项目 | 评分细则 | 评分标准 |
| --- | --- | --- |
| 方案写作 | 讲解介绍描述语法正确,用词准确、恰当,能运用必要的修辞手法;语言流畅,语汇丰富,表达准确、生动,并有一定的艺术性,能吸引人 | 满分40分 |
| 可行性 | 讲解介绍能满足游客需要,具备可行性 | 满分20分 |
| 讲解介绍 | 讲解内容全面、正确,条理清晰,详略得当,重点突出,结构完整。讲解方法运用得当,讲解生动、有趣,能吸引人 | 满分30分 |
| 特色服务 | 讲解介绍搭配其他特色增值服务 | 满分10分 |

## 任务拓展

任务一:小王作为地陪,将带领一批上海的游客在郴州进行四日游,请根据行程路线,结合郴州各地区酒店特点,分不同星级介绍所推荐的酒店。行程如下:

第一天:接高铁—午餐—高椅岭—入住资兴;

第二天:早餐—东江湖—午餐—汝城—晚餐—入住汝城;

第三天:早餐—九龙江国家森林公园—午餐—桂东—入住桂东;

第四天:早餐—第一军规广场—沙田—送高铁。

任务二:根据游客需求特点写出推荐酒店介绍讲解词,并进行模拟讲解。

## 任务二 体验郴州特色民宿

### 任务导入

地陪小王的外地朋友来郴州游玩,计划玩4天,朋友对住宿要求比较高,此行目的也就是放松,想住特色民宿。如果你是小王,你应如何为朋友推荐民宿呢?试列出朋友需求并按需求介绍推荐,行程如下:

第一天:乘坐高铁来郴州—午餐—高椅岭—入住白廊;

第二天:早餐—白廊环湖游—午餐—汝城—晚餐—入住汝城;

第三天:早餐—九龙江国家森林公园—午餐—桂东—入住桂东;

第四天:早餐—第一军规广场—沙田—坐高铁回家。

### 任务探究

郴州交通便捷,境内有京广铁路、京广高铁、京港澳高速、厦蓉高速等。凭借良好的旅游资源禀赋、优越的交通区位优势、坚实的旅游产业基础、丰富的休闲旅游度假产品,特别是高速公路四通八达,郴州民宿的兴起正成为郴州文旅产业经济发展的新亮点。目前,全市已建成民宿集聚区4个,汇集民宿点200多户、床位2000多张,初步构筑以环东江湖为核心,莽山、飞天山、仰天湖、桂东高山等12个重点发展区域的"一核多点"旅游民宿发展空间布局,郴州民宿名扬省内外。

## 一、东江湖度假民宿

(一)小东江民宿

1. 喜言·东江湖一号院

喜言·东江湖一号院精品度假酒店是一家复古经营型民宿,如图4-1所示。该酒店位于国家5A级旅游景区湖南资兴东江湖景区入口处,酒店总面积约3000平方米,共有42间独特中式轻奢风格的客房。其地理位置优越,从酒店步行至东江湖景区售票处只需5分钟。对于入住酒店的旅客来说,闲暇时间去附近的东江湖景区和寿佛寺游玩是一个不错的选择。

图 4-1　东江湖一号院

图片来源：https://hotels.ctrip.com/hotels/5242191.html

从布局来看，喜言·东江湖一号院作为民宿，比一般酒店更有人情味、更温馨。

酒店一楼大堂"茗泉茶舍"茶香醉人，小桥流水，鱼儿嬉戏，配以动听的背景音乐，在此闲坐品茗或和三五知己好友畅谈叙旧，好不惬意。三楼独有的天空花园，是酒店的神来之笔，日式枯山水园林设计，辅以多肉和仙人掌类绿植，各据一方，各有特色。春赏鲜花，夏观星空，秋观余晖，冬赏白雪，在花园中浮生偷闲，看云卷云舒独享岁月静好；花园里"上书房"中藏书千册，随意拿取一本，"唯旅行与读书不可辜负"。游客青睐住民宿，其实就是住在深深浅浅的情怀里。

喜言·东江湖一号院还很注重家庭、儿童关怀，特有的惬意复式家庭房，让一家人尽享欢愉；大堂吧有许愿石，还可以赏鱼喂鱼；天空花园的吊床、秋千、帐篷租用，书房中的儿童绘本，都可让孩子们在这里度过欢快的假期时光。

喜言·东江湖一号院在郴州旅游的攻略里占有一席之地，很多人通过网络攻略找到这里，在喧嚣的城市中疲累了，回到淳朴的民宿生活，不仅能放松自己，还可享受更多的人情味和乡土气息。来这里小住的尤以深圳、广州的游客居多。

2. 那一年客栈

东江湖那一年客栈是资兴市一家以怀旧为主题的精品主题客栈，有超大的庭院空间、工业风酒吧，还配有许多配合摄影的小道具和场景，如图4-2所示。在这里，相对城市上班族的匆匆，节奏自然就慢了下来，坐下来喝一杯咖啡，听一曲民谣，都会感觉时间慢了下来。

图 4-2 那一年客栈

图片来源：网络

从建筑特色来看，游客体验的是心境的回归。那一年客栈是"Loft风＋北欧极简混搭型"风格，由知名设计团队在20世纪80年代旧厂房的基础上因地制宜、匠心打造而成，共有客房51间，主体房型有复式套房、亲子房、榻榻米房，以及独立休闲阳台房。室内配套按星级标准精奢布置，着力营造悠闲的私密空间，让旅行者充分享有自主权，像在家一样轻松、自在。

那一年客栈以怀旧为主题，拥有超大公共空间和独立休闲庭院、工业风酒吧，以及烧烤、咖啡、摄影等配套设施，是聚会游戏的极佳去处、体验闲暇慢时光的不二选择。这里有"台湾式的民宿""鼓浪屿式的惬意"，秉承"只期待朋友，不接待上帝"为宗旨，提供Wi-Fi、书籍借阅、自助洗衣、自行车租赁、自助烧烤、音乐驻唱等服务，散漫自助，随意发呆，让生活慢下来。

民宿作为一种全新的生活方式，诠释的恰恰就是灵活、舒适、便捷的生活态度，以满足城市居民追求心灵上的归宿。很多上班族来郴州旅游最中意的就是这种慢生活，住宿那一年客栈就是这样一种随性、自由、个性的舒展。

3. 东江湖雅阁度假酒店

东江湖雅阁度假酒店是一家度假型民宿，位于资兴市何家坪沿江南路，源远流长、底蕴丰富的传统文化融入这栋建筑，步入酒店内部，一砖一木皆诗意，一桌一椅皆具匠心，体现"桃花源"的东方意境，如图4-3所示。

民宿配套有餐厅、宴会厅、健身房、洗衣房、茶室、书吧、望江露台、星空吧等，让客人在此寻一片净土，享一方宁静，寻找心与大自然的平衡，回归初心，远离尘嚣，感受不一样的度假休闲时光。民宿致力于让每一位客人放慢生活节奏，寄情于景、寄情于

图 4-3　东江湖雅阁度假酒店

图片来源：网络

空间的处所。晨起，可以在窗前看着这座城市慢慢苏醒；午后，可以在充满禅意的大厅喝茶看书；傍晚，可以登上顶楼露台感受来自东江的微风。

4. 东江湖在水一方主题客栈

东江湖在水一方主题客栈的名称源于诗句"蒹葭苍苍，白露为霜。所谓伊人，在水一方"，从名称就体现了诗意，让客人不由生出一份好感，也称得上"一家有温度的民宿"。这里可以提供给客人一个安心休憩的地方，让客人回归生活的本真，找寻真实的自我，体验心境的回归。

客栈拥有客房31间，每间房都有如诗的名字：湖影、曼珠、青瓦阁、曦景、曦微……客栈装修以Loft工业风为主，房间里大大的落地窗像一个画框，框内的景色随着自然的变化而不同，阳光和月光都能洒进房间。客人住在房中，如住在风景里。

5. 回龙云居

资兴民宿除了东江镇上，在回龙山也有一家特色客栈——回龙云居。回龙云居位于回龙山景区山顶，是一家赏景民宿，距离山顶日出观景台步行约8分钟，酒店门口就是云海观景台，海拔约1400米，环境好，位置佳，自驾可直达酒店门口，拥有客房50多间。这里融2000多年宗教历史文化及古朴的瑶族风情文化于一身，集巍峨壮美、灵秀神奇于一体，山顶的回龙古庙称古南岳，曾是南岳宗教文化的发源地。回龙望日为资兴古八景之一，回龙云居是客人在回龙山看云海、看日出停留住宿的最佳之处。

回龙云居采用庭院式结构，远离闹市区，旁边就是古寺庙，从寺庙感受深深的禅意，能让客人静下心来，感受慢生活，正如其名：诗意云居。

## (二)白廊民宿

### 1. 东江湖华美达酒店

东江湖华美达酒店是白廊一家赏景度假型民宿,由东江湖五岛一村旅游开发有限公司投资建设,是东江湖景区中的国际品牌度假酒店。东江湖华美达酒店地理位置优越、交通便利,位于资兴白廊东江湖畔,邻近京港澳高速、平汝高速、厦蓉高速,通往周边市、区、镇之交通方便快捷。酒店服务设施齐全,集百余套客房、全日制餐厅、湖畔酒吧、萌宠乐园、养生中心、多功能宴会厅、会议室于一体。

作为白廊东江湖畔耀眼的地标性建筑,郴州东江湖华美达酒店凭借别具一格的东南亚风建筑外观和匠心独具的艺术风格——"浓情巴厘岛风味""东江湖之镜""湖天一色观景台",成为游客"网红打卡地"。酒店拥有湖边无边泳池,景色一绝,泳池及观景台遇天气好,海天一色,景观尽收眼底,如图4-4所示。另外,附近吃的特别多,满足美食爱好者要求,酒店附近有很多自行车及电瓶车可供游客出租,是白廊度假的胜地。

**图4-4 东江湖华美达酒店观景台**

图片来源:http://www.czs.gov.cn/html/czlyy/zsfw/content_3228133.html

每年,有大量游客来此度假时入住东江湖华美达酒店。进入酒店,即可在房间内饱览湖光山色,拉开窗帘,入眼即是山清水秀,还能享受到东江湖上吹来的徐徐清风。地面无缝连接湖面的"东江湖之镜",更是吸引无数游客前去打卡。当湖面静止时,水面如一面镜子,蓝天白云、青山绿水倒映其中,让人分不清到底是在池内,还是在东江湖内。走出酒店,只需一辆自行车,就可以在有"郴版小洱海"之称的东江湖白廊景区体验运动的快乐,放松身心,尽享生活之美。

### 2. 喜言·湖隐松间

喜言·湖隐松间是位于东江湖旅游区核心区域——资兴白廊的一家民宿,地理条件极其优越,视野好,透过窗户即可欣赏到东江湖的秀美风光。

喜言·湖隐松间民宿里的白墙淡木色主调,给人一种清新和幽静感。美好的一天从拉开窗帘迎接第一缕阳光开始,洗一个热水澡,放一首舒缓的曲子,冲一杯手磨醇香咖啡,静静地盘坐在落地窗前,任时光流逝……生活,本就应该如此!

民宿以"享受湖居生活(Enjoy Lake Living)"为理念,将灰蓝、湖蓝、水光潋滟的变化于细节处体现,将东江湖的光影变化融入民宿清爽、极简的设计中,体现出一种极致的奢华。民宿内设有咖啡吧、生态餐厅、无边泳池、儿童游乐空间、烧烤场地等,并结合周边湖区开拓沿湖山间徒步运动线路。

大城市节奏快,有了机会,生活在大城市中的游客往往会找一处地方,坐下来体验乡村。白廊镇上有观光果园、观光菜园、观光茶园等供游客体验,这里枇杷、蜜橘、鹰嘴桃等水果十分丰富。

3. 那山那水·揽悦湾

那山那水·揽悦湾是位于资兴白廊环湖路、面朝东江湖畔的一幢白墙小清新民宿。内饰低调奢华,有超大景观玻璃,内设亲子嬉水区、烧烤区、阅读区等,游客在这里可以发呆,可以烧烤,可以拍照,可以游泳……

那山那水·揽悦湾民宿风格是滨海的奇景风格,定位是以"80后""90后"为主对生活有高标准、高品位的年轻人。该民宿融合旅拍的方式,随处可见"网红打卡地"。游客在这里可以体验当地文化,欣赏当地风景,并且体验具有一些仪式性的活动和生活方式,把小东江的美、民宿的美体现得淋漓尽致。

民宿有客房34间,分为17种房型,房间用星座命名,以大床房为主,拥有榻榻米房、带吊床的亲子房和简约舒适的家庭套房,客人可以根据不同需求选择房型。所有室内设施和装修设备不仅以高星级酒店标准打造,还能给客人带来一些不同的体验。超大房间,确确实实地为年轻人营造潮流度假休闲地。那山那水·揽悦湾的房间色彩搭配活泼,与外墙的简约设计形成视觉对比,躺在浴缸里即拥环湖路无敌湖景,留下的是住在这里最美好的回忆,如图4-5所示。

图4-5 那山那水·揽悦湾

图片来源:网络

4.云水湾酒店

东江湖云水湾酒店位于资兴市东江湖环湖路边,依山傍水,面朝东江湖独特的自然风景。酒店功能设施齐全,可同时接待400人用餐。近百间风格多样的客房,可容纳约200人入住。酒店拥有大型接待中心、多功能会议室、KTV、桌球室、乒乓球室、烧烤区、高层观景平台、停车场等。

与其他酒店不同的是,云水湾酒店还拥有面积达50多亩的开心农场。开心农场拥有大草坪拓展区、四季果园采摘区、花卉苗木观赏区、户外娱乐项目体验区、农家小菜种植区、演艺广场拍照区等。云水湾酒店可以为游客提供住宿、餐饮、娱乐、休闲、运动等全方位的优质服务,也是团队活动、亲友聚会、公司团建等休闲旅游度假的理想之地。

## 二、桂东民宿

桂东民宿以乡村民宿为主,家庭形式居多。在传统的农业乡村中,人们除了可以欣赏农村景观、体验农家生活,也可以体验农业生产方面的活动。人们可以在民宿主人家摘菜,品尝最新鲜的绿色蔬菜,体验自给自足的乡村生活。在乡间小住数日,不仅可以让身体舒畅,还可以让心情愉悦,享受慢食、慢游的生活,不论往北、往南,都方便自在,这是田园之旅、心灵之旅,更是一个难忘的假期。

桂东民宿体验最合适的季节是夏季,市区气温高,这里却是避暑胜地,再加上森林覆盖率高,山区形成一片"天然氧吧"。游客都愿意花上几天时间住在这里,所以每当夏季,这里的民宿往往一房难求,需要提前预订。

## 三、特色温泉疗养

### (一)郴州龙女花园酒店

郴州龙女花园酒店位于郴州市北湖区南岭大道龙女温泉景区内,近温泉路、龙女寺,四周环山,空气清新。酒店由郴州市城投资产经营管理有限公司投资兴建,是郴州城投建设中诸多代表性建筑之一。龙女花园酒店占地近25万平方米,以别墅群为点缀,有各类园景、山景、湖景套房,人工湖和小游园及四周山景遥相呼应,是一个完美的自然氧吧。每一栋别墅都有独立、私密的温泉,客人不出房门就能体验泡温泉的乐趣。客房洗浴、温泉池等都采用碳酸温泉水,水温40 ℃左右,水质清澈,含丰富矿物质。

住在这里,除温泉体验外,龙女温泉的温情传说——"柳毅与龙女"的故事也为人津津乐道。

### (二)莽山森林温泉酒店

郴州莽山森林温泉酒店位于郴州市莽山国家森林公园内,交通十分便利。酒店有系列主题客房百余间,有多功能厅、大型宴会厅、多功能会议厅,是以温泉为特色,集娱乐、养生、文化、休闲、观光、度假、旅游、会务等功能于一体的度假胜地。酒店依托大莽山优美的自然生态环境和浓厚的温泉养生文化底蕴,为困倦于城市紧张、嚣杂生活中的人们打造一个宁静、和谐、美丽的心灵港湾,让人们真正回归自然,在大自然中品味人生的乐趣。作为一家温泉酒店,莽山森林温泉酒店特色鲜明,主要表现在以下几个方面。

1. 森林温泉

莽山森林温泉水来自莽山地底600米左右,地处莽山森林中心,穿越四层地质带,出水温度高达55.5 ℃,日出水量可达3000多吨。经有关部门勘察及抽样测试,证实此温泉水质属稀有医疗型偏硅酸温泉,适宜人体健康养生。温泉水富含偏硅酸、氟、钾、钠、钙、镁等多种有益于人体健康的微量元素和矿物质。偏硅酸是人体必需的微量元素,不但对骨骼、血管生长有促进作用,而且对心血管、脑血管、冠心病等都有很好的保健功效。莽山森林温泉是湖广地区高海拔温泉,也是罕见的优质高山温泉。

温泉园区环境优美宁静,空气清新,双瀑环拥入目、凉亭相映成趣,置身其中会使人的心情豁然开朗。林泉相依是莽山森林温泉诱惑之处。温泉让森林平添几分浪漫,森林又让温泉多了几许惬意。呼吸着森林里清新的空气,感受温泉水掠过肌肤时的温润,这独特的雅趣享受是莽山森林温泉带给人的超然意境:闲心对定水,清静两无尘。这里没有城市的喧嚣、污染,对久居都市、快节奏生活的城市人来说,夜色中尽情享受森林原野的宁静与舒适,确有一洗尘嚣、令人陶醉的愉悦。

2. 主题特色客房

莽山森林温泉酒店的客房设计新颖、装潢考究,风格迥异,别致而独特,拥有"唐韵""梦幻""水墨丹青"三大系列主题客房400间,分别有豪华标准房、豪华单人房、商务套房、贵宾套房、山景房、行政套房及总统套房等多种房型可供选择。酒店客房的魅力之处是运用了科技智能化管理,让宾客轻松入住,愉快度假。透过宽大明亮的落地玻璃,宾客可轻松全览莽山的森林好风光。

3. 纯净的生态绿色餐饮

酒店将现代特色的菜系融入当地,形成了莽山独特的饮食文化。中餐厅装修时尚、舒适典雅,设有豪华多功能厅、大型宴会厅、18间风格各异的豪华包房,可同时容纳1000多人进餐。餐厅精心选用地方食材并以绿色健康为主,由名厨主理的各种粤湘美食佳肴令宾客回味无穷,形成了"创意湘菜,经典粤菜"的特色,代表性的有山坑鱼、莽山焗鸡、瑶家土菜等。豪华舒适的就餐环境，殷勤细致的优质服务，使这里成为商务宴请、亲朋小聚的不错选择。

### （三）汝城温泉福泉汤谷

汝城温泉福泉汤谷位于中国首批特色小镇——郴州市汝城县热水镇，是集吃、住、行、游、购、娱与一体的大型旅游度假区，被评为国家4A级旅游景区、国家四星级农庄，荣获中国乡村旅游最佳休闲度假奖、中国温泉金汤奖——"最佳环保温泉"奖。

汝城温泉福泉汤谷以湘南民居建筑群为主体风格，集住宿、餐饮、温泉水疗、娱乐、商务会议等于一体。其客房包括山景·套房、山景·豪华房、山景·高级房、流水别墅、雅苑别墅、山景别墅、福泉雅居等类型。其中，雅苑别墅每套建筑面积近300平米，共有11套，设计风格追求厚重内敛，讲求私密尊享，每套配备2室一厅、私家泳池、温泉泡池、私家花园，眺青山，赏田园，沿河信步，怡然自得，是家庭团聚的理想场所。四周万亩竹海，豪放大气，山庄格调，婉约温馨，青山、绿水、竹海民居交织如画，是游客疗养身心、休闲度假的绝佳胜地。

汝城温泉福泉汤谷的环境既有江山之清幽宁静，又享自然之绚烂多姿。山峰隽秀挺拔，林木葱郁，风光秀丽，环境宜人，碧水环绕，神清气爽，山、人、游园、建筑与自然高度和谐统一，共同形成了一个风景如画、生机勃发的环境。这里环境优美，绿化覆盖率达90%以上，昼夜温差极大，年平均气温为20℃，是华南著名的避暑胜地，空气负离子浓度达到每立方厘米8827个，温泉出水温度高达98℃，含硅、钠、钾、钙、锂、锶等30多种对人体有益的元素，特别是氡的含量达到矿泉医疗标准，是我国少有的"氡泉"，享有"华南养生第一泉"的美称。

汝城温泉福泉汤谷设有温泉水疗中心，汤河泉眼密布，云蒸雾绕，恍若仙境。拥有水力按摩池、牛奶浴池、啤酒浴池、米酒浴池、中药浴池、花瓣浴池等各式疗养汤池，还有光波浴、盐浴、石板浴、桑拿浴、太空舱等特色疗养项目，是人们疗养身心的度假胜地。福泉竹海水疗以"品牌五养"为指导，结合"淋、浸、冲、泳"动静交替的泡浴法则，根据畲族、黎族及本土百姓祖辈养生习俗，挖掘研制的热泉养生浴"七生汤"和独家研制的"温泉汤·烫吃"无火火锅广受欢迎。

### （四）宜章上席温泉精品民宿

宜章上席温泉精品民宿是一家乡村体验型民宿，民宿以自然古村落改造为基础，以天然温泉和田园风光为特色，充分挖掘古村落的历史文化。走入庭院，一栋栋独具湘南客家特色的土砖房，让人仿佛闯进一个遗失的仙境。傍晚的橘色灯光，也让这里瞬间有了烟火气，并弥漫着浓浓的乡土气，给人以家的温度，如图4-6所示。

图4-6　宜章上席温泉精品民宿

图片来源：百家号

住在民宿是一种生活体验，更是地域文化的一个缩影。这里的一花一草，一物一景，都充满着浓浓的乡愁。一六镇是去五指峰的必经之路，游客在莽山景区旅游爬山，看完云海美景，可在一六镇停留。泡温泉，可以消除登山的疲劳，享受大自然赐予的舒适和安宁。温泉是上席民宿的一大特色。宜章一六镇汤湖里村本地的温泉水，水质清澈透明，富含氟、硒等多种矿物质和微量元素。旅途劳累时，泡一泡温泉，睡一个好觉，再惬意不过了。温热的泉水烘托出层层氤氲，置身其中，可以让人卸下所有的疲惫与压力，尽情地享受温泉的时光。

## 四、其他特色民宿

### （一）那山那水·云溪居

那山那水·云溪居位于郴州市苏仙区飞天山镇和平村，处于山腰，三面环山，风景优美，可以俯瞰山下村镇美景。该民宿还有半山无边泳池、百亩黄桃果园、果园游步道摄影基地等，设施众多，体验感非常好。

民宿的装修非常有格调。午后，客人可在民宿品一杯玫瑰茶，和三五好友随意谈天说笑，欢度这闲适的光阴。

### （二）安陵书院

安陵书院始建于宋代，郴州永兴古号安陵，故名。安陵书院位于郴州市永兴县碧塘乡龙山洞境内，有"湘南第一书院"之美誉。

安陵书院是一座古典园林式民宿，古香古色，独具特色的古典园林式结构让人仿佛穿越了时光，住在这里，体会到的都是平和安静的气息，城市的喧嚣和压力消失殆尽，让人感觉无比舒适安宁。安陵书院风景优美。漫步安陵书院，树茂竹秀，廊桥迂回，假山碧池，亭、台、楼、榭相映成辉，一步便是一景，如图4-7所示。

图 4-7 安陵书院

图片来源：http://www.yxx.gov.cn/uploadfiles/201804/20180403162318353.jpg

除了秀美的园林景观，书院的文化更是令人沉醉其中，朱熹、韩愈、左宗棠等多位名人曾在这里讲学。书院中的建筑都以古诗词命名，具有独特的历史文化气息，书院素有"北有岳麓，南有安陵"之美称。安陵书院的独特人文气质、绝美自然山水、古典园林建筑，可为大师领袖提供布道讲学之所，为远瞻者提供憩心养性之所，为精英高层提供窍开顿悟之所。现在，安陵书院开发国学礼仪等研学活动课程，吸引越来越多的郴州乃至长沙等地的学校前来研学。

（三）南国红豆庄园

南国红豆庄园位于郴州市临武县汾市镇南福村，总占地面积3900亩，建有红豆杉种植培育基地、高脂松种植培育基地以及观光园。民宿主打中式风格，共有包括星空木屋、地球仓在内的特色房间30间。住在南国红豆庄园，像是住进了森林里，目之所见皆是绿色。坐拥山色美景、林木葱郁的民宿深受游客青睐。南国红豆庄园，这个拥有着动人名字的民宿，四面群山环绕，在民宿里的每一刻，目之所见都是清新的大自然，在这里的每一分每一秒，都是舒服的。

这里有两种房型，一种是原生态星空木屋，另一种是地球仓。地球仓非常具有科技感，每当临近节假日，这两种房型都会提前预订满。

（四）汝城沙洲长征酒店

长征酒店位于沙洲红色旅游景区，"半条被子"的故事发生地，是国内首个独创性地提出"红色民宿"概念的酒店，以红色为魂，以民宿为体，如图4-8所示。

长征酒店整体建筑风格为后现代中式风格，设计以四合院艺术和瑶族、畲族元素及红色文化的气氛为主调，酒店设有高标准舒适客房32间、床位56个，酒店的客房均体现了红军长征的概念。

图4-8 长征酒店

图片来源：网络

民宿所在地是郴州市汝城县文明瑶族乡沙洲瑶族村，是"中国奈李之乡"。古老瑶寨，红色沙洲，青山绿水，宛如一幅水墨画。如果水果当季，游客可以体验水果采摘，感受乡村振兴背景下村民幸福生活。

## 任务实施

作为郴州地陪导游，小王首先应结合线路安排和各民宿地理位置来介绍。在给朋友推荐的时候首先应该了解朋友需求，然后根据朋友的线路安排、有意向的酒店或民宿，以及旅游行程地等因素，再参考各民宿特色，为朋友推荐并做讲解介绍。

第一天：游览高椅岭，入住白廊。如果朋友喜欢舒适自然的风格，去白廊就比较合适，再根据预算可选择华美达酒店或喜言·湖隐松间等不同价格的酒店。

第二天：入住汝城。汝城最大特色就是温泉，可推荐朋友去福泉汤谷感受温泉，在温泉民宿如同回到家的感觉，尽情地放松心情，让大自然做最好的医疗师。

第三天：入住桂东。可推荐桂东乡村民宿，让朋友体验田园之旅、乡村之乐。

另外，结合朋友需求特点，突出讲解介绍民宿特色。如白廊华美达酒店可重点介绍"网红打卡点"——"巴厘岛风情"的拍照体验、汝城福泉汤谷温泉的疗养效果，以及温泉文化园的98 ℃温泉水，可体验"温泉煮鸡蛋"。最后，还应客观介绍民宿房间设施设备跟酒店的区别，尤其桂东乡村民宿不是豪华酒店，房间设施设备没有酒店完善，重在体验。

## 任务考核

| 考核项目 | 评分细则 | 评分标准 |
| --- | --- | --- |
| 方案写作 | 所做攻略方案文字描述语法正确,用词准确、恰当,能运用必要的修辞手法;语言流畅,语汇丰富,表达准确、生动,并有一定的艺术性,能吸引人 | 满分40分 |
| 可行性 | 推荐介绍形成讲解文字,介绍能满足游客需要,具备可行性 | 满分20分 |
| 讲解介绍 | 讲解内容全面、正确,条理清晰,详略得当,重点突出,结构完整;讲解方法运用得当,讲解生动、有趣,能吸引人;重点介绍特色 | 满分30分 |
| 特色服务 | 介绍搭配其他特色增值服务 | 满分10分 |

## 任务拓展

任务一:小王作为地陪,将带领一批江浙地区的游客在郴州进行四日游。请根据行程路线,结合郴州各地区酒店特点,分不同星级介绍所推荐的酒店。行程如下:

第一天:接高铁—午餐—苏仙岭—入住资兴;

第二天:早餐—东江湖—午餐—莽山将军寨—晚餐—入住需体验温泉;

第三天:早餐—莽山五指峰—午餐—桂东—入住桂东;

第四天:早餐—第一军规广场—沙田—送高铁。

任务二:根据游客需求特点,写出推荐酒店介绍讲解词,并进行模拟讲解。

即测即评

# 项目五 "行"在郴州

## 学习目标

【素质目标】

1. 培养学生的信息素养。

2. 通过查找旅游交通地图,培养学生的读图识图能力。

3. 通过旅游线路设计,培养学生工作积极、主动乐观、自信坚强的品质,以出色完成任务为目标的能力。

【知识目标】

1. 了解郴州区域交通的基本概况。

2. 熟悉郴州公路交通的类型及主要线路。

3. 熟悉郴州铁路交通的类型及主要干线。

4. 熟悉郴州机场的基本情况及主要航线。

【能力目标】

1. 能介绍并分析郴州公路交通的主要线路。

2. 能介绍并分析郴州铁路交通的主要干线。

3. 能介绍并分析郴州航空概况及主要航线。

## 项目导读

郴州市位于湖南省东南部,地处南岭山脉中段与罗霄山脉南段交会地带,东接江西省赣州市,南邻广东省韶关市、清远市,西接永州市,北交衡阳市及株洲市,距省会长沙市350千米,区位优势明显。以郴州为中心,方圆500千米内有湘、粤、桂、赣、闽等省(自治区)的40多个中心城市,以及井冈山、桂林、韶关、衡山等国内知名旅游城市,尤其是毗邻我国入境旅游、国内旅游的重要客源地粤港澳以及湖南经济发达地区长株潭区域。

郴州交通四通八达,目前已形成了高速公路、国道纵贯南北,高等级公路、省道横卧东西的交通格局,是湘粤赣交界地区的一个交通大市。S1806、S1803和郴资桂、桂嘉高等级公路贯通东西,东连江西、西接广西,构成了"三纵三横"的立体交通网络。京广铁路、京港澳高速公路、G106、G107纵贯南北,北上长沙、武汉,南下广东、香港,均可朝发午至。武广高铁和厦蓉高速公路,打通了郴州南北向和东西向出省通道,进一步缩短了与粤港澳、闽南及台湾的时空距离。"十三五"期间,郴州交通网主骨架成型、微循环成网,基本建成郴资桂和郴永宜"大十字"城镇群区域半小时交通经济圈和融入长株潭1小时经济圈。"十四五"期间郴州将继续改善市域交通条件,提高交通基础设施互联互通水平,形成现代化的综合交通体系,构建"对内大循环、对外大联通"的综合交通网络。

郴州交通情况介绍可以由导游在致完欢迎词后,在首次沿途导游中讲解,也可以在其他旅游时间穿插讲解。本项目主要介绍郴州的公路、铁路、航空方面的交通情况。

导游郴州

## 思维导图

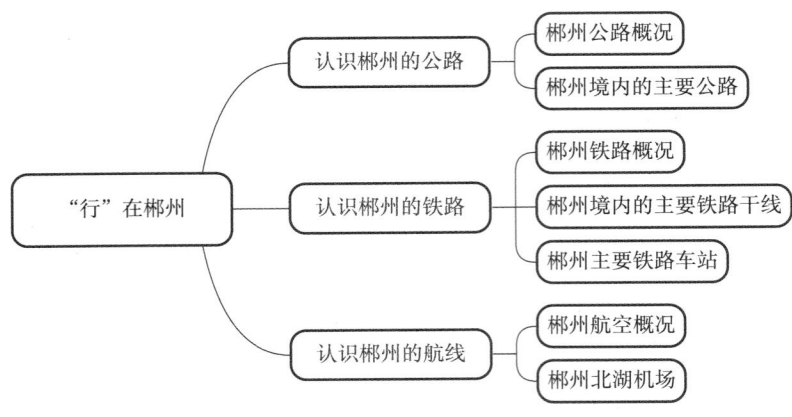

## 任务一 认识郴州的公路

### 任务导入

郴州某旅行社导游小王,即将接待一个长沙至郴州四天三夜的观光旅游团,行程如下:

第一天:郴州—东江湖;

第二天:东江湖—永兴;

第三天:永兴—沙洲村;

第四天:郴州—长沙。

作为地陪导游,小王该如何为该旅行团设计一条合理的交通线路并说明优势?

## 任务探究

### 一、郴州公路概况

郴州是湖南的南大门,自古称为"楚粤之孔道",南北通衢,具有重要的战略交通枢纽地位。京港澳高速公路、G106、G107、厦蓉高速公路(厦门至成都)、京港澳高速公路、京港澳高速复线、长莽高速(长沙至郴州莽山)等纵横境内。千古百业兴,先行在交通。党的十八大以来,郴州沿着建设综合交通运输发展之路,一路奋进,全力构建了一张以高速公路为大动脉、国省干线公路为主骨架、县乡村公路为脉络,干支相连、村村相通的立体交通网络。截至2022年,2604千米的国省干线公路与1.49万千米的农村公路紧密相连,交相辉映。

全市国省干线公路建设多次领跑全省,路况优良率稳居湖南省第一方阵。全市的国省干线二级以上公路所占比重由2012年的28.1%上升至2022年的51.2%,增长23.1%,市到县全部由二级以上公路连接,主要国省干线公路和重要出省通道交通条件明显改善,"1小时交通经济圈"基本形成,全市11个县市区实现了半小时上高速公路目标。

"畅、洁、舒、美"的干线公路提高了公众出行的满意度和幸福感,便捷、舒畅的农村公路更是惠及千家万户,实现了"出门水泥路"的梦想。2012年以来,通过逐年实施窄路加宽、全面启动25户以及100人以上自然村通水泥路等项目建设,至2020年末,全市农村公路通车里程超过1.5万千米,其中等级公路率为91%,实现100%的乡镇和100%的具备条件建制村通水泥(沥青)路,解决了2574个自然村通组路硬化难题。S214郴永大道入选2017年湖南"最美公路";安仁县永乐江畔四季花果飘香路获交通运输部2020年"最具人气农村公路"称号;苏仙区X124线(桥口镇—许家洞)获2021年度湖南省"十大最美农村路";资兴市X022线兴宁至芋头山公路获2021年度湖南省"最具人气公路"称号。

### 二、郴州境内的主要公路

#### (一)国省干线公路

郴州市继开展交通建设大会战、交通建设决战决胜攻坚年、交通建设大提质活动后,确立打造"公路强市"目标,持续发力国省干线公路建设,着力在畅通内循环、沟通对外通道方面补短板、强筋骨。郴州境内国道主要有2条,分别为G106、G107。至2022年末,全市国省干线公路总里程为2604.248千米,为养护总里程的14.5%。2012—2022年,全市共实施国省道大中修554.774千米,总投资约7.09亿元。

### 1. G106

G106起于北京,止于广州。这条国道经过北京、河北、河南、山东、湖北、湖南和广东7个省市。G106在湖南省境内由北往南途经岳阳平江县,长沙浏阳市,株洲醴陵市、攸县、茶陵县,郴州桂东县、汝城县。

### 2. G107

G107是我国最繁忙的国道,也是中国唯一加入亚洲公路网的国际公路,还是贯通中国南北的公路交通大动脉。G107起点为北京市西城区广安门桥,终点为广东省深圳市罗湖区文锦渡口岸(连接香港特别行政区北区)。这条国道经过北京、河北、河南、湖北、湖南和广东6个行政区。G107在湖南省境内由北往南途经岳阳、长沙、湘潭、衡山、衡阳、耒阳、郴州等市县。G107全线与G4高速公路(京港澳高速公路)并行,对于缓解京港澳高速拥堵起到关键作用,二者互为补充。

G107作为我国"文明样板第一路"全线线型流畅,标号标志齐全,极大地改善了交通环境,受到沿线人民群众的普遍欢迎。G107文明样板路的成功创建也拉开了全国争创文明样板路的大幕。

### 3. 其他公路

(1)G107绕城公路。郴州市G107绕城公路起于苏仙区马头岭乡板子楼村,绕过郴州城西,终点接于万寿桥,全长32.29千米。

(2)郴州大道。郴州大道的前身是郴资桂高等级公路,后郴州为推进郴资桂一体化两型社会建设对郴资桂高等级公路进行了提质改造。公路采用双向8车道设计,是连通资兴、郴州、桂阳的大动脉,也是郴州的样板路、标志路。

## (二)高速公路

郴州境内高速公路主要有四条,分别为京港澳高速郴州段、厦蓉高速郴州段、武深高速郴州段、许广高速郴州段,形成"三纵一横"路网,已经为周边多个县市乡镇带来巨大的交通便利和经济发展。

### 1.京港澳高速郴州段

北京—港澳高速公路,即京港澳高速公路,简称京港澳高速,中国国家高速公路网编号为G4。京港澳高速是一条首都放射型国家高速,是连接北京和广州、珠海、香港、澳门等南部重要城市的高速公路,走向基本与京广高铁平行,因此京港澳高速不仅是湖南最重要的纵向通道,也是中国的南北交通大动脉。

京港澳高速在湖南省境内,北起临湘市坦渡河,经岳阳、长沙、湘潭、株洲、衡阳、郴州,南至宜章小塘粤界接广韶高速公路,全长531.8千米。京港澳高速湖南境段包括临长段、长潭段、潭耒段、耒宜段。郴州境内为耒宜段。

京港澳高速耒宜段,旧名耒宜高速公路,属京港澳高速公路湖南境内最南段,处耒阳至宜章之间。路段北起耒阳陈家坪,与潭耒段相连,南至宜章小塘粤界接广韶高速公路,主线全长135.4千米。途经耒阳县、永兴县、苏仙区、北湖区和宜章县五个县区。2001年耒宜段正式建成通车,自此郴州迎来了第一条高速公路,它的通车沟通了湖南省与粤港澳地区的经贸往来,郴州驶入高速发展"快车道"。

2.厦蓉高速郴州段

厦门—成都高速公路,简称厦蓉高速,也称厦蓉高速公路,中国国家高速公路网编号为G76。厦蓉高速起于福建厦门,经江西、湖南、广西、贵州,止于四川成都,是我国西南腹地通往东南沿海地区的主要出海通道。

厦蓉高速公路在湖南省境内路段自东向西,起于汝城县热水镇,经郴州市、桂阳县、嘉禾县、永州蓝山县楠市镇、宁远县,止于道县湘桂界,全长约308.3千米。湖南境内路段分为汝郴高速公路、郴宁高速公路和宁道高速公路三段。2016年10月,厦蓉高速赤石大桥正式通车试营运,这意味着厦蓉高速公路湖南段全线贯通。

(1)汝郴高速公路:起于汝城县热水镇,止于郴州市苏仙区,顺接郴宁高速公路,主线全长约112.3千米,其中赤石大桥被称为"超级大桥",其主跨380米、桥面离地186米,是同类型桥梁中世界第一大跨径高墩多塔混凝土斜拉桥。大桥位于郴州市宜章县赤石乡,主桥全长1470米,跨越约1500米的大峡谷。

(2)郴宁高速公路:起于郴州市苏仙区坳上镇水龙村附近,接汝郴高速公路,途经北湖区、桂阳县、嘉禾县,止于蓝山县祠堂圩镇,接宁道段。全长约104.3千米。

(3)宁道高速公路:起于蓝山县祠堂圩镇,止于道县仙子脚乡永安关(湘桂界)。全长约91.7千米。

3.武深高速郴州段

武深高速公路(G0442)是中国高速公路网中的一条中部至南部纵线,由湖北段、湖南段和广东段三段组成。武深高速起于武汉,止于深圳,途经嘉鱼、赤壁、通城、平江、浏阳、长沙、醴陵、攸县、茶陵、衡东、炎陵、桂东、汝城、仁化、始兴、龙门、博罗、东莞18个县市,全长约1083千米,基本与京港澳高速公路平行。

武深高速湖南段由原平江—汝城高速公路(湘高速S11)组成,分为通平、浏醴、醴茶、衡炎和炎汝五段,主线总长约481千米。其中,炎汝段北起株洲市炎陵县三河镇、南至郴州市汝城县三江口镇,线路全长151.2千米。

4.许广高速郴州段

许昌—广州高速公路,简称许广高速,又称许广高速公路(G0421)。起点在河南省许昌市,途经随州、岳阳、长沙、衡阳、郴州、清远等城市,终点在广东省广州市。

许广高速湖南段由随岳高速、岳望高速、长湘高速、潭衡高速、衡武高速、宜凤高速组成。

目前,郴州仅有资兴一个县没有通高速公路。虽说资兴市距郴州市区近,有宽阔的郴州大道相邻,但没有高速公路仍然是资兴市旅游交通的短板。

### 📎 任务实施

作为郴州地陪导游,小王可以分以下四步完成该任务。
(1)提前准备,了解郴州的交通概况及线路特色。
(2)线路设计应根据不同的旅游需求进行。
(3)旅游景点之间距离适中,旅游线路中景点数量要适宜。尽量避免走回头路,各景点特色差异突出。
(4)旅游交通安排遵循合理原则、灵活原则,旅游交通必须随交通状况的变化而变化。

### 📎 任务考核

| 考核项目 | 评分细则 | 评分标准 |
| --- | --- | --- |
| 语言能力 | 语音、语调准确,吐字清晰,音量适度,语调富有变化,语速适中。语法正确,用词准确、恰当,能运用必要的修辞手法;语言流畅,语汇丰富,表达准确、生动,并能恰当运用体态语,有较强的感染力 | 满分15分 |
| 仪表礼仪 | 言行举止符合导游人员礼仪、礼貌规范 | 满分15分 |
| 景点介绍 | 讲解内容全面、正确,条理清晰,详略得当,重点突出,结构完整。讲解方法运用得当,讲解生动、有趣,能体现一定的导游技巧,现场感强,能吸引人 | 满分60分 |
| 导游规范 | 熟悉导游服务规范,导游服务程序正确 | 满分10分 |

### 📎 任务拓展

任务一:郴州某旅行社计调员小王,要为来自长沙的三天两晚休闲旅游团规划交通线路。请认真阅读"长沙到郴州三日游"行程,结合郴州高速分布,合理设计游交通线路。行程如下:

第一天:长沙—资兴。
上午长沙乘高铁至郴州西,随后赶往资兴,游览小东江、龙景峡谷、兜率岛、白廊景区,随后返回市区入住郴州温德姆至尊豪廷酒店。

第二天:郴州市区—高倚岭—板梁古村。
早餐后,从郴州市区出发前往高倚岭,午餐后游览板梁古村,随后返回郴州温德姆至尊豪廷酒店。

第三天：郴州市区—仰天湖大草原—长沙。

早餐后，从郴州市区出发前往仰天湖大草原，午餐后乘高铁返程。

任务二：撰写郴州公路概况讲解词，并进行模拟讲解。

即测即评

## 任务二　认识郴州的铁路

### 📎 任务导入

郴州某旅行社地陪导游小王，要接待一个从广州来郴州的观光老年团，游客提前与小王联系，要小王推荐一种合适的出行方式。如果你是小王，你会如何推荐？

### 📎 任务探究

#### 一、郴州铁路概况

郴州拥有郴州站、郴州西站。其中，郴州站是全国铁路客运特等站，是湖南进入广东最后一个大站，郴州站平均每日接发120多趟旅客列车。郴州西站，是应武广高铁而新建的现代化大型火车站，主要接发武广沿线高铁列车。郴州境内有京广铁路贯穿全境，另有4条地方铁路呈枝状向东、西、南侧展开。郴州站发售各大中城市的车票。厦蓉通道对接粤闽浙沿海城市群、黔中城市群、成渝地区双城经济圈，由东自郴州经永州往西。

#### 二、郴州境内的主要铁路干线

目前我国已形成了全国以北京为中心，各省（自治区、直辖市）以省会城市等为中心伸展线路的铁路网骨架，连接着许多不同规模的铁路枢纽，构成"五纵三横"国家干线铁路网，如南北走向的京哈线－京沪线、京广线、京九线、焦柳线、宝成线－成昆线，东西走向的京包线－包兰线、陇海线－青藏线、沪杭线－浙赣线－湘黔线－贵昆线。

近年来，我国全面进入高铁时代，普速铁路大量扩充、高级线路大量施建，故"五纵三横"的概念越来越模糊且淡化，各线铁路端点也经常转移更换，"八纵八横"国家干线铁路网正在逐步形成。

湖南省境内铁路呈"田"字形网络,有南北方向的京广线、洛湛线、焦柳线和东西方向的石长线、沪昆线、湘桂线等铁路干线。目前,经过郴州的主要为京广线,即京广铁路和京广高速铁路两条。

(一)京广铁路

京广铁路(Beijing-Guangzhou Railway),简称"京广线",是我国境内一条连接北京市与广州市的国家Ⅰ级客货共线铁路,线路呈南北走向,串联华北、华中和华南地区,为我国铁路网纵向干线之一。京广铁路的前身是京汉铁路与粤汉铁路,分期分段建设运营。清光绪三十二年(1906年),京汉铁路建成通车;1936年,粤汉铁路建成通车;1957年,武汉长江大桥建成投入使用,原京汉铁路与粤汉铁路合并成京广铁路。京广铁路北起北京丰台站,经联络线连接北京西站、北京南站和北京站,南至广东广州站,正线全长2263.0千米。

(二)京广高速铁路

京广高速铁路(Beijing-Guangzhou High-Speed Railway),简称"京广高铁",又称"京广客运专线",是京港高速铁路(北京至香港)的重要组成部分,是我国《中长期铁路网规划》中"八纵八横"高速铁路的重要"一纵"。2012年12月26日,全长2298千米的京广高铁全线开通运营,截至2020年6月,为世界上运营里程最长的高速铁路,也是中国客运量最大、运输最为繁忙的高铁线路,从北京到广州只需8小时。

京广高速铁路与京广铁路实现客货分线运输,从根本上缓解了京广铁路运输紧张的状况。它纵贯北京、河北、河南、湖北、湖南、广东6省市,串起首都北京和石家庄、郑州、武汉、长沙、广州5个省会城市及众多中等城市,实现人流、物流、资金流、信息流的加速流动。在京广高速铁路辐射带动作用下,环渤海经济圈、中原城市群、关中城市群、武汉城市圈、长株潭城市群、长三角经济圈、珠三角经济圈等经济区紧密联系在一起,有效降低了社会时间成本,给人员流动带来了极大的便利,对促进区域经济社会协调发展有巨大作用。

京广高铁在湖南经过长沙、株洲、衡山、衡阳、耒阳、郴州等城市。郴州虽然有京广高铁穿过,但郴州东西向的铁路交通并不发达,从郴州坐火车去重庆、成都、昆明等城市要绕道衡阳、怀化等地中转。

(三)郴州—许家洞—资兴铁路

郴州—许家洞—资兴铁路是京广线支线,始建于1937年,全长37.4千米,曾带动了郴州矿业、工业的发展。这条线路村落、山川、河流交织成画,一个多小时的车程一定赏心悦目,体验良好。目前,铁路仅开通货运,郴州市规划利用富余的铁路运输能力开行郴州—许家洞—资兴铁路观光旅游线路。

## 三、郴州主要铁路车站

### （一）郴州站

打开中国铁路网，京广铁路犹如一条长龙，纵贯南北大地。在离北京西站1905.6千米，离广州站368.2千米，有一座重要的一等中间客运站——郴州站。郴州站是位于京广铁路上的一个车站，位于湖南省郴州市北湖区解放路1号，隶属于中国铁路广州局集团有限公司管辖的客货一等站，始建于1936年。郴州站作为郴州的窗口，不仅吞吐着南来北往的旅客游子，也见证着郴州的巨大变迁。从蒸汽机车到内燃机车，再到电力机车，长长的车厢承载着几代人的回忆。

2020年9月，郴州火车站启动改扩建工程；2021年11月，新站房重新启用。新站房为汉唐复古建筑风格，整体楼高24.9米，进深在原站房的基础上向站前广场方向扩建了12米，总面积达到8600余平方米，分为上、下两层，能够同时容纳2700余名旅客同时候车。改建后，车站设备设施更加完善，售票厅内设有3个售改退窗口、1个售改窗口、1个无障碍售票窗口和10台自动售、取票机，能够满足高峰期旅客出行需求。进站口设在站房两侧，检票口设在站房中间位置，设有8套人脸识别闸机，旅客凭身份证可直接刷脸通行。候车厅与售票厅毗邻，内设2个候车区域，共有候车座椅1700多个，候车室内设有母婴室、软席候车室，将给旅客出行带来舒适体验。车站还设置了3台直梯和10台扶梯。

### （二）郴州西站

郴州西站途经线路为京广高速铁路。郴州西站于2007年5月开工建设，于2009年12月投入运营。截至2020年10月，站房面积为1.9万平方米，候车区面积约7300平方米，候车座位有3600个。郴州西站建在半山坡上，远看站房依青山而"坐"，站房的外墙为仿秦代城墙。附近有增湖河，施工中改道引至站前成护站河，成为这里一道独特的景观。站房前的喷泉也很特别，池底黑白两色的鹅卵石摆放成八卦图案。建筑外墙采用玻璃幕墙与石材幕墙，站房及站台层面采用银灰色氟碳铝板层面。车站建设南北各一幢副楼，单幢占地为2500平方米，总建筑面积15000平方米（地下层面积为5000平方米）。站房前通道为17米的5车道，靠东侧附设3米的人行道。

### 任务实施

作为郴州地陪导游，小王可以分以下四步完成该任务。

（1）首先提前查资料，了解从广州至郴州的航空、铁路、公路交通情况，如交通线路、行程时间、航班（车次）出发时间、乘坐舒适度等。

(2)向游客介绍郴州的交通情况。

(3)结合游客特点推荐出行方式,并说明推荐原因。

(4)推荐介绍时注意分析航空、铁路、公路三种交通工具来郴的优点和缺点。

## 任务考核

| 考核项目 | 评分细则 | 评分标准 |
| --- | --- | --- |
| 语言能力 | 语音、语调准确,吐字清晰,音量适度,语调富有变化,语速适中。语法正确,用词准确、恰当,能运用必要的修辞手法。语言流畅,语汇丰富,表达准确、生动,并能恰当运用体态语,有较强的感染力 | 满分15分 |
| 仪表礼仪 | 言行举止符合导游人员礼仪、礼貌规范 | 满分15分 |
| 沿途讲解 | 讲解内容全面、正确,条理清晰,详略得当,重点突出,结构完整。讲解方法运用得当,讲解生动、有趣,能体现一定的导游技巧,现场感强,能吸引人 | 满分60分 |
| 导游规范 | 熟悉导游服务规范,导游服务程序正确 | 满分10分 |

## 任务拓展

任务一:小王作为地陪,将接待一个来自怀化的研学旅游团,小王准备在路上进行沿途导游讲解,介绍郴州铁路情况。请你根据郴州铁路概况,对比郴州和怀化交通位置的差异。

任务二:撰写郴州铁路概况讲解词,并进行模拟讲解。

即测即评

# 任务三　认识郴州的航线

## 任务导入

一个来自香港的旅游团队,将到湖南进行为期5日的旅游,他们从长沙入境,从郴州出境,指定必去的城市是长沙、张家界、郴州。请为他们设计一条合适的旅游交通线路,并说明该线路的优势。

项目五 "行"在郴州

## 任务探究

### 一、郴州航空概况

20世纪90年代以来,湖南民航事业发展迅速,机场作为民航主要基础设施得到不断建设,在为航空运输提供安全、正常、高效的运营保障的同时,也为促进地区经济社会发展,扩大对外开放,拉动旅游产业,提升国际竞争力、区域竞争力、城市竞争力发挥了重要的支撑作用。

郴州是湖南的"南大门",已融入珠三角、长株潭两大城市群"一小时经济圈"。随着"十四五"期间"八纵八横十六联"公路网继续完善,郴州北湖机场建成通航,以及东西大动脉兴永郴赣快速铁路建设工作开展,郴州市区域性立体交通枢纽地位将更加明显。

截至2022年,郴州市已建成B类通用机场(即不对公众开放的通用机场)2座,分别是桂阳仁义机场和桂阳正和直升机场。C类通用机场郴州北湖机场已建成通航,湘南地区飞行服务中心正在规划中。

根据《郴州市通用航空业发展规划(2021—2035)》,预计到2035年,郴州规划建设成为基本形成中南地区乃至全国通用航空消费新高地,形成湖南省航空产业聚集区(见图5-1),建成布局合理、层次分明、功能完善的通用航空机场网络体系,形成覆盖全郴州、辐射中南地区的航空运动与低空旅游网络、应急救援与公共服务网络、短途运输与航空物流网络、通航生产作业网络。

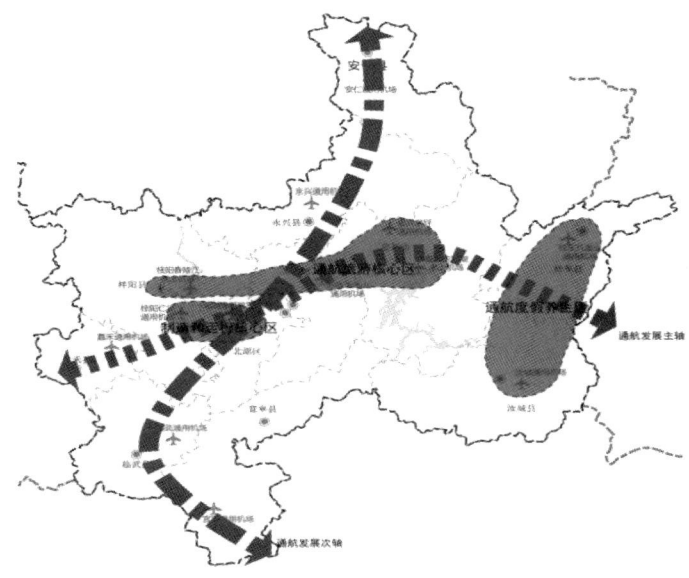

图5-1 郴州通用航空业产业空间格局规划图

郴州北湖机场的落成,带动了郴州的商业发展,打开了郴州通往全国各地以及世界各地的大门,也为郴州衔接周边城市、联通世界、加快建设全国区域性综合交通枢纽安装了强力引擎,助力郴州打通融入粤港澳大湾区建设、长江经济带发展、"一带一路"、中部崛起等国家战略"空中通道",落实"三高四新"战略、全力打造"一极六区",集聚区位质变、能量聚合的新优势。

## 二、郴州北湖机场

### (一)郴州北湖机场概况

郴州北湖机场(Chenzhou Beihu Airport),简称"郴州机场"或"北湖机场",位于湖南省郴州市北湖区华塘镇塔水村,东北距郴州市中心约18千米,为4C级国内旅游支线机场,郴州北湖机场由地方经营管理,民航局实行行业管理。

2015年2月14日,郴州民用机场命名为"郴州北湖机场";2019年1月4日,郴州北湖机场正式动工;2021年5月21日,郴州北湖机场试飞成功;2021年9月16日,郴州北湖机场正式通航。

截至2021年9月,郴州北湖机场航站楼面积6419平方米,民航站坪设6个C类机位;跑道长2600米、宽45米;预计可满足2025年旅客吞吐量55万人次、货邮吞吐量3000吨、飞机起降7300架次的使用需求。

郴州北湖机场远期(2045年)飞行区指标等级为4D,跑道向东北延长至3200米;可满足年旅客吞吐量165万人次、运输起降17368架次的使用需求。

郴州北湖机场的建设是推动郴州从二维交通到三维立体交通的历史性飞跃,使郴州形成航空、铁路、公路融合发展的现代化综合立体交通运输服务体系,将进一步提升郴州综合交通服务功能,进一步构建郴州融入全国区域协调发展战略的快速通道,进一步奠定郴州在全国对外开放和经济版图中的重要地位。郴州北湖机场的建设,也有利于湖南转变经济发展方式,调整产业结构,是湖南加快基础产业布局的重要策略之一。

### (二)主要航线

飞机飞行的路线称为"航空交通线",简称"航线"。民航航线的种类可分为国际航线、国内航线和地区航线三大类。

2021年9月16日,郴州北湖机场正式通航,首条航线为中国联合航空执飞的北京大兴国际机场航线。截至2022年9月15日,郴州北湖机场旅客吞吐量153724人次,运输起降2523架次。

截至2023年6月,郴州北湖机场与中国联合航空、青岛航空、吉祥航空、首都航空、成都航空、华夏航空合作运营7条往返航线,通达国内13个航点。数据显示,郴州北湖机场主要客流流向为北京、上海、西安、海口、成都、宁波等一线省会城市及热门旅游城市。

## 任务实施

作为郴州地陪导游,小王可以分以下三步完成该任务。

(1)提前查找郴州的航空线路及相关资料。

(2)设计线路要注意几个城市之间的游览顺序,在线路上合理布局,不走回头路。

(3)要考虑出行方式的经济性、行程的时间等因素。

## 任务考核

| 考核项目 | 评分细则 | 评分标准 |
| --- | --- | --- |
| 语言能力 | 语音、语调准确,吐字清晰,音量适度,语调富有变化,语速适中。语法正确,用词准确、恰当,能运用必要的修辞手法。语言流畅,语汇丰富,表达准确、生动,并能恰当运用体态语,有较强的感染力 | 15分 |
| 仪表礼仪 | 言行举止符合导游人员礼仪、礼貌规范 | 15分 |
| 沿途讲解 | 讲解内容全面、正确,条理清晰,详略得当,重点突出,结构完整。讲解方法运用得当,讲解生动、有趣,能体现一定的导游技巧,现场感强,能吸引人 | 60分 |
| 导游规范 | 熟悉导游服务规范,导游服务程序正确 | 10分 |

## 任务拓展

任务一:2021年9月16日,郴州北湖机场正式通航,这是郴州经济社会发展的大事,是500万郴州人民期盼已久的盛事。作为旅游专业的学生,请你查阅资料,结合郴州的交通位置,谈谈郴州北湖机场通航对郴州旅游发展的重大意义。

任务二:撰写郴州航空概况讲解词,并进行模拟讲解。

即测即评

# 项目六 "购"在郴州

## 学习目标

【素质目标】

1. 具备热爱祖国、热爱家乡的情怀。
2. 感受湖湘文化,坚定文化自信,推荐家乡产品。
3. 具备艺术审美素养。

【知识目标】

1. 了解郴州特色土产品、特色旅游纪念品产生和发展的历史。
2. 熟悉郴州特色旅游纪念品的品质及其所表现的艺术特征、文化内涵。

【能力目标】

1. 能识别真假郴州特色土产品、特色旅游纪念品。
2. 能鉴别不同品质的郴州特色土产品、特色旅游纪念品。
3. 能向游客正确推荐郴州的特色土产品、特色旅游纪念品。

## 项目导读

旅游商品本身就是旅游资源,提供丰富的旅游购物资源,满足游客的购物体验需求,是旅游目的地重要的吸引力之一。旅游商品,如特色土产品、特色旅游纪念品是旅游购物资源的核心,也是吸引旅游购物的根源。导游良好的导购服务可以为郴州培养一大批忠诚的顾客和提高品牌知名度,并且可以培育潜在的市场。导游导购的主要职责是协助游客做出决定,从而实现购买,这需要导游首先要掌握郴州特色旅游商品的相关知识。

## 思维导图

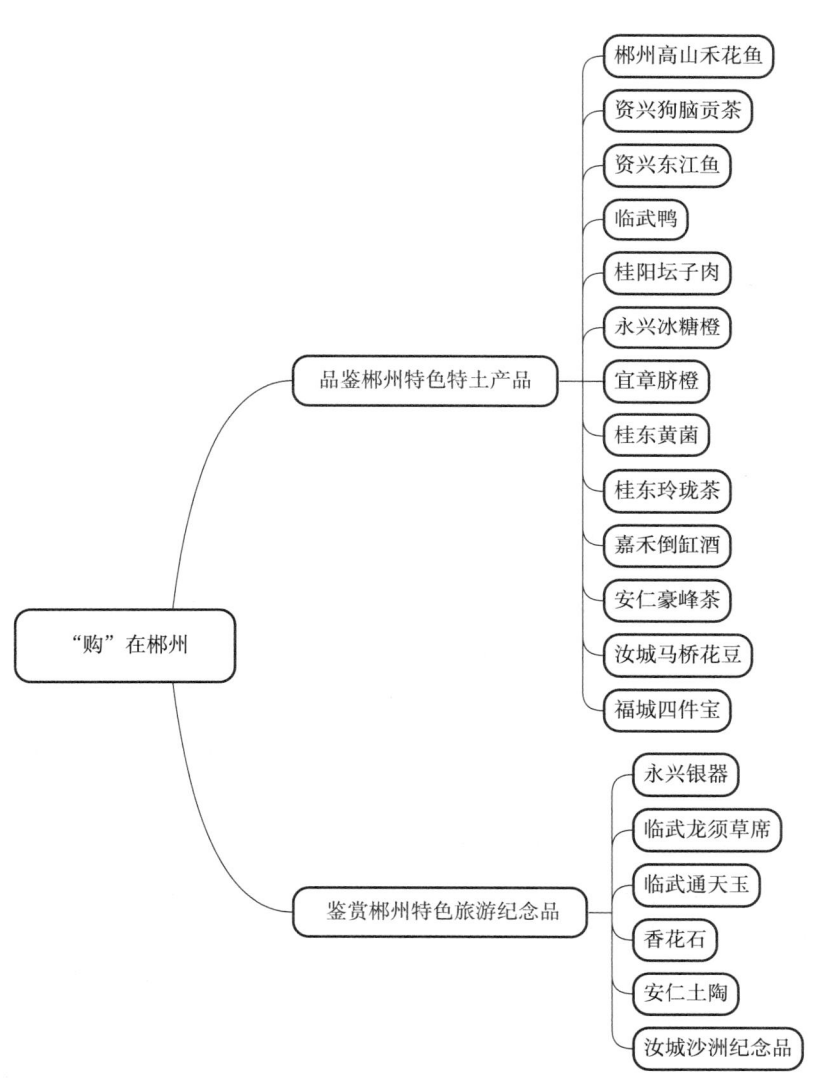

导游郴州

# 任务一　品鉴郴州特色土产品

## 任务导入

郴州某旅行社导游小王作为地陪,将接待一个从广东韶关来郴州进行三日游的女性旅游团。行程如下:

第一天:游览东江湖;

第二天:永兴—苏仙岭;

第三天:高椅岭—万华岩。

在游览过程中,团队游客对郴州本地特色土产品很感兴趣。请问,小李应该如何做好此次导游讲解接待工作,使游客既能够了解郴州的风土人情,又能够知晓郴州的特色土产品?

## 任务探究

### 一、郴州高山禾花鱼

郴州高山禾花鱼

郴州高山禾花鱼是生长在高山冷泉水梯田中的本地鲤鱼。郴州高山禾花鱼活动能力强,尾部力量大,柔韧性好;体型修长,体表光泽、无病灶;鳞片紧密完整、细腻光滑、颜色鲜艳;鳃丝清晰、完整;眼球饱满,角膜透明;鳍完整光滑;肌肉坚实、有弹性;泄殖孔平滑不突出。郴州高山禾花鱼因采食落水的禾花,食之有淡淡禾花香味,鱼肉细嫩、鲜香、清甜,鱼鳞细腻可食,骨骼较软,无泥土腥味。

郴州高山禾花鱼产区生态完好,年平均气温15.8 ℃,夏季平均气温23.6 ℃。郴州是中国禾花鱼养殖发源地之一,禾花鱼养殖历史悠久,最早可追溯到三国以前。清代李晋兴(临武人)《稼圃初学记》对郴州养殖禾花鱼的描述,是湖南省最早的文字记载。郴州高山禾花鱼肉质鲜美,富含人体必需氨基酸、不饱和脂肪酸及多种微量元素,深受人们喜爱。

现在,郴州高山禾花鱼的产地山好水好,风景如画,是乡村旅游的好去处,每年稻熟鱼肥的8—9月,成了游客上山游山赏景、吃鱼品鲜的季节。人们在此不仅仅可以享受美味,还可以亲近自然、感受自然,体验抓鱼的乐趣,富含乡情乡趣乡愁,有儿时的味道。

## 二、资兴狗脑贡茶

资兴市汤溪镇境内狗脑山一带盛产狗脑贡茶。这里气候温和,地理独特,境内山峦叠翠,云雾缭绕,空气清新,无污染,是湖南省著名的名优茶之乡。狗脑贡,乃是贡茶。相传,炎帝尝百草治百病,有一次他路过资兴时,带着自己的爱犬来到一座山上,炎帝误食毒果,爱犬一刻也不停歇地把炎帝拖到了一座山的一棵树下,然后也累倒在旁边。清晨,这棵树上一滴露水顺着树叶滴入炎帝的嘴里。没过多久,炎帝睁开了眼睛,却看到他的爱犬已累得晕死过去了。炎帝为此心痛不已,就把这座山命名为"狗脑山"。本来这座山长满了茶叶树,是茶叶树上的露水救了炎帝一命。后来当地人每年采撷这座山上的茶叶进贡给皇上,"狗脑贡茶"因此而得名。

狗脑贡茶属绿茶,其外形条索紧细、巧曲奇卷、银毫满披,叶底嫩匀,色泽绿润灵雅;内质经冲耐泡,汤色嫩绿明亮,香气高锐持久,滋味鲜厚醇爽、回味悠长。狗脑贡茶是外形内质兼美、色香味形俱佳的名优茶精品。

## 三、资兴东江鱼

东江鱼,湖南省资兴市特产,中国国家地理标志产品。东江,是湘江源头之一,江水清澈,是天然矿泉水。东江湖有24万亩水面,81.2亿立方米蓄水量,水质经国家权威机构检测,有106项指标达到了国家一级饮用水标准,是淡水鱼类养殖的天然理想场所。江湖中所产鱼,以藻类、浮游植物为食,富含多种氨基酸和蛋白质,肉质细腻,色艳味美,小仔鱼更加鲜美,堪称有机鱼典范和绿色食品。

东江流域尤以盛产鲤鱼、鲫鱼、鲢鱼、鳜鱼、青鱼、草鱼等著称。以东江湖和东江流域范围内的鲜活翘嘴红鲌或鲢鱼为原料,经传统的湘南食品加工方法,结合现代食品加工工艺制作出来的东江鱼制品,特别是小仔鱼加工而成的各种口味的鱼制品,肉质鲜香,组织致密易撕裂、软硬适度、无泥腥味,香辣咸淡适口,成功开辟了中国用淡水鱼制作休闲鱼制品之先河。

## 四、临武鸭

临武鸭,郴州市临武县特产,中国八大名鸭之一,至今已有三百多年养殖历史。临武鸭的生长周期很长,通常生长七八十天只有两斤半重。临武鸭是著名肉蛋兼用型地方鸭种,体形大、耐粗饲、适应性强、肉质鲜美、风味独特,以"滋阴降火,美容健身"而著称,当地老百姓俗称"勾嘴鸭",无论烧、炒、炖,还是加工成盐水鸭、板鸭,均风

临武鸭
产品图

味别具,其品位居中国地方麻鸭前列,曾作为朝廷的贡品,声名远播,享誉湘南粤北。

1984年,临武鸭载入《湖南省家畜家禽品种志和品种图谱》。临武鸭先后被湖南省、市、县列入种苗工程建设和农业产业化建设重点工程。2019年,临武鸭入选中国农业品牌目录。

## 五、桂阳坛子肉

桂阳坛子肉是湖南桂阳的传统名菜,选鲜猪肉入当地特产五爪辣椒,经特殊工艺,结合民间方法精制而成。其色鲜红如血,其味芳香扑鼻,肉质肥而不腻,鲜辣可口,入口回味绵长。此外,桂阳坛子肉还有开胃、增强食欲之神效。

传说三国时期赵云攻打桂阳郡时,败桂阳太守赵范而入城,太和乡民夹道欢迎并奉上大盘菜肴犒劳三军,这便是桂阳坛子肉了,赵云首尝后连道:"妙哉太和辣,美哉坛子肉……"霎时,一大盘坛子肉便被赵云吃完,桂阳坛子肉由此而名扬天下。

## 六、永兴冰糖橙

永兴冰糖橙

永兴冰糖橙,果形近圆球形,色泽鲜艳;果皮果肉橙黄,汁多肉脆、质香味浓、甜润爽口;皮薄少核或无核;耐贮存。永兴冰糖橙营养丰富,富含丰富的膳食纤维、多种维生素、挥发油以及钙、铁、镁、硒等微量元素。

永兴冰糖橙果皮以橙黄色为主,部分为橙红色,平均果重151克;果面光滑,油胞较小而稀,果皮厚度约0.25厘米;果实11月上、中旬(立冬前后)成熟。

经相关部门测试,永兴冰糖橙的可溶性固形物含量为13.5%,全糖含量为12.11%,皮薄少核,可食率在73%以上,维生素C含量达59.7毫克/100毫升,具有很高的营养价值和保健作用。

1995年,永兴冰糖橙获第二届中国农业博览会金奖。1999—2005年,永兴冰糖橙连续七届荣获湖南省农博会金奖和最畅销产品奖。2009年,永兴冰糖橙荣获"中国十大名橙"称号。2012年,永兴冰糖橙成功认定为中国驰名商标。2016年,永兴冰糖橙入选全国名特优新农产品目录。

## 七、宜章脐橙

宜章脐橙具有果面光滑、皮泽橙红、皮薄易剥、味甜而浓、质脆化渣、富有香气的特点。宜章脐橙是优良的保健营养绿色食品,营养丰富,含有人体所必需的各类营养成分,经常食用具有降低胆固醇、分解脂肪、清火养颜之功效。

宜章县位于湖南的最南端,气候温暖,雨量充沛,无霜期长,昼夜温差大,非常适合脐橙生长,可种植脐橙的山地资源相当丰富,被列为"赣南—湘南—桂北"柑橘优势产业带脐橙优势项目县、全国脐橙标准化生产示范县。

宜章脐橙2005年被湖南省出入境检验检疫局予以出口登记,2006年被中国绿色食品发展中心认定为绿色食品A级产品,先后获湖南省农博会金奖、湖南绿色食品博览会畅销优质农产品金奖、湖南省中西部农博会金奖。

## 八、桂东黄菌

黄菌因全身黄色故名黄菌。它主要生长于高海拔、低纬度的山岭之中。在桂东,也只有东洛、普乐、大塘、新坊、寨前、增口、三洞、黄洞、城关、寒口等乡、镇、村才有生长。经微生物研究站测定,100克菌中含蛋白质20.02克、碳水化合物64.2克、钙23毫克、铁50毫克、核黄素3.68毫克。

桂东黄菌

新鲜的黄菌肉质肥厚细嫩,食用时嫩脆清香,口感极佳,是真正的山珍佳品、筵席佳肴。它还有很高的药用价值,对降低血压有显著的功效。黄菌目前还无法进行人工培植,很多专家为此进行过各种实验,都未成功。人工栽培、保鲜、加工黄菌是今后该作物大有前途的产业。黄菌因其保鲜难度大,所以在市场上以黄菌干闻名,其实新鲜黄菌比黄菌干味美数倍。

## 九、桂东玲珑茶

玲珑茶"生在高山上,长在云雾中",是桂东的一张名片。高山云雾出好茶,桂东山川毓秀,重峦叠嶂,冬暖夏凉,昼夜温差大,雨量充沛,云雾缭绕,为生产名优茶提供了得天独厚的条件。玲珑茶紧细弯曲,状若环钩,色泽苍翠,银毫毕露,冲泡后汤色清亮,滋味醇厚。

桂东玲珑茶摘制方法十分独特。一般每年采摘茶叶五至十次,最佳一次是清明采茶。清明时节,气候湿润多雨,茶尖萌芽,叶色嫩绿,白毫极多,芽尖细长,此时采摘,足可提供上等品料。采摘时要分批多次留叶,选择长短一致、肥瘦相当、色泽均匀的芽叶,用手指轻轻折断。芽叶采摘以后,要经过摊放、杀青、清风、揉捻、初干、提毫、摊凉、足火八道工序。

玲珑茶是桂东县广大茶农在长期的生产生活实践中,聚合桂东特有的"天、地、人、种",包括土壤、气候、栽培技术和制作工艺等条件,打造出来的独特精致农产品。玲珑茶传统制作工艺被列为省级非遗保护项目。2012年,玲珑茶成功创建为"国家地理标志产品"。以玲珑茶为品牌的系列茶茗,现已打入国际市场,远销日本、巴基斯坦等10多个茶叶消费国。

## 十、嘉禾倒缸酒

嘉禾倒缸酒是湖南郴州民间特有的传统名酒,属甜型黄酒类,如图6-1所示。经现代科学测定,倒缸酒中含有丰富的氨基酸,种类多达18种以上,含量是啤酒的5倍。倒缸酒还含有丰富的碳水化合物、脂肪、维生素等营养成分。因此,倒缸酒具有滋补养身、强身健体的功效,当地民谚有"嘉禾倒缸酒,醉脚不醉头"的说法。嘉禾倒缸酒色泽棕黄、清澈透明、陈香浓郁、醇香味正、甜酸适口,曾获得多项全国大奖,嘉禾酒厂也被命名为"产品质量信得过"的企业。萧克将军饮此酒后,曾挥笔题写"水是家乡甜,酒是倒缸好"。

图6-1　嘉禾倒缸酒

嘉禾民间酿酒历史悠久。从在县境地发现的古代遗址中,发掘出的东周时期陶质盛酒罐、鼎足以及汉代陶质酒罐来看,嘉禾民间酿酒历史可溯源于东周、汉代。在酿酒的分类中,嘉禾水酒为半干型黄酒类。其制作程序如下:先将淘净的优质糯米蒸熟,然后放入药曲糖化成甜糟,再按比例兑水,待贮存若干天后,即成色清味醇的嘉禾水酒。因气温之故,冬至酿制的水酒色更清、味更醇、酒糟化酒率高,故每年冬至时节,家家户户将糯米酿酒,直到春节才开盖饮用。"冬至酒、舀断手",嘉禾人爱饮嘉禾水酒,很多农户除了过年酿酒,也常自酿自饮,常年不断。

倒缸酒是在嘉禾水酒酿造技术的基础上改良而成的,即将糟烧或水酒倒入未兑水的甜糟中,存贮若干天后即成,缸中酒香扑鼻,取出品尝,口味绝佳。因该酒在酿制中将糟烧或水酒倒入糟缸,故名"倒缸酒"。这种传统倒缸酒虽然醇香味甜,但酒度较低,存放时间不长,且受季节影响,秋末冬初宜于酿造,生产受限。为此,嘉禾酒厂于1985年起规划开发新产品倒缸酒,集中技术力量专题试研。技术人员在继承传统工艺的基础上,采用现代先进酿造技术,经历三年时间,酿造成新产品"嘉禾倒缸酒",并进行批量生产。生产新产品,要历经20余道工序,其酒色泽棕黄,酒香浓郁,入口醇厚,酒度22°左右,糖度(以葡萄糖汁)15%以上,属低度甜型营养酒。嘉禾倒缸酒投入市场后,深受消费者青睐。

## 十一、安仁豪峰茶

安仁豪峰茶是郴州安仁的特产。安仁豪峰茶主要产品有豪峰毛尖、豪峰银针、豪峰乌龙、豪峰人参乌龙、豪峰翠绿、豪峰绿茶王等。宋时曾产"冷泉石山"贡茶,今为湖南名茶,誉满三湘。

豪峰茶产于湘东南罗霄山脉安仁豪山,海拔800~1400米,豪山峰峦叠嶂,溪水长流,终年云雾缭绕,峰霭苍翠,有着得天独厚的宜茶生态环境。豪峰茶有着独特的嫩栗香,滋味浓厚纯正,汤色鲜绿明亮,非常耐泡,自古以来是安仁的一大名贵特产。

## 十二、汝城马桥花豆

马桥花豆是郴州汝城马桥的特产。汝城马桥花豆是绿色保健、煲汤佳品,加上耐贮运,日益受到经营商和消费者的青睐,成为走俏的商品。经农业农村部检测,汝城马桥花豆通过了国家无公害农产品认证。

花豆又名"多花花豆",别名又叫祛湿豆、荷包豆、红花菜豆、龙爪豆、大白芸豆、看花豆、雪山豆等,因种子呈褐红色间白色花斑,俗称"花豆",迄今有2000多年的历史。汝城山水清嘉,气候宜人,被列为国家生态文明建设示范区,生态环境极佳,加上这里大部分地区为砂壤土,腐殖质丰富,适合花豆的连片种植,产出的花豆品质优越。

## 十三、福城四件宝

"福城四件宝"是指一宝东江鱼、二宝舜华临武鸭、三宝家酿五谷酒、四宝桂东高山茶,此"四宝"出于唐宋,传于明清,盛于当代。现代流行的"福城四件宝"一般指资兴狗脑贡茶、资兴东江鱼、桂阳坛子肉、临武鸭。湖南省郴州福城四件宝有限公司主营郴州特产,在郴州市及区县拥有门店十余家。"福城四件宝"是湘南地区广为流传馈赠佳品。

### 任务实施

作为郴州地陪导游,小王可以分三步完成该任务。

(1)做好准备。熟悉团队情况,分析女性旅游团的特点和需求,且游客对土特产品购买特别感兴趣,做好相关土特产品的知识准备。

(2)接团与讲解。提前到达集合指定地点,迎接游客并致欢迎词;重点介绍郴州当地土特产品的特色。

(3)致欢送词。

## 📎 任务考核

| 考核项目 | 评分细则 | 评分标准 |
| --- | --- | --- |
| 语言能力 | 语音、语调准确,吐字清晰,音量适度,语调富有变化,语速适中。语法正确,用词准确、恰当,能运用必要的修辞手法。语言流畅,语汇丰富,表达准确、生动,并能恰当运用体态语,有较强的感染力。 | 满分15分 |
| 仪表礼仪 | 言行举止符合导游人员礼仪、礼貌规范 | 满分15分 |
| 景区讲解 | 讲解内容全面、正确,条理清晰,详略得当,重点突出,结构完整。讲解方法运用得当,讲解生动、有趣,能体现一定的导游技巧,现场感强,能吸引人 | 满分60分 |
| 导游规范 | 熟悉导游服务规范,导游服务程序正确 | 满分10分 |

## 📎 任务拓展

旅行社导游小李带团从长沙到郴州开展两日游活动。其具体行程如下:

第一天:长沙—郴州—资兴东江湖;

第二天:东江湖—永兴—高椅岭—长沙。

游客对郴州特产特别感兴趣,如果你是小李,请完成以下任务。

任务一:以资兴狗脑贡茶或者桂东玲珑茶为介绍对象,设计一段讲解词。

任务二:以永兴冰糖橙或者宜章脐橙为介绍对象,设计一段讲解词。

即测即评

## 任务二　鉴赏郴州特色旅游纪念品

## 📎 任务导入

郴州某旅行社导游员小李作为地陪将接待一个湖南怀化前往郴州进行三日游的老年旅游团。其具体行程如下:

第一天:怀化—郴州—资兴东江湖;

第二天:东江湖—莽山;

第三天:莽山—郴州—怀化。

在游览过程中,团队客人对郴州的特色旅游纪念品很感兴趣。请问,小李应该如何做好此次导游讲解接待工作,使游客能够了解郴州的风土人情,又能知晓郴州的特色旅游纪念品?

## 任务探究

### 一、永兴银器

湖南郴州特产永兴银器,其历史悠久、声名远播,具有独特的文化底蕴和优良的品质,如图6-2所示。

图6-2 永兴银器

永兴县被称为中国银都,和银有着很深的渊源。早在明末清初的时候,勤奋拼搏的永兴人下南洋谋生,逐渐掌握了从金号、首饰店的楼板、灰尘中提炼金银的技术,从那时开始,金银冶炼之火开始在永兴慢慢开始。改革开放后,永兴人又学会了通过从废料、废渣中提炼金银的技术,永兴县连续多年成为全国最大的白银产地,并且被正式授予了"中国银都"的称号。一座没有银矿的银都,就这样展现在人们面前。

在历届县委、县政府的扶持引导下,永兴金银冶炼产业成为永兴县重要的支柱产业之一。永兴虽称为"中国银都",但铋、铂、钯、铟等金属产量也居全国前列。早些年卖的大多数是粗加工产品,精深加工仍是短板弱项。2021年以来,该县积极推进稀贵金属产业链强链补链,大力发展精深加工。数据显示,通过稀贵金属综合回收利用,永兴每年可消化来自全国各地数百万吨的工业"三废",每年可从"三废"中回收生产黄金7吨、白银2100吨、铋6500吨、铂族金属8吨、其他有色金属20万吨。永兴县已有20余家稀贵金属骨干企业与中南大学、国防科技大学等高校和科研院所建立紧密的产学研合作关系,截至2021年10月,永兴县有14家企业被认定为国家级高新技术企业,取得国内领先水平以上科技成果21项。传统工艺与三维制图、3D打印等现代技术结合,该县先后开发出4大系列500多款银制品,大大提升了白银附加值。

如今,"中国银都"已经成为享誉国内外极具影响力的大品牌。县内金银企业已注册"永银""金荣""兴光"等10余个产品商标。其中"永银""金荣"牌白银被评为湖南省名牌产品,"永银""雄风""贵研""永久"等12个白银品牌荣获"全国用户最喜爱的白银品牌"。

## 二、临武龙须草席

在湘南山区的临武县,出产一种冬暖夏凉、四季皆宜的龙须草席。龙须草在北宋末年就已开始生产,是临武县传统名牌工艺品。20世纪50年代,临武龙须草席曾在莱比锡世界工艺博览会上获奖,被誉为"世界独有的手工艺品",至今仍然是出口免检产品。宋庆龄女士也曾题字称赞临武龙须草席。

龙须草席的生产工艺十分讲究,采草、配料、编织、加工都有严格的要求。采收时,要选择晴天夜晚多露的天气,爬上高山陡岭,用手扯下。采下的龙须草要马上加工,一般要在三天之内完成"三煮三晒""两浸两露"等工序,直至绿草变成金黄色或白色,再一根根挑选草料,把带有麻点或脆硬的草剔除,才能织席。

龙须草席光滑柔软,色泽清雅,花纹秀丽,给人以素静大方的感觉。睡在上面,冬不凉身,夏能爽汗,特别适合老人、幼儿及体弱者夏天使用。因其柔软,既适宜在软床、软座上铺设,又可任意折叠,便于旅行携带。在东南亚一带,临武龙须草席深受欢迎。

## 三、临武通天玉

产于湖南省郴州市临武县的通天玉,是我国发现的又一优质石英质玉,如图6-3所示。临武通天玉质地细腻、天然透光、晶莹剔透、色泽丰富,常见有白色、黄色、红色、褐色、灰色、蓝色等。莫氏硬度为6~7级,密度为2.60~2.70克/立方米,折射率为1.535~1.553,极具观赏和收藏价值。据湖南省有色地质勘查研究院初步探明,通天玉储量比较丰富。

郴州市临武是湖南省发现唯一产玉的县,境内的东山、西山等区域均有发现,分布面积达200多平方千米,其中以临武东山主峰通天庙所辖山谷出产的通天玉最具代表性。

图6-3 临武通天玉作品

通天玉作品美轮美奂,先后获得了中国工艺美术精品博览会"国艺杯"金奖、中国(湖南)首届宝玉石观赏石木制艺术品神雕奖金奖、中国湖南特色旅游商品评选(大赛)金奖、第三届中国(湖南)国际矿物宝石博览会郴州宝玉石展品金奖银奖等一系列荣誉。2016年,通天玉有两件作品被推荐入围国家最高玉雕专业奖项"天工奖"。通天玉产业已经被列为湖南省高值矿石产业重点开发项目和郴州市新兴产业发展之首。

## 四、香花石

香花石是1958年由中国学者黄蕴慧等在湖南临武香花岭锡矿发现的矿物晶体。香花石主要产于石灰岩与花岗岩的接触带,分布在含铍的白色条纹岩的黑云母脉中,与萤石、锂铍石、铍镁晶石、锡石、白钨等共生。

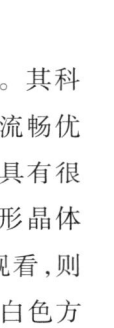

香花石

香花石的发现,是中国地质学史和国内矿物学史上的一个重要的里程碑。其科研价值和收藏价值极高,是行家们梦寐以求的矿物品种。其黑白相间的基岩、流畅优美的蛇纹线条、白色方解石伴生紫红色萤石,以及点缀在其中珠光宝气的晶体具有很高的观赏性。尤其在光亮油黑的云母中,一颗颗亮白透明如珍珠般光泽的球形晶体非常突出。黑白分明的强烈反差格外绚丽夺目,宝气十足。如果在放大镜下观看,则更让人赏心悦目。一些肉眼看不太清的晶体,放大后犹如一颗颗钻石,镶嵌在白色方解石或黑色云母中闪闪发亮。有的好似一堆堆珍珠分布在石中不同位置,五光十色,珠圆玉润;有的成片铺撒;有的成条如带。稍大的晶体看起来棱角分明,华丽中充满了灵气;大的晶体则可分辨出不同棱面,恰似花团锦簇,美不胜收,使观赏者心旷神怡。

近20年来,一些香花石矿没有得到合理开采和利用,目前,只能在矿点的废石中找寻香花石,肉眼可见的香花石及晶体非常稀少,4毫米以上的极少,10毫米以上几乎绝迹,可见香花石及晶体之珍稀。

## 五、安仁土陶

安仁土陶主要品种有焦钵、水缸、酒(米、菜)坛子、砂罐、砂锅、花盆、粮坛、夜壶等,深受老百姓喜爱。安仁土陶的制作方式为,工匠师傅捏一团适量的泥巴放在自制的木制轴盘下,用木棍把底盘搅动,形成一定的旋转惯性后,双手捏着陶泥做出不同造型的品种。当坯子成型后,将其放置在自制的小木架上或空隙地上晾干,晾干后的土陶即可上釉,最后放入窑内点火烧制成型,如图6-4所示。安仁土陶的制作是在没有任何图纸和任何模板的情况下,完全靠工匠师傅的手感和经验捏制。因此,保护土陶制作技艺对研究现代陶瓷艺术和当地民俗文化有着非常重要的参考价值。

图 6-4　安仁土陶

## 六、汝城沙洲纪念品

### （一）梦洁——半条被子

汝城"半条被子"的故事既是军民鱼水情的历史见证,是共产党不忘初心的宝贵精神财富,也是倡导红色教育、弘扬红色文化、发展红色产业的重要资源。2021年,在湖南省科技厅和郴州市人民政府的推动下,汝城县人民政府携手湖南梦洁家纺股份有限公司(以下简称梦洁),共同将"半条被子"IP转化为红色产业,打造"半条被子"家纺科技项目,助力汝城乡村振兴。

梦洁推出"半条被子"相关床品,致敬中国军人与军民鱼水情意,传承品牌初心。为了致敬"半条被子"的红色精神,梦洁将其融入床品设计,推出半条被子相关床品。用飘带设计复刻红军长征路线,再现英雄史诗,重温军民情深;用五星元素致敬为民族大团结奋斗的先烈;艺术书法以毛体字形为基础,将品牌标与长征路相结合,致敬伟人精神的同时展现中国红军的奋斗历程。床品的每一处细节,都彰显了梦洁对军民鱼水之情的敬意和对红色精神的执着。

### （二）盐津铺子——半条被子

盐津铺子与沙洲村达成战略合作,从沙洲村采购优质的小黄姜、桃子、李子等农产品进行精深加工,推动沙洲村及周边地区村民增产创收,激活乡村消费潜力,打造乡村振兴示范区,力争做好红色产品、讲好红色故事。

2022年2月,盐津铺子推出"半条被子"品牌定制产品,并向全国大型卖场近2万家店中岛和高铁特供渠道推广,带领沙洲村农产品走向全国,将红色产品送入千家万户,着力打造沙洲村农产品发展的"红色引擎"。

## 任务实施

作为郴州地陪导游,小王可以分三步完成该任务。

(1)做好准备。熟悉团队情况,分析老年旅游团的特点和需求。因游客对特色旅游纪念品特别感兴趣,导游要做好相关产品的知识准备。

(2)接团与讲解。提前到达集合指定地点,迎接游客并致欢迎词;重点介绍郴州当地特色纪念品的特色。

(3)致欢送词。

## 任务考核

| 考核项目 | 评分细则 | 评分标准 |
| --- | --- | --- |
| 语言能力 | 语音、语调准确,吐字清晰,音量适度,语调富有变化,语速适中。语法正确,用词准确、恰当,能运用必要的修辞手法。语言流畅,语汇丰富,表达准确、生动,并能恰当运用体态语,有较强的感染力。 | 满分15分 |
| 仪表礼仪 | 言行举止符合导游人员礼仪、礼貌规范 | 满分15分 |
| 景区讲解 | 讲解内容全面、正确,条理清晰,详略得当,重点突出,结构完整。讲解方法运用得当,讲解生动、有趣,能体现一定的导游技巧,现场感强,能吸引人 | 满分60分 |
| 导游规范 | 熟悉导游服务规范,导游服务程序正确 | 满分10分 |

## 任务拓展

旅行社导游小李带团从江西赣州到郴州开展两日游活动,其具体行程如下:

第一天:赣州—汝城—宜章;

第二天:宜章—郴州—赣州。

游客对郴州特产特别感兴趣,假如你是小李,请你完成以下任务。

任务一:以梦洁"半条被子"相关床品为介绍对象,设计一段讲解词。

任务二:以香花石或者通天玉石为介绍对象,设计一段讲解词。

即测即评

# 项目七 "娱"在郴州

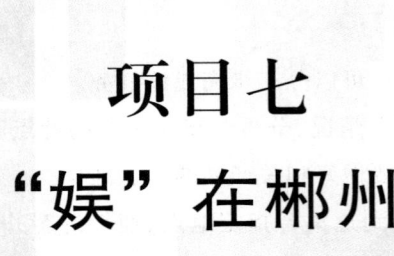

## 学习目标

【素质目标】

1. 具备传承传统艺术文化和民俗文化的意识。
2. 具备弘扬地方特色传统文化的意识。
3. 具备审美意识。

【知识目标】

1. 了解郴州传统艺术文化、传统民俗技艺文化的主要类型。
2. 熟悉郴州主要传统艺术文化、传统民俗技艺文化的产生和发展历史。
3. 掌握郴州主要传统艺术文化、传统民俗技艺文化的特色。

【能力目标】

1. 能讲解郴州主要传统艺术文化的特色。
2. 能讲解郴州主要传统民俗技艺文化的特色。
3. 能鉴赏郴州主要传统艺术文化和传统民俗技艺文化的作品。

## 项目导读

旅游娱乐是指旅游者在旅游活动中所观赏和参与的文娱活动,它是旅游六大要素之一。旅游娱乐是旅游活动中的一种旅游行为,它并不一定以娱乐为主要动机,也可能是其他类型旅游活动过程中穿插的一种文娱活动项目。旅游娱乐活动属精神产品,横跨文学、艺术、音乐、体育诸领域,它具有参与性、文化性和主题性等特点。旅游者的需求是不断变化的,随着社会经济的发展,"求乐"正在变成旅游动机的主流。本项目主要介绍在郴州旅游活动中旅游者主要参与体验的郴州传统艺术文化活动和传统民俗技艺文化活动。

**思维导图**

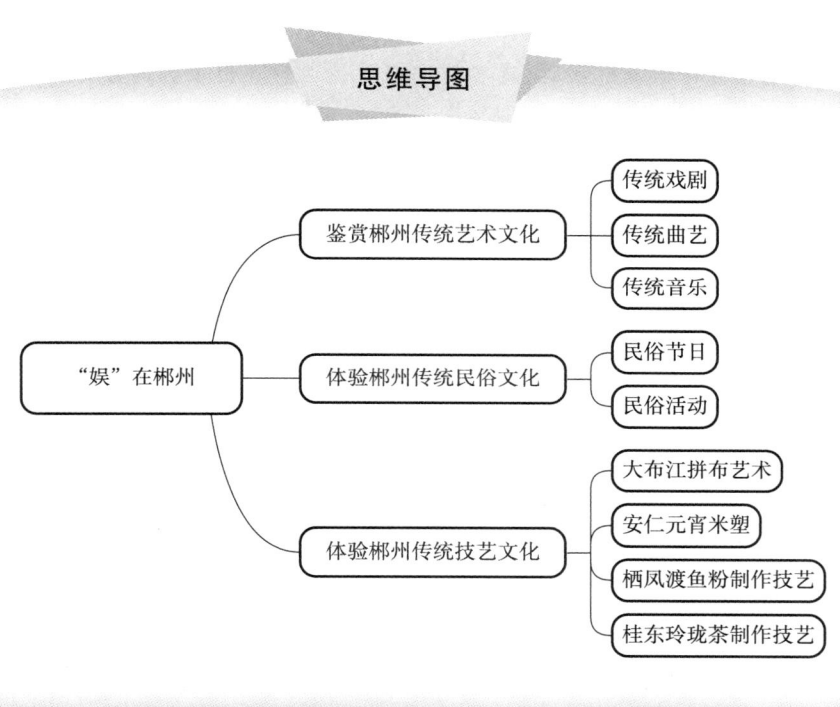

## 任务一 鉴赏郴州传统艺术文化

📎 **任务导入**

地陪小李接待了一个来自长沙的旅游团,长沙至郴州仰天湖大草原、苏仙岭风景区、东江湖旅游区两日游。详细行程如下:

第一天:早8:00郴州西高铁站接团,后乘旅游车前往被原始森林包围的仰天湖大草原(约1.5小时),游览仰天湖大草原风景区(约3小时);中餐后,14:00乘车前往有"天下第十八福地"之称的苏仙岭(车程约2小时),后游览苏仙岭风景区(约1.5小时);晚餐后,19:00乘车前往新田汉郴州演艺中心观看昆曲(约1.5小时);后前往郴州温德姆至尊豪廷大酒店住宿。

第二天:08:30早餐后乘车前往国家5A级旅游景区——东江湖(约30分钟),游览东江湖旅游区小东江、猴古山瀑布、东江大坝、龙景峡谷(约3小时),中餐后乘游轮环湖观光(约2小时),送团。

小李在接待该旅游团时,游客朋友们对昆曲表现出很大的好奇心,表示对昆曲知之甚少,希望在观看昆曲前小李能介绍一下昆曲的相关特色。如果你是小李,你应如何为游客介绍昆曲?

## 任务探究

### 一、传统戏剧

#### (一)昆曲

1. 发展历程

昆曲(Kun Opera),原名"昆山腔"(简称"昆腔"),是中国古老的戏曲声腔、剧种,现又被称为"昆剧"。昆剧是中国传统戏曲中最古老的剧种之一,也是中国汉族传统文化艺术特别是戏曲艺术中的珍品,被称为百花园中的一朵"兰花"。

昆曲发源于元末的江苏苏州昆山,后经魏良辅等人的改良而走向全国,自明代中叶以来独领中国剧坛近300年。昆曲尊魏良辅为祖,这位活跃在明嘉靖年间的民间音乐家,吸收海外腔、余姚腔及江南民歌小调,对昆山一带戏曲唱腔进行整理加工,形成舒徐婉转的水磨腔,称昆山腔,也称昆曲。唱昆曲的戏曲叫昆剧。清代中叶以后,地方戏和京剧兴起,昆曲又成为京剧和许多地方戏的重要唱腔之一。当代京剧大师梅兰芳、程砚秋等人都把演唱昆曲作为提高自己艺术水平的一个重要手段。昆曲剧目丰富多彩,文辞华丽典雅,曲调清逸婉转,表演细腻优美,武功技艺卓绝,富于诗的意蕴、画的风采,被称为"百戏之祖""百戏之师"。昆曲是中国传统戏曲中极古老的剧种之一,与古希腊悲剧和印度的梵剧并称为世界三大古老戏剧。2001年,昆曲被联合国教科文组织列为世界首批人类口头和非物质遗产代表作,在世界艺术之林中具有极高的声誉。

明万历年间,昆曲传入湖南,经过长期演变,形成具有山野气息的地方昆曲,称为湖南昆曲,简称湘昆。湘昆是湖南的地方大戏剧种之一,与我国南方的苏昆、北方的北昆同源。湘昆盛行于以郴州桂阳为中心的湘南一带,主要流行于郴州的桂阳、嘉禾、临武、宜章、永兴,以及永州的新田、宁远、蓝山等地。昆曲进入湖南,对众多的地方戏曲产生过深远而直接的影响。至今,湖南省的湘剧、祁剧、巴陵戏、辰河戏、荆河戏、武陵戏等地方大戏剧种中,还保留了不少昆腔剧目和曲牌。

明万历三年(1575年),郴州知州的信件中即载有当地昆曲演出。乾隆刊本《衡州府志》载,万历年间衡州桂端王府里"笙歌不减京畿",以及明代文学家袁宏道诗句"打叠歌环与舞裙,九芝堂上气如云",留下昆曲在湖南最早的史料痕迹。九芝堂是武陵人龙膺的府第,在今常德大西门内。龙膺曾在江浙为官,喜爱昆曲,家有歌伎班,自己编写有《蓝桥记》《金门记》等昆曲传奇剧本。此后昆班在湖南各地演出,有的还和地方戏同台,甚至合班。湘剧舞台上常演的昆腔戏有《醉打山门》《春香闹学》等。

中华人民共和国成立之后,党和政府对湘昆艺术的发展十分重视。在梅兰芳、田汉等的提倡下,湘昆得到恢复和发展,形成了一个独立完整的地方戏曲剧种。1956年,政府组织老艺人挖掘湘昆艺术遗产。1957年,湖南省文化局举办湘江昆曲训练班,培养了1949年后第一批湘昆艺术人才。1960年,郴州专区湘昆剧团成立,使一个濒临消亡的剧种得以复活。田汉以"山窝里飞出金凤凰"之句,盛赞湘昆的成就。尔后几经演变,剧团定名为湖南昆剧团。1960年以来,湖南昆剧团先后整理演出了《钗钏记》《白兔记》《牡丹亭》《杀狗记》《风筝误》《浣纱记》《玉簪记》等一批传统剧目,并创作了《腾龙江上》《莲塘曲》《烽火征途》等现代戏,在湘昆艺术的革新创造方面,做了一些大胆的探索和尝试。经过较高层次的培养和训练,一批年轻的演员、乐手在演出实践中茁壮成长,湘昆艺术后继有人。湘昆演员张富光、傅艺萍先后获得中国戏剧梅花奖。

2. 主要特点

跟与其同源的苏昆、北昆比较,湘昆主要有以下几个方面的特点。

上演剧目方面,湘昆适应乡村演出和农民观赏习惯的需要,主要是一些情节完整的大本戏。现存有《八义记》《麒麟阁》《七子图》等40多出大戏,以及《醉打》《思凡》《花荡》《拾金》《出塞》《嫁妹》等一批小戏。

在音乐方面,湘昆属曲牌联套体,南曲北曲,各有特色,保留了400多支曲牌,演唱上受祁剧和地方语言音调的影响较大,显得朴实自然。湘昆的吐字行腔,以郴州官话为基础,与中州韵相结合,声腔不如苏昆细腻柔丽,也不及北昆豪放壮阔,但声调高亢,吐字有力,再加上紧缩节奏,加滚加衬,便形成了具有地方特色的"俗伶俗谱"。湘昆的唱腔还吸收了不少湘南的民歌小调和俚俗的叫卖之声,体现出相当浓郁的地方风格。在伴奏上,湘昆参用了一些祁剧的锣鼓和节奏。唱腔伴奏以雌雄笛为主。小生、小旦的唱腔,用声音沉郁的雄笛伴奏。

在表演艺术方面,湘昆既保持了昆曲优美细腻的传统风格,又体现了豪放粗犷的地方特色。在历史发展过程中,湘昆与祁剧、衡阳湘剧等地方戏曲剧种以及其他民间艺术形式联系紧密,从中吸取养分,结合当地人民群众生产、生活的特点和民情风俗,创造了许多特别的表演程式。这些艺术创造,既形成了湘昆的艺术特色,又成为其保留的艺术遗产。

3. 湖南省昆剧团

明清以来,昆曲风行两百余年,在清中晚期走向衰落,唯留桂阳昆曲班社一枝独秀。1954年,嘉禾民间祁剧社团湘剧社与桂阳前进剧团10多名演员合组"嘉禾革新祁剧团"。1955年的一天,时任嘉禾县文教科长的李沥青观看老艺人何民翠演出的祁剧《思凡》时,发现他会唱高腔和昆腔,认为"桂阳土昆"尚未绝迹,遂抽调嘉禾珠泉完小音乐教师李楚池到剧团挖掘整理湘昆。经过大半年的努力,李沥青整理出第一个昆曲剧本《三闯负荆》并搬上舞台,敲响了昆曲新生后的第一锣。

1957年11月,嘉禾县昆曲训练班成立,李楚池任班主任。1959年12月,郴州地委决定以嘉禾昆曲训练班为基础,成立郴州专区湘昆剧团。1960年2月,郴州专区湘昆剧团在郴州市北街正式挂牌成立。1964年,郴州专区湘昆剧团改为湖南省昆剧团。湖南省昆剧团建团以来,发掘整理、创作演出大戏60多本,折子戏200多折,蜚声海内外,代表剧目有《武松杀嫂》《醉打山门》等。

国内现有江苏省苏昆剧团(成立于1956年,原名苏州苏昆剧团,2001年改名江苏省苏州昆剧院)、江苏省昆剧院、上海昆剧团,以及杭州的浙江昆剧团、北京的北方昆曲剧院、郴州的湖南省昆剧团6家昆剧专业艺术团体,以及浙江永嘉昆曲传习所,被称为"六团(院)一所"。

湖南省昆剧团在充分吸收郴州地方戏曲、语言和民情风俗的基础上,创作、演出的《雾失楼台》《荆钗记》《彩楼记》等昆曲被列为经典剧目,剧团曾经出访英国、爱沙尼亚、新加坡等国家演出,受到国外观众的高度评价。2006年,湖南省昆剧团被列为国家级非物质文化遗产项目保护主体。

江苏、浙江的昆曲是南曲,以妩媚、婉丽著称。北京的北方昆曲剧院擅长北曲,以爽利、劲拔见长,跌宕豪爽。相较而言,以郴州昆剧表演为代表的"湘昆"较粗犷、朴实,更加贴近生活。

(二)临武傩戏

1. 发展历程

傩,是远古时期先民们无法解释自然、社会和思维科学而产生的原始宗教信仰。临武傩戏是在古代傩祭舞蹈基础上发展而来的戏剧形式,临武傩戏又称"舞岳傩神"

"大冲傩戏",俗称"神狮子"。临武傩戏,于明成化年间由永州市蓝山县传入,而后临武县大冲乡油湾村的村民在长期的生活和劳动中,一代代口口相传,演变成了今天的临武傩戏。傩戏,是人们表达对美好生活追求的一种方式,主要通过村落、家族或个人请愿、还愿的方式来表达。

2. 主要特点

傩戏忌讳女性参与,傩神角色无论男女,均由男性扮演。角色泛称"傩神",均戴上樟木雕刻成的面具。傩戏表演的背景布置、装饰、图案、经幡等都具有神异和通幽冥的意味。表演的进程中伴有香烛焚烧、三牲果品呈供、酒茗敬奉,渲染着浓郁的幽秘氛围,其表演内容涉及民间信仰、音乐、舞蹈、工艺美术等范畴。傩戏每年只在正月里表演。

傩戏表演程式分为傩仪(也称傩祭)、傩舞和傩戏。傩仪的整个过程弥漫着对神灵的敬畏和感恩,映射出需求神佑的俗世心灵和试图改变命运的苦难诉求。傩舞、歌唱和对白贯穿在傩戏之中。傩戏是演员扮演神恩角色,演绎神的故事,有情节、有舞蹈、有对白和演唱,通过近乎人性的"神灵"故事表演,表达乡邻对神恩的感戴和敬畏,同时又借"神灵"的表演,增添应对苦难和灾害的信心和勇气。

"神狮子"演员都戴着樟木面具表演,音乐高亢激昂,具有道教音乐元素,表现形式原始,情景人物丰富,主要人物形象源于神话,有夜叉、二郎神、关公、来保、三娘、土地、小鬼、猴王、狮王,表演活动一般在半夜开始,串村过巷,边唱边跳边念,狮猴嬉戏,尽显民间原始娱乐的古朴形态。傩戏表演过程中佛、道、儒家文化交错渗透,具有浓郁神秘的楚巫文化色彩和珍贵的艺术价值,被称为"中国戏剧的活化石"。2014年,临武傩戏列入国家级非物质文化遗产代表性项目名录扩展项目名录。

## 二、传统曲艺

### (一)郴阳对子调

1. 发展历程

郴阳对子调,是湘南地区优秀的民间文化艺术,它历史悠久,表演形式独特,地方色彩浓厚。作为一种独特的非物质文化遗产,郴阳对子调的传承对发掘郴州民间文化、湘南农耕文化有着重要的学术研究价值和历史文化应用价值。它的丰富内容、基本特征、艺术魅力及其传承历史,在湘南地区比较特别。

对子调起源于田间歌舞,与农耕文化有着密切的渊源。郴阳对子调又称"五和耍调",流行于原郴县与桂阳县交界的安和、保和、同和、中和、正和乡一带,现郴州市北湖区华塘镇、安和乡、保和乡、同和乡一带。郴阳对子调盛行于清朝年间,当时在桂阳叫花灯调,在郴县叫草台小调。郴阳对子调受外来文化的影响比较小,仍保留着传统对子调的艺术形式。群众把演唱郴阳对子调称为"唱调",把演唱郴阳对子调的班子成为"调班子"。历史上比较有名的演出班子有原郴县安和乡的"久庚班子"、原郴县保和乡的"白狗调班子"。

2.主要特点

郴阳对子调剧本人物少,情节比较简单,唱词和道白多用本地方言,通俗易懂,唱腔吸收民歌小调的特点,欢快明朗,表演动作活泼风趣,歌舞味很浓,多以表现生活的小喜剧见长,充满了泥土的芬芳。

郴阳对子调的演员一般由小丑、小旦等2～3个角色组成,表演擅用扇子、手帕、腰带。扇子功是郴阳对子调的灵魂,通过柔弱无骨、灵活自如地转动手腕,耍出各种"扇子花"样式。曲调多由民歌、地方小调发展而成,主要乐器有二胡、竹笛、唢呐、小堂鼓、小钹、小锣、花鼓筒等。表演动作主要是旦角舞手巾,丑角耍油纸扇,走矮步围着旦角转圈,载歌载舞,动作粗犷,诙谐风趣。

郴阳对子调的剧目大多取材于民间的日常生活、劳动生产、爱情生活和社会现象,用本地方言进行表演。传统剧目有《双探妹》《扯笋》《王大娘补缸》《夫妻宝》《锦罗衣》等。新编、改编剧目有《桐子缘》《三伢子接妹》《能干嫂和铁算盘》《黄金搭档》等。

2016年,郴阳对子调被列入第四批省级非物质文化遗产代表性项目名录,改名为郴阳花灯小调。

(二)临武小调

1.发展历程

临武小调,即临武花灯小调,源于曲艺音乐,是在唐代从苏、浙和湘西一带传入的曲艺音乐,与其他戏曲、民间音乐和本土文化相互渗透融合,逐步形成的一种花灯小调,盛行时在临武、嘉禾、桂阳、宜章、蓝山一带广为流传。

临武花灯小调在当地颇受群众喜爱,花灯小调来源于生活,取材于生活,是临武民间民众情感交流的工具和社会交往的载体。

2.主要特点

临武小调曲调流畅、婉柔、曲折、细腻,旋律变化丰富,装饰性很强,乐句与乐句之间衔接自然,富有逻辑,取材大都来自民间传说和历史故事,题材大都褒扬正义、鞭挞丑恶,深受民众喜爱。演唱形式有单口唱、对子调、骑竹马、踩高跷、有蚌壳舞、莲花落、渔鼓调等。

临武花灯小调音乐和谐优美、细腻动听,节奏鲜明,旋律简洁流畅,演唱技巧丰富;在演变过程中把民族打击乐器与唱腔很好地结合了起来,使音乐气氛得到了烘托,人物角色的情绪得到了渲染,形成了文场颇类花鼓、武场近似祁剧的临武花灯小调特征。在演出形式上有内容简练、诙谐风趣的"走竹马""踩高跷""蚌壳舞"等对子调,亦有内容丰富、念唱行腔讲究的整本剧目。

2009年,临武小调列入第二批市级非物质文化遗产代表性项目名录;2016年列入第四批省级非物质文化遗产代表性项目名录,改名为临武花灯小调。

## 三、传统音乐

### (一)嘉禾伴嫁歌

#### 1. 发展历程

嘉禾伴嫁歌是嘉禾妇女首创的以反映妇女婚嫁习俗为主要内容的嘉禾民歌珍品,也是反映汉族妇女婚嫁习俗的民歌形式。嘉禾伴嫁歌源远流长。传说楚怀王的孙子义帝熊心的女儿楚玉偶遇嘉禾逃婚女陈线云,在了解陈线云的不幸遭遇后,在其出嫁的前一天晚上,领着一群仙女从天而降,来到陈家。当晚,陈线云和公主楚玉一唱一和,连唱了数百首当地流传的"哭嫁歌",其中有7首长歌,每首长达140多句,每句歌词都在感谢父母养育之恩和劝说父母不要干涉儿女婚姻自由。众仙女踏着节拍,边歌边舞,不时还与陈线云、公主相互对唱。直到天亮时分,楚玉才率众仙女踏着彩云而去。从此,唱伴嫁歌、跳伴嫁舞的习俗在嘉禾沿袭,并形成了一条不成文的规矩:凡嫁女的人家,一般都要连唱两晚伴嫁歌。第一晚唱短歌,即只唱耍歌,半夜就散,叫伴小嫁;第二晚上半夜唱耍歌,下半夜唱长歌,直到次日黎明见到曙光才散场,叫伴大嫁。

嘉禾伴嫁歌是女伴陪出嫁姑娘以歌表情的一种惜别活动,它最突出的是围绕新娘出嫁,倾诉她们的离情别绪,其中又以表现她们对封建婚姻制度和旧的伦理道德的怨恨、愤怒与抗争为主。

中华人民共和国成立后,嘉禾民歌作为民族特色文化中的一朵艺术奇葩得到保护。1956年,嘉禾县就制定了抢救嘉禾民歌的规划方案。1978年,湖南省文化厅在嘉禾举办全省民歌演唱会,命名嘉禾县城关镇为全省"民歌之乡"。同年,嘉禾县发动各界力量,搜集整理了当地3套民间文艺集成。2003年,嘉禾又以挖掘和提升神农文化为契机,在全县掀起了"写民歌,唱民歌"的热潮,举办了以民歌为主的全县首届文化艺术节。中央音乐学院、上海音乐学院等专业学院也把嘉禾民歌(即伴嫁歌)作为教学内容。《芙蓉镇》《山道弯弯》《梦牵故乡》《乡镇锣鼓》等影片,均采用了原汁原味的嘉禾民歌。《中国歌谣集成》《中国民歌》《中国曲艺志》等书刊,均收录了大量的嘉禾民歌。

据不完全统计,嘉禾伴嫁歌至今仍在口耳相传的歌曲大约有1300首。2006年,嘉禾伴嫁歌被列入第一批省级非物质文化遗产代表性项目名录;2021年,入选国家级非物质文化遗产代表性项目名录。

2. 主要特点

嘉禾伴嫁歌集诗、歌、舞、表演于一体,演唱形式多样,有独唱、齐唱、对唱、边说边唱、边舞边唱、哭唱、骂唱等,旋律婉约、柔美。伴嫁歌内容十分广泛,可分为耍歌、长歌、伴嫁舞、哭嫁歌、徒歌五个部分。

耍歌曲调短小、节奏鲜明、风格多样、结构灵活,占整个伴嫁歌的70%以上。耍歌一般为青年妇女所唱,短小精悍,一般四句一首,也有六句、五句、三句、两句一首的;每句一般7个字,也有六字一句,还有四字一句的"诗经体";有单段体,也有双段体、多段体。歌词内容有传播历史和生产知识的,有歌唱妇女劳动生活的,有喜庆逗耍的,有宣泄离情别绪的,有对美好婚姻生活的向往和追求的,更有反对封建婚姻礼教的,等等。

长歌舒缓、忧伤,以叙事为主,一般为老歌手所唱,其歌词较长,如《十八年终罗四姐》长达126句,较短的也有30多句。其内容大多取材于历史传说,也引进了外地流传的《木兰词》《梁祝歌》等民间故事。

伴嫁舞热烈欢快、诙谐风趣,一般选音乐明快、活泼的耍歌作为舞曲。当伴嫁歌唱到快天亮,郎家花轿即将来临,歌堂气氛升温的时候,歌手们顺手拿起歌堂上的茶具、酒具等生活用品(一般是碟子、茶壶、香烛、雨伞、锅盖、米筒、烟斗)作为道具翩翩起舞,把歌堂热烈、惜别的气氛推向高潮。

哭嫁歌以哭代唱、唱中有哭,是一种情绪音乐。其声调高低、节奏节拍都比较自由;其唱词随哭而编,即编即唱;内容多为恋旧惜别的,也有埋怨父母、埋怨媒婆和轿夫的,其数量之多,难以统计。

徒歌用以恭维、戏弄新郎。嘉禾旧俗,婚后三天,新郎要偕新娘到女方家拜门。届时,女方家姐妹姑嫂齐聚一堂,事先用辣椒泡茶,用针把筷子钉死,在酒杯下面粘贴一条红纸。新郎不留心,用茶、进餐时使用上述东西,便洋相百出。酒过三巡,姐妹姑嫂便开始念四句诗,叫"提四句",其音调铿锵,抑扬顿挫,似唱非唱。

(二)桂阳瑶歌

1. 发展历程

桂阳瑶族都是过山瑶,聚居在湖南省桂阳县的塘市镇和白水瑶族乡一带。瑶族民众祖祖辈辈居住在高山大岭中,他们中流传着一种独特的瑶族民间文化艺术——桂阳瑶歌,在生产劳作、男女婚恋等方面,都以唱瑶歌来消除疲劳,倾诉内心的情感,此习俗可追溯到清道光十二年(1832年),距今已有近两百年的历史。

桂阳县地处湖南郴州西南部,是一个有着悠久历史的文化名县、千年古郡,桂阳的瑶歌是当地的一大特色。桂阳瑶歌是流传于瑶族过山瑶一支中的民间歌曲。大山里的瑶族人民直接孕育着大山的文化,他们在长期的劳作中,用自己特定的语言、歌声倾诉自己的情感,丰富自己的生活,特别是在重大节庆习俗中,他们都用坐歌堂、对歌等方式表达自己的心声。

2. 主要特点

桂阳瑶歌是当地瑶族人民在长期的社会生活实践中创造出来的瑶族文化遗产,其内容丰富、品种繁多,据统计约有近千首。歌中内容有憎恨封建统治者欺压排挤瑶族人民的;有抑恶扬善、鼓舞斗志的;有清新明快、充满热情的山歌;有优美缠绵的情歌;有欢快、喜庆的接亲歌;有亲切、热情的祝福歌;有喜悦的迎客歌;有活泼、风趣的酒歌;有男、女对唱的茶歌和烟歌;还有挑逗、诙谐搞笑的坐堂歌、深沉哀伤的祭祀歌以及劳动生产歌等。中华人民共和国成立后,瑶族人民同全国人民一起见到了光明,过上了自由幸福的新生活。为了歌唱美好的时代,又产生了一批歌唱瑶民幸福生活的歌曲,如《幸福生活万年春》中唱道:"高山流水清又清,瑶民欢唱歌不停,瑶山建设年年好,幸福的生活万年春"等,都是发自肺腑的新歌瑶。

瑶歌的演唱形式非常多样化,大体可分为五类:一个人上山劳动时主要是独唱,用于解闷、自娱和消除疲劳;在谈情说爱时一般为对唱,有时隔山对唱,有时隔河对唱,你一首我一首地轮流边走边唱,以倾诉男女青年炽热的爱慕之情;大家聚在一起高兴时多用齐唱;跳长鼓舞时边跳边唱;晚上妇女们在一起时常用坐唱。同时,演唱方法还细分为"吧丛"(用高音唱)和"赶丛"(用低音唱)两大类。

人们唱瑶歌不需选择特定的时段、特别的地点,他们是在辛勤劳作、婚恋过程中歌唱,因而没有特制的器具、道具,但他们有特别的服饰。2009年,桂阳瑶歌被确定为湖南省第二批省级非物质文化遗产名录项目。

(三)桂东客家采茶调

1. 发展历程

桂东客家采茶调又称"采茶曲",是一种客家文化,是客家人在采茶时唱的一种山歌小调,流行于桂东清泉镇、桥头乡一带。桂东客家采茶调由来已久,据考证,其先辈早在明末清初年间从广东嘉应州(今广东梅县)迁来桂东定居,种茶制茶。桂东客家人在长期的劳作中,用歌声倾述自己的感情,调节自己的情绪,几经锤炼和升华,逐渐形成了具有鲜明区域特色的桂东客家山歌,后又吸收了赣南地区山歌和桂东当地山歌的一些元素,再加上其他外来文化的活性因子,并且一代代口耳相传,最终演变成了今天的桂东客家采茶调。桂东客家采茶调是桂东客家人在采茶的劳动中,用客家方言吟唱的山歌,是客家文化由古至今的经典总结,是创作于生活、起源于劳动的艺术典范。其社会文化价值显著,2009年桂东客家采茶调列入列入第三批省级非物质文化遗产代表性项目名录。

2. 主要特点

桂东客家采茶调集诗、歌、舞、剧于一体,曲调短小,节奏鲜明,风格多样,现收集整理出来的有近千首。桂东客家采茶调用当地的客家方言演唱,独特的语言声调与山歌的声腔完美地融合起来,气氛轻松活泼,语言幽默风趣。"矮子步"是桂东客家茶戏表演的基本步伐,茶农上山坡、茶丛中摘茶、低矮的茶棚中炒茶,都是弯腰屈膝,经过艺术加工便成了"矮子步"。演唱形式有独唱和对唱,唱者常把农村生产生活中熟知能详的事物及景象融入,以质朴动人的语言、优美抒情的曲调、紧贴生活的舞姿,深刻而又真实地反映桂东客家人对美好生活的追求和向往。人类的繁衍生息、大自然的沧桑变迁、天文历法的演变规律、播种耕作的农耕技巧、民间的喜怒哀乐等无不是桂东客家采茶调创作的元素构件。其内容知识的多元性、历史的再现性呼之欲出,是当今研究人类学、历史学、民俗学的"活化石"。在乐理表现之间,桂东客家采茶调紧紧依托客家方言中抑扬顿挫和细腻柔和的特点,一以贯之地表现出质朴、粗狂、柔和、亲切、和谐的艺术特质。

## 任务实施

作为郴州地陪导游,小李可以分三步完成该任务:

(1)上网搜索并下载有关昆曲的表演小视频(约3分钟以内),在去观看昆曲的途中将小视频发送到旅游团的QQ群或微信群中,先给游客一点直观的感性认识;

(2)在观看视频后,讲解郴州昆曲的起源及大致发展历程;

(3)讲解昆曲的主要艺术特点。

## 任务考核

| 考核项目 | 评分细则 | 评分标准 |
| --- | --- | --- |
| 语言能力 | 语音、语调准确,吐字清晰,音量适度,语调富有变化,语速适中。语法正确,用词准确、恰当,能运用必要的修辞手法。语言流畅,语汇丰富,表达准确、生动,并能恰当运用体态语,有较强的感染力 | 满分15分 |
| 仪表礼仪 | 言行举止符合导游人员礼仪、礼貌规范 | 满分15分 |
| 讲解能力 | 讲解内容全面、正确,条理清晰,详略得当,重点突出,结构完整。讲解方法运用得当,讲解生动、有趣,能体现一定的导游技巧,现场感强,能吸引人 | 满分60分 |
| 导游规范 | 熟悉导游服务规范,导游服务程序正确 | 满分10分 |

## 任务拓展

任务一:地陪导游小李接待了一批来自广州的游客,他们的旅游目的地是郴州市苏仙岭、资兴东江湖、桂阳樱花园,在介绍地方特色文化时,导游提到了郴阳对子调、桂阳瑶歌,游客十分感兴趣,让小李介绍一下相关文化。如果你是小李,请你写出郴阳对子调、桂阳瑶歌的讲解词,并进行模拟讲解。

任务二:上网查看桂东客家采茶调和嘉禾伴嫁歌的相关视频,写出观后感,撰写相关的讲解词,并进行模拟讲解。

即测即评

# 任务二 体验郴州传统民俗文化

## 任务导入

地陪小李接待了一个长沙至郴州白廊、东江湖、莽山五指峰景区三日游的旅行团,详细行程如下:

第一天:郴州高铁站接团—资兴白廊。

下午郴州高铁站接团,后赴资兴白廊(车程约50分钟);晚餐后,入住白廊东江湖华美达酒店。

第二天:东江湖—莽山西门景区。

早餐后,赴资兴有"东方瑞士"之称的国家5A级旅游景区——东江湖旅游区(车程约1小时,游览3个小时),游览雾漫小东江(雾漫小东江为自然景观,受天气影响大,可遇而不可求);后继续乘坐景区观光车车观猴古山瀑布、东江大坝外景,抵达东江湖码头后下车游览"天然氧吧"——龙景峡谷;中餐后,乘车赴莽山西门景区(车程约2个半小时),后前往莽山森林温泉酒店温泉区域自由泡温泉;后入住酒店休息,或前往宜章县城体验宜章传统民俗文化活动夜故事。

第三天:莽山五指峰景区—高铁站送团。

早餐后,乘坐旅游大巴出发前往莽山五指峰景区(车程约1小时,游览约3个半小时);抵达五指峰景区游客服务中心,乘坐观光缆车,抵达中国南方最长的云间栈道,游览仙掌峰、童子峰、金鞭神柱、伟人会观音、东天门、

"中南第一险"、小华山、仙韭菜坡、杜鹃林、观音堂、天台寺、千年红豆杉等景点。

小李在接待该旅游团时,游客朋友们对宜章夜故事表现出了很大的好奇心,表示对宜章夜故事知之甚少,希望在参加夜故事活动前让小李介绍一下夜故事的相关特色。如果你是小李,你应如何为游客介绍宜章夜故事?

## 任务探究

民俗又称民间文化,是指一个民族或一个社会群体在长期的生产实践和社会生活中逐渐形成并世代相传、较为稳定的文化事项。它包括民众中传承的物质生活文化,社会生活文化,民族传统的思维方式、心理习惯等诸多内容。民俗作为无形文化资源,其价值在现代旅游业中正日益展现出来,可以说,民俗旅游凭借其鲜明的民族性、地方性、文化性、参与性,以及质朴、神秘的内在魅力,已成为时下一种颇具吸引力和竞争力的旅游形式。

民俗节日是人类文明进化发展的产物,大部分节日习俗在上古时代就已初露端倪。中国是礼仪之邦,仪式反映中国人对事物重要性、价值性的认同,没有仪式感的节日难以让人们对其产生心理上的认同和依从,而仪式本身又是让人参与进来的重要方式。一系列依次展开的程序,代表着节日文化内涵的逐层展示,也是让心灵参与其中审美的过程。

郴州是湖南的"南大门",旅游资源种类丰富,也是中国优秀旅游城市之一。郴州是一个多民族地区,民俗资源丰富,地域特色独特,既有美丽动人的传说、古老质朴的民间戏曲,又有巧夺天工的民间工艺,如傩戏傩舞、安仁赶分社、瑶族盘王节、伴嫁哭嫁歌、香火龙、元宵花灯及遍布农村各地的赶圩场等,其中以汝城香火龙、嘉禾伴嫁歌、瑶族盘王节、宜章夜故事和安仁赶分社较具代表性。

## 一、民俗节日

### (一)安仁赶分社

1. 基本概况

安仁赶分社是一种古老的传统民俗及民间宗教文化活动。人们在春分日前后去安仁县城集会结社、祭祀神农,进行谷种、农具、农副产品、竹木器和中药材交易,故民间又称"药王节"。安仁赶分社2014年被列入第四批国家级非物质文化遗产代表性项目名录,2016年被列入联合国教科文组织人类非物质文化遗产代表作名录。

2.节日由来

安仁赶分社始于宋代,是为纪念炎帝神农而流传下来的民间盛会,属全国独有的民俗节日。相传炎帝神农氏带8名随从到安仁境内尝百草,治百病,教化百姓农耕。后人为纪念神农氏等九位神仙,在豪山冷水石山处建了一庵取名为"九龙庵",把神农野炊过的地方取名为"香火堂",洗过药的池叫"药湖"。后唐时,人们在香草坪(今县城处)建有一庙,供人祭祀神农氏,人们"择社日祭神以祈谷",朝拜者络绎不绝,先有捧售香烛、纸钱者,继而交易草药、藤索、锄柄、斗笠等,规模越来越大,逐渐发展到农副土特产交易。宋咸平五年(1002年)始定每年春分日前三天和后三天为社日,俗称"赶分社"。因此,传统的安仁赶分社包括了祭祀、开耕、集会、中草药交易等内容。

3.主要活动

每年的春分日前三天和后三天为社日,也称春社,其间人们在县城南门洲举行祭祀活动(见图7-1)。每次赶分社为期7~10天,其中以草药交易最具特色。赶分社期间,草药市场上摆满从全国各地甚至东南亚各国采集而来,涉及数百科近千种的中草药(见图7-2)。湖南、湖北、广东、广西、江西、河南、新疆、内蒙古等10多个省(市、区)近100个县的药商每年来安仁"赶分社"时,上市集散草药超过万担,人们配好草药带回,辅以猪脚炖之(见图7-3),食后下田开耕,既壮身强骨,又祛寒除病,相沿至今。近些年来,安仁县政府以"分社"搭台,经贸唱戏(见图7-4),"兴千年药市,招天下客商",使赶分社这一传统习俗焕发了勃勃生机。

图7-1 祭祀活动

图 7-2 中药材买卖

图 7-3 中药材炖猪脚鸡蛋

图 7-4 搭台唱戏

## （二）资兴盘王节

### 1. 基本概况

盘王节，又叫"做盘王""跳盘王""还盘王愿""打盘王斋""祭盘古"等，农历十月十六日（盘王生日）是瑶族最隆重的节日，瑶族人民信奉"盘王"，把他视为瑶族的开山始祖。在瑶族众多的节日当中，盘王节是最隆重的传统节日。瑶族盘王节已被列入国家级非物质文化遗产名录。"盘王节"与"起春节""团圆节"并称瑶族三大传统节日。在生产、生活的长期积淀中，资兴瑶族人民孕育了多姿多彩的非物质文化遗产，涵盖了瑶族语言、文学、音乐、舞蹈、手工技艺、民俗民风、民间医药等方面。

### 2. 节日由来

资兴有瑶族人口5000余人，分布在团结、连坪两个瑶族乡，以及唐洞茶坪、龙溪中塘、清江民族、黄草龙兴4个瑶族村。资兴瑶族属过山瑶的一支，相传祖居浙江会稽山，后辗转迁徙来到资兴，在资兴已有400多年的历史。有关瑶族地区过盘王节的古老风俗，早在晋代干宝的《搜神记》、唐代刘禹锡的《蛮子歌》、南宋周去非《岭外代答》等典籍中就有记载。《搜神记》记载，瑶族先民"用糁杂鱼肉，叩槽而号，以祭盘瓠，其俗至今"。唐代诗人刘禹锡被贬官到连州（今广东连山壮族瑶族自治县）时，所作《蛮子歌》写到，瑶族"时节祀祭盘瓠"。《岭外代答》中说："瑶人每岁十月，举峒祭都贝大王于庙前，会男女之无实家者，男女各群联袂而舞，谓之踏瑶。""踏瑶"即是"跳盘王"，瑶族盘王节即是由"跳盘王"发展而来的，"跳"即舞之意，跳盘王是指人们载歌载舞以谢盘王的恩德，并祈盘王保佑子孙平安。

### 3. 主要活动

每年农历十月十六日，资兴瑶族人民都在茶坪村举行为期三天三夜或七天七夜的"还盘王愿"仪式，瑶族人民无论男女老少都要穿着节日盛装，点篝火、唱盘王歌、跳长鼓舞（见图7-5），感恩先祖盘王护佑。"还盘王愿"祭典是瑶族社会、生活中神圣的祭祖还愿、追溯瑶族历史、祝祷祈福、喜庆丰收的礼仪习俗。举办"还盘王愿"非物质文化遗产展演活动，就是为了将单一的宗教祭祀形式升华演绎为民族文化与时代精神相融合的积极向上的节庆文化活动。

## 二、民俗活动

### （一）汝城香火龙

### 1. 基本概况

汝城香火龙起源于庆贺丰收、祈福祛灾的图腾信仰，其形象主要来自汝城当地寺庙中有关龙的壁画和雕塑。汝城香火龙表演一般选定在每年元宵节前后的夜晚举行，至今已有1300多年的历史，集中表达了人们追求风调雨顺、国泰民安、祛邪消灾的

图 7-5 祭祀表演

美好愿望,蕴含了尊敬祖先、追求进步、遵礼崇教的文化底蕴,是一种独具特色的民间综合艺术活动。届时人们齐聚空场,在夜色中舞起龙灯,以祈新年风调雨顺、五谷丰登、国泰民安。汝城香火龙表演有游龙、接龙、抢香、化龙等仪式,其造型精美、气势威猛、香火明丽,招龙仪式气氛热烈,场景壮观,具有鲜明的地域特色。2008年6月,龙舞(汝城香火龙)入选第二批国家级非物质文化遗产名录。

2. 活动由来

《汝城县志》记载:"元宵扮演龙灯,花爆、管弦、钲鼓喧闹城乡以乐生平,谓之年消。""香火龙"是客家地区比较常见的一种舞龙习俗,汝城香火龙最早起源于唐宋时期传统祭祀,是为了祀龙止雨、祀龙止水。根据民间传说,唐宋时期,汝城连年水灾,民不聊生,当地人以当地寺庙中与龙有关的壁画和雕塑为其形制作稻草龙然后烧掉,以求消除汝城水患。至此,制作稻草龙龙作为习俗沿袭下来,成为一项特定在元宵节表演的传统民俗娱乐活动。每年元宵节,汝城民众都会舞动香火龙,表达对龙的尊崇和膜拜,同时祈求风调雨顺、五谷丰登、人畜兴旺、国泰民安。

3. 制作工艺

香火龙制作材料以汝城当地所产的稻草、棕叶、毛竹、向日葵秆以及特制的龙香为主,所用工艺也是当地传统的扎制工艺。香火龙的制作很讲究,先用稻草扎成长数百米、直径4厘米粗细的草绳,又称"赵公鞭"。然后按照设计图,分节依次用"赵公鞭"扎成龙头、龙颈、龙身(每节一拱)、龙尾。再在规定位置扎上龙足(圆龙不现足)、龙爪和龙脊。龙头结构复杂精美,先后顺序有讲究,先生龙角,再生龙嘴,依次是龙须、龙眼、龙耳、龙牙、龙鼻、鼻须、龙额、龙珠,环环紧扣,形成整体。待各部分扎成后,沿水平方向于龙身两侧插龙香,每隔2厘米插一支龙香于"赵公鞭"上,用细篾片连接形成连线,每支龙香长60厘米,按造型插遍龙香,包括插成龙鳞,需龙香4万支左右。插好龙香后,最后在祖祠前将每一节构件用竹竿绳索连接好,装上抬杆,一条汝城香火龙便制作完成(见图7-6)。

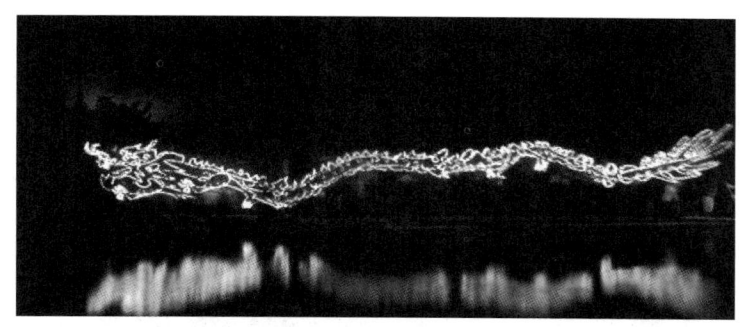

图7-6 汝城香火龙

4.主要活动

汝城香火龙表演分为择日、祭祖、燃香、游龙、接龙、抢香、化龙等多个环节。

择日：按传统习俗，舞龙的时间选定在每年元宵节前后的夜晚，若遇阴雨天气顺延至整个正月之内。

祭祖：择好日期后，当晚7时，鸣三眼铳告示远近观众。7时30分后，全村男女老少纷纷持松明火把为香火龙点火，主持者到宗祠内设香案祭品祭拜祖宗。

燃香：待祭拜完毕，香火全部点燃，主持者一声令下，数十支三眼铳轰鸣，紧接着鼓乐喧天。100多位青壮年头顶草帽，身穿旧衣一齐上阵。舞龙头每8人一组，舞龙尾3人一组，其余龙身各段每2人一组，将香火龙抬将起来，先绕宗祠大门舞三周，一旋一拜，三拜之后，尾巴先退，再退龙头，沿村内主道及村旁水田边游走。

游龙：由数十盏烛光闪闪的龙灯引路，依次是三眼铳放队、双狮、双鱼、生肖吉祥物、特定时事标语队（一人一字）、吹打乐队、鞭炮焰火队，接着是香火龙，之后又有鼓乐队、龙灯队、三眼炮队。

接龙：香火龙依次向整个村道及村周围主要道路和有关店家门口游去，每到一户人家，都有人插香点火放鞭炮迎接，叫"接龙""接福"或"接平安"。在较重要的地点，香火龙还要叩头致礼。等到走完了规定的线路，香火龙又旋归宗祠前，叩头三次。

抢香：龙香快要燃尽时，舞龙者将香火龙盘拢三圈放在地上，龙头居中朝向宗祠方向。之后，观龙人便去扯龙香，人们把扯来的龙香插在自家神案上或畜栏门边，以祈求家庭平安、六畜兴旺。

化龙：龙香扯去后就开始化龙了，在一阵阵鼓乐鞭炮声中，舞龙人将龙点燃，熊熊的火焰直指青天，意味着龙归天。第二天，龙灯会人员将焚化的"龙灰"用东西装好，在阵阵鼓乐鞭炮声中把"龙灰"送到河边，叫"送龙"归大海。

（二）宜章夜故事

1.基本概况

宜章夜故事城又称"关夜故事"，是宜章县历史悠久的地方传统群众性民俗文化活动,即每逢春节,从正月初一到正月十五期间,或单家独户,或多户联合,或以群团、单位组织装演夜故事(见图7-7)。"故事"游展时,火把通明,爆竹轰鸣,锣鼓喧天,观看群众人山人海,万人挤街,"夜故事"也就由此得名。1995年,湖南省文化厅授予宜章县城关镇为"夜故事艺术之乡"。其后,多次由宜章县委、县政府"两办"行文组织夜故事大会演,更是火透楚粤,省、市、县各媒体竞相报道。

图7-7 "宜章夜故事"游行

2. 活动由来

宜章地处湘粤交界处,是重要的商贾集散地,各路客商都在这里汇集。元末时期,中原战乱,南来北往的商队为祈路途平安、避晦祛邪,以求生意兴隆、人财两安,随行带着彭祖、妈祖、如来佛祖、观音、关公、财神等神、佛、天罡、星宿塑像。他们每到驿站,便安好神像,摆上供品,点香秉烛,虔诚供奉、祈祷。临行,又把神像收藏好。有的把神像驮在骡马背上,有的请专人用背箱背着或把神像用小轿子抬着。久而久之,这种背、抬、驮神像行走的习俗被宜章人耳濡目染,而逐渐承袭下来。加上许多外地客商看中了宜章这块宝地,在这里落户居住,繁衍子孙,于是日久成俗。每逢春节,人们抬着各式神像游街串巷,走家串户,送财神、送好运、送好彩头。各家各户秉烛烧香、放鞭炮迎财神、迎吉祥鸿运等,有钱人还打发利市。清乾隆后,湘中祁剧传入宜章,观者逐队成群,风行一时。于是,人们把一些喜闻乐见的戏剧人物,用童男童女装扮起来,抬着游走。原来单一的祭祀文化逐渐演变成喜闻乐见的民俗文化。而东关、南关两街,每年从正月初一到十五,此起彼伏的"斗"故事,更是佳话不绝,妙趣无穷。

3. 主要内容

夜故事根据民间故事、神话故事、著名文学、戏剧故事和各时期新人新事等,用戏剧手法将真人化妆、着装、造型,配之以道具和场景,利用马、板车、轿子、彩棚等,或驮,或推,或抬,将"故事"高高托起游行展示,使观众见其形而悟其意,联想其故事情节。其中用架、轿抬的,称"抬故事";用马、骡、驴驮的,称"马故事";"故事"人物自行走动的,称"走故事"。其中,马故事在旧时很盛,现今已非常少见。由于"故事"活动时间在夜间进行,"夜故事"也就由此得名。其主题鲜明、内容健康,保持着原汁原味的传统民俗、民风。其取材多为神话故事(如八仙过海、嫦娥奔月、牛郎织女、七仙女下凡、劈山救母、哪吒闹海等)、戏剧故事(如姜太公钓鱼、昭君出塞、桃园结义、孔明借箭、穆桂英挂帅等)、民间故事(如渔翁戏蚌、张古董磨豆腐、毛国尖打铁、撬兀、稀巴烂抖碓等)、现代故事(如刘胡兰、江姐、董存瑞、阿庆嫂、杨子荣、红灯记等)。此外,还有时新故事,多是把十二生肖拟人化,随年而变(如鸡年则《金鸡报春》、猪年则《金猪贺岁》等)。

故事、火把、锣鼓钹,称为夜故事"三大件"。这些器具、制品,除服装要根据故事人物专门制定,其他都是取之于家庭之现有,量力而行。"抬故事"的演员因需要劳力抬着走,一般选用聪明、灵活的少儿。"走故事"或"马故事",演员长幼不论。旧时,能自家装演故事的人家,表示其人财两盛、子孙发达,因而装、演故事成为当地人的一种荣耀。

## 任务实施

作为郴州地陪导游,小李可以分三步完成该任务。

(1)上网搜索有关宜章夜故事的相关活动视频(3分钟以内),在去参加夜故事活动的途中将相关活动视频发送到旅游团的QQ群或微信群中,先给游客一些直观的感性认识。

(2)观看视频后,讲解宜章夜故事的起源及大致发展历程。

(3)讲解宜章夜故事的主要艺术特点。

## 任务考核

| 考核项目 | 评分细则 | 评分标准 |
| --- | --- | --- |
| 语言能力 | 语音、语调准确,吐字清晰,音量适度,语调富有变化,语速适中。语法正确,用词准确、恰当,能运用必要的修辞手法。语言流畅,语汇丰富,表达准确生动,并能恰当地运用体态语,有较强的感染力 | 满分15分 |
| 仪表礼仪 | 言行举止符合导游人员礼仪、礼貌规范 | 满分15分 |
| 沿途讲解 | 讲解中内容全面、正确,条理清晰,详略得当,重点突出,结构完整。讲解方法运用得当,讲解生动、有趣,能体现一定的导游技巧,现场感强,能吸引人。 | 满分60分 |
| 导游规范 | 熟悉导游服务规范,导游服务程序正确 | 满分10分 |

### 任务拓展

任务一：撰写郴州传统民俗文化讲解词，并进行模拟讲解。

任务二：学习了郴州传统民俗文化，请你谈谈传统民俗文化的意义和价值；作为旅游专业的学生，你认为该如何保护郴州的传统民俗文化？

即测即评

## 任务三　体验郴州传统技艺文化

### 任务导入

旅行社地陪小王，接待了一个广州至郴州东江湖、苏仙岭、龙女温泉三日游的旅游团，详细行程如下。

第一天：下午郴州高速路口接团，晚餐后入住鼎和酒店。

第二天：早餐品尝风味早餐栖凤渡鱼粉，乘车赴东江湖景区，观赏东江湖湖光山色。然后乘船前往清江休闲钓鱼，品尝农家风味，晚餐后赴龙女温泉泡温泉。住在鼎和酒店。

第三天：早餐后游"天下第十八福地"苏仙岭，放眼眺望郴城美景。其中，苏仙岭游览时间步行3个小时，缆车2个小时。午餐后返程，结束愉快的行程。

小王在接待该旅游团时，游客朋友们对栖凤渡鱼粉表现出了很大的好奇心，表示对栖凤渡鱼粉知之甚少，希望在品尝栖凤渡鱼粉前让小王介绍一下栖凤渡鱼粉的相关特色。如果你是小王，你应如何为游客介绍栖凤渡鱼粉呢？

### 任务探究

传统技艺是指人类在历史上创造并以活态形式传承至今的、充分代表一个民族的文化底蕴、审美情趣及艺术水平的优秀的传统手工技艺与技能。

传统手工技艺是我国传统技艺文化的一个重要组成部分。手工艺是指以手工劳动进行制作的具有独特艺术风格的工艺美术，它有别于以大工业机械化方式批量生产规格化日用工艺品的工艺美术。手工艺品指的是纯手工或借助工具制作的产品。它可以使用机械工具,但前提是工艺师直接的手工作业仍然为成品的主要来源。

## 一、大布江拼布艺术

### (一)基本概况

大布江拼布艺术起源于汉代,盛行于明清及民国时期,是一种流行于湘南民间的原生态造型艺术。而现代大布江拼布绣则在秉承传统表现手法的基础上,借鉴其他艺术种类的表现方式,采用现代美术设计理念,加入了现代生活元素,具有极高的艺术价值。

郴州地区得天独厚的自然条件,赋予了粮、棉、油、麻、茶、菜、果、药等多种作物的生产,为拼布绣提供了原材料保障。良好的手工制作环境,为拼布绣的发展提供了技术支持。二者共同孕育了以大布江拼布绣为代表的民间刺绣。大布江拼布绣以民间随处可见的碎布和旧衣物为原料,以黑、白、蓝、红、黄为主要颜色,结合传承人天马行空的想象,"以针代笔""以线晕色",精心制做出充满浓郁乡土气息的艺术作品,传达内心丰富多彩的情感世界。在长期的社会实践过程中,拼布绣从生产制作,到消费使用,都与湘南人民的生活紧密相连。

拼布制品的流传和使用,是湘南一带民众生活中不可缺少的物品,人们或多或少都用过拼布制品,有的自用,有的用于婚丧嫁娶,有的用来换取零用钱。拼布制品由于和人们的生产生活紧密结合而得以流传下来,但到了现在,这门古老的艺术几乎失传,会拼布的民间艺人已寥寥无几。

### (二)主要用途

拼布艺术和人们的生产生活紧密相连,主要采用那些古香古色的碎布和旧衣服拼制成各种各样的生活用品,在民间的存在形式和使用范围极为广泛,常用的有婴儿用品和成年人用品。婴儿用品包括口水兜、凉箍(凉帽)、背儿包(背带)、肚兜。肚兜上图案多为"虎吃五毒""长命富贵""连生贵子""麒麟送子""凤穿牡丹""连年有余"等吉祥图案,刺绣主题多是中国民间传说或一些民俗讲究,如刘海戏金蟾、喜鹊登梅、鸳鸯戏水、莲花以及其他花卉草虫,大多是趋吉避凶、吉祥幸福的主题。成年人用品包括头巾、围裙、烟袋、荷包、枕套、鞋垫等。当地女子出嫁之前要花一两年时间精心制作这些物品,出嫁过门时作为嫁妆,从娘家到夫家一路展示那些色彩鲜艳、工艺精湛的拼布制品。每经过一处村庄,往往引得大众啧啧称叹,这时候新娘心里会非常甜蜜,感觉有面子,因为只有心灵聪慧的女人才能制作出最精美的拼布制品。

## 二、安仁元宵米塑

### (一) 基本概况

安仁元宵米塑是湖南安仁人民用来庆祝节日或喜事的传统工艺美术品。做元宵米塑,俗称"琢鸡婆糕",是千百年来安仁人民自发形成的一种独特的乡土文化习俗。2012年,元宵米塑被列为湖南第三批非物质文化遗产。每年元宵节,安仁县无论城乡,家家户户,男女老少,都要动手做米塑庆贺节日。闲时,人们结婚嫁女、做寿、小孩子月满也要做元宵米塑祭祀诸神或作为礼品赠送亲邻好友以示庆贺,久而久之,周边县市受到影响,也形成这一习俗。

安仁元宵米塑

安仁元宵米塑历史渊源久远。一是相传远古时期,安仁的祖辈们为纪念始祖炎帝神农发明农耕文明的圣德,在元宵节始发兴起。二是《安仁县志》记载:"正月十五日元宵节,俗称'正月半',是日,家家兴吃元宵,用米粉'琢鸡婆'(将米粉特殊加工后,塑成各式各样的禽兽)供'三宝老爷',以祈六畜兴旺。"久而久之,做元宵米塑便形成一种文化习俗。后来,做元宵米塑逐渐由单一用来祭祀,变成用来市场交易,以及男女相亲、馈送亲朋好友、孩子娱乐、饮食的佳品。

### (二) 制作技法

安仁元宵米塑具有取材范围广、涵盖面宽,集全民性、实用性、娱乐性、艺术性于一体,以及造型七分塑、三分彩的基本特征。安仁元宵米塑做工工艺大众化,所用器具和原材料简单,各家各户都有,主要为优质晚稻籼米、糯米、食品颜料,以及石磨(现在改为机器粉碎)、工作台、团箕、米筛、筷子、刀、剪、碗、锅、蒸笼等。

安仁元宵米塑制作流程细而不繁:一是挑选上等晚稻籼米和一定比例糯米;二是将米碾成粉末再过筛;三是将少量过筛的米粉加水蒸熟,然后与干米粉加水混合反复搓,制成粉坯;四是将粉团塑成各种动物或植物形状;五是上色,又叫"画龙点睛";六是用蒸笼或鼎锅蒸熟即成。它可即时吃,冷却后加热,可蒸、可油炸、可火烤,味道好极了,既可饱口福,又可饱眼福。

## 三、栖凤渡鱼粉制作技艺

### (一) 基本概况

栖凤渡鱼粉,发源于湖南省郴州市苏仙区栖凤渡,属于湘菜系。"走千里路、万里路、舍不得栖凤渡",这句流传千百年的古话说的不仅是栖凤渡的地方好,更是夸其独树一帜的传统小吃——栖凤渡鱼粉。

栖凤渡鱼粉不仅是郴州人民主要的早餐食品,也是郴州的地理文化符号,在外郴州游子的文化记忆。栖凤渡鱼粉制作技艺包括备粉、熬汤、煮粉三大步骤,选米、浸米、磨浆、调浆、蒸粉、收浆、切粉、晾干、选鱼、破鱼、熬汤、煎油辣椒、调味、煮粉、开碗、装碗等十六道工序。三大步骤十六道工序,均在当地加工完成,环环相扣,每一步都不可或缺。

2016年栖凤渡鱼粉被列入湖南省非物质文化遗产名录。2023年,郴州栖凤渡鱼粉非遗工坊入选全国"非遗工坊典型案例"。

（二）制作技法

1. 米粉制作技法

栖凤渡米粉是纯手工制作的刀切扁粉,是选取本地优质的早稻米,掺一些糯米,混合浸泡后舀上石磨碾成浆,再将米浆摊入一个个方形平底铁皮盘中,放进特制的蒸笼中层层叠起蒸制,待火候时间到了,取出来一张张挂在竹竿上晾晒。等晾晒到不黏手了,就把一张张粉皮卷起来刀切成细条米粉。最后下锅烫煮到九成熟,用竹笊篱捞出。

2. 红油鱼汤制作技法

栖凤渡红油鱼汤的做法,是将鲜活的鲢鱼宰杀后,熬成鱼汤,加入当地的五爪朝天红椒粉以和当地特产豆膏,以及姜、蒜、茶油等佐料,再加上栖凤渡本地的优质干切粉。其成菜后看上去颜色红艳,吃起来味道鲜美。栖凤渡鱼粉在郴州以及许多县市都有不小的名气,已成为郴州人早餐和夜宵首选。

## 四、桂东玲珑茶制作技艺

（一）基本概况

玲珑茶,湖南省桂东县特产,中国国家地理标志产品。2012年,玲珑茶传统制作工艺被列入为省级非物质文化遗产保护名录。玲珑茶是湖南郴州桂东县清泉镇所产的一种高山云雾茶。桂东玲珑村产茶历史悠久,玲珑茶的种植已有300多年的历史。相传在明末清初年间,玲珑山上有一位山母仙,怜悯远道求生之客。一天夜里,她亲自骑马到村里传授制茶仙法,对每个农户都教了三遍。一到拂晓,她来不及喂马,就匆匆腾云离去。因此,至今玲珑山顶上还有一处称为"马归槽"的地方,形如马槽,终年蓄水不竭。

桂东是典型的山区县,位于罗霄山脉中段南端,冬暖夏凉,年平均气温15.4 ℃,夏天极端气温34.8 ℃,冬天没有连续5天低于0 ℃的天气,既无酷暑又无严寒,非常适宜其优质茶的生长。山地昼夜温差大,极有利于茶树内含物质的积累。玲珑茶氨基酸含量高,酚氨比适宜,茶叶品质好,形成了独特的品质和韵味。

## （二）制作技法

玲珑茶归属绿茶类特种茶,其基本加工方法是高温杀青、适度揉捻,多次进行低温干燥。玲珑茶以一芽一叶初展的芽叶为原料,经过选芽摊放、杀青、清风、揉捻、初干、整形提毫、摊凉回潮、足火八道工序制成。玲珑茶是桂东县广大茶农在长期的生产生活实践中,聚合桂东特有的"天、地、人、种",包括土壤、气候、栽培技术和制作工艺等条件,打造出来的独特精致农产品。

## （三）主要特点

玲珑茶紧细弯曲,状若环钩,色泽苍翠,银毫毕露,冲泡后汤色清亮,滋味醇厚。由于该茶形如环钩,奇曲玲珑,又产于玲珑村,故有"玲珑茶"之雅称。玲珑茶多次被评为湖南省优质名茶。玲珑茶的茶树品种,具有萌芽早、叶色绿、白毫多、芽叶细长等特点。总体来说,玲珑茶具有两大特点:一是生长在高山云雾中,香气清新;二是形状独特,细巧玲珑,别具风格。

桂东玲珑茶这枝南国高山茶叶的奇葩,被列为"三湘四水"的湖南名茶代表(湘北的"洞庭春"、湘南的"玲珑茶"、湘东的"湘波绿"、湘西的"古丈毛尖"、湘中的"双峰碧玉"),矗立于茶业之林,享誉国内外。

桂东玲珑茶

## 📎 任务实施

作为郴州地陪导游,小王可以分三步完成该任务。

(1)上网搜索有关栖凤渡鱼粉的相关活动视频(3分钟以内),在品尝栖凤渡鱼粉前将相关活动视频发送到旅游团的QQ或微信群中,让游客对栖凤渡鱼粉有大致了解。

(2)在观看视频后,讲解宜章夜故事的起源及其大致发展历程。

(3)最后讲解宜章夜故事的主要特点和制作技艺。

## 📎 任务考核

| 考核项目 | 评分细则 | 评分标准 |
| --- | --- | --- |
| 语言能力 | 语音、语调准确,吐字清晰,音量适度,语调富有变化,语速适中。语法正确,用词准确、恰当,能运用必要的修辞手法。语言流畅,语汇丰富,表达准确、生动,并能恰当运用体态语,有较强的感染力 | 满分15分 |
| 仪表礼仪 | 言行举止符合导游人员礼仪、礼貌规范 | 满分15分 |

续表

| 考核项目 | 评分细则 | 评分标准 |
| --- | --- | --- |
| 沿途讲解 | 讲解内容全面、正确,条理清晰,详略得当,重点突出,结构完整。讲解方法运用得当,讲解生动、有趣,能体现一定的导游技巧,现场感强,能吸引人 | 满分60分 |
| 导游规范 | 熟悉导游服务规范,导游服务程序正确 | 满分10分 |

## 任务拓展

任务一:结合教材内容,撰写郴州传统文化技艺讲解词,并进行模拟讲解。

任务二:作为旅游专业学生,请你分析我国传统文化技艺的保护和传承现状,并思考郴州传统文化技艺应该如何保护和传承,以及如何将郴州传统文化技艺与文旅产业结合起来,在此基础上提出可行的方案并撰写策划书。

即测即评

# 项目八
# 推荐郴州旅游线路

## 学习目标

【素质目标】

1. 树立家乡自豪感。
2. 通过线路安排养成严谨、周到、细密的良好习惯。
3. 具有为郴州旅游提供热情主动服务的意识。

【知识目标】

1. 掌握目前市场上具有代表性的郴州旅游线路。
2. 掌握郴州旅游线路自助游攻略。

【能力目标】

1. 能从旅游六要素分析不同的郴州旅游线路。
2. 能为不同需求游客推荐郴州旅游线路。
3. 能为游客推荐郴州旅游线路自助游攻略。

## 项目导读

郴州,是一座革命名城

革命浪潮,在这里,留下历史的足迹

半条被子,在这里,感动今天的中国

郴州,是一座生态绿城

走进林中仙境,感知自然的神奇

寄情山水之间,体会生命的奥秘

郴州,是一座人文古城

几千年历史蕴集于此地

仙佛典故、理学发源

女排精神、功勋铀矿

湘昆韵味悠长,中医博大精深

众多非物质文化遗产

如一颗颗璀璨的珍宝

镶嵌于这座文化古城

郴州,是一座时光慢城

休闲栖居,诗意四季

让您身处如画美景,尽享独特美食

北纬25°,从郴州出发

一起去感受"红色与绿色相映成画的福地郴州"!

——郴州文旅宣传片《北纬25°,从郴州出发》(2022年版)

对旅游者而言,科学、合理的旅游线路是他们美好旅游体验的前提和保障,选择适宜的旅游线路可以让旅行更加便捷,获得更好的旅游体验。

郴州旅游资源丰富,旅游线路多样,如何根据目标市场旅游者的旅游偏好来推荐旅游线路?

作为一名郴州导游,要向旅游者推荐合适的旅游线路,这就要求导游对郴州线路相当熟悉。从旅行社团队旅游推荐来看,目前郴州旅游市场上线路主要有传统线路、红色线路、研学线路。

## 思维导图

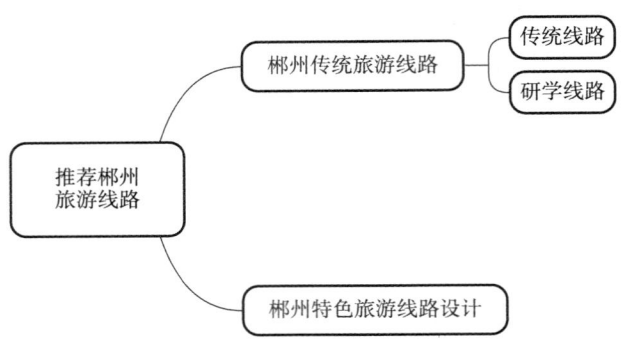

## 任务一　郴州传统旅游线路

### 任务导入

地陪小王将接待一个来郴州的旅游团,拿到接待通知单后了解行程安排,根据行程安排分析线路,并做详细介绍。如果你是小王,请你根据行程安排,写一份导游词并进行讲解训练。

### 任务探究

郴州旅行社整合旅游资源,近年来推出许多线路,大多以郴州传统旅游线路为主,从旅游市场反映来看,景点主要集中在东江湖、莽山、飞天山和高椅岭,行程以两天和三天为主。随着红色旅游的发展,外地学习考察以沙洲为主要景点,线路一日游、两日游偏多。此外,研学旅游也正蓬勃发展。

综合前面内容,郴州这座繁华美丽的城市还有许多美丽的景色、鲜为人知的历史、璀璨的文化和想象不到的新奇,它们散落在这个城市的每一个地方,等待着我们去发现、去品味、去分享。

## 一、传统线路

(一)一日游

一日游的主要消费群体是郴州本地市民以及外地来郴停留时间较短的游客,郴州旅行社陆续推出的本地一日游,收到游客好评,也产生了一定的效益。按照游览季节,一日游的主要线路如下。

1. 春

资兴桃花岛一日游,资兴白廊桃花、蓼江油菜花一日游,州门司梨花节一日游,安仁稻田公园一日游,仰天湖打鸟坳观杜鹃花一日游等。

2. 夏

东江湖兜率岛一日游、东江湖漂流一日游、汝城热水漂流一日游、莽山漂流一日游、白廊采摘枇杷一日游等。

3. 秋

九龙江国家森林公园一日游、沙洲一日游、永春品禾花鱼一日游等。

4. 冬

永兴采摘冰糖橙一日游、清江蜜橘采摘一日游等。

这些线路具有明显的季节特性,受时间限制,也与天气有很大关联,不过对于郴州市民来说,一天的亲近大自然的好机会也是很值得期待的。

此外,还有各景点的一日游线路供外地来郴州人员一天或半天的时间游完,以及各团建基地(如大王寨雄鹰基地)的团建一日游供各单位团建。

(二)两日游

两日游线路可分为三种:一是"东江湖+"的模式,即东江湖搭配一个景点如苏仙岭、飞天山、高椅岭构成两日游,二是莽山两日游,三是桂东、汝城两日游。主要线路如下:东江湖、飞天山两日游,东江湖、高椅岭两日游,东江湖、白廊两日游,东江湖、苏仙岭、万华岩两日游,莽山森林温泉、天台山、将军寨两日游,莽山森林温泉、五指峰两日游,汝城福泉山庄、濂溪书院、金山古村两日游,汝城沙洲、热水漂流、福泉山庄两日游,桂东沙田、汝城福泉山庄两日游。

## 同步案例 8-1 东江湖、高椅岭两日游

### 1. 行程安排和食宿安排

| 日期 | 行程安排 | 餐食 | 住宿 |
| --- | --- | --- | --- |
| 第一天 | 上午接团后赴市区享用中餐,品尝特色烧鸡公,中餐后游高椅岭(游览时间约2.5小时);后赴东江湖(行程约半小时),晚餐在东江镇品尝特色三文鱼宴,入住东江镇民宿;晚上自由活动 | 中餐<br>晚餐 | 东江一号院 |
| 第二天 | 早餐后乘车赴有"东方瑞士"之称的国家5A级旅游景区——东江湖旅游区;抵达东江湖门楼停车场后,换乘东江湖旅游区观光车进入景区,车观中华奇景小东江、猴古山瀑布、东江大坝外景;下车后,乘船赴东江湖最大的岛屿——兜率岛观兜率溶洞,感受大自然的鬼斧神工;游毕,乘快艇返回大坝码头;后观"天然氧吧"——龙景峡谷(约60分钟),游毕中餐,中餐后游览寿佛寺、农耕文化博物馆;游玩后送团,结束愉快行程 | 早餐<br>中餐 | 无 |
| 接待标准 | (1)景点门票:高椅岭、东江湖(含游船)。<br>(2)交通:旅游大巴。<br>(3)餐食:1早3正,(八菜一汤,十人一桌)含东江湖特色三文鱼宴、烧鸡公特色团餐。<br>(4)住宿:住东江镇民宿。<br>(5)导游服务:持证导游服务 | | |

### 2. 线路鉴赏

本线路是一条郴州常规的地接线路,适用非常广。结合教材前期所学,请大家按吃、住、行、游、购、娱六要素进行分析。

吃:行程安排了烧鸡公特色餐,让游客品尝郴州特色美食。特色餐以烧鸡公为主搭配其他菜肴如血鸭、夫子肉等。晚餐安排东江湖三文鱼宴,游客可体验淡水三文鱼的鲜嫩口感。相信这会是一次难忘的美食之旅。

住:本线路安排住宿东江湖一号院。东江湖一号院是一家人气较旺的民宿,游客能体验到与在一般的酒店住宿不一样的轻松惬意,在喧嚣的城市中疲累了,回到淳朴的民宿生活,住在深深浅浅的情怀里,不仅能让自己放松,还可享受更多的人情味和乡土气息。

行:本线路是一条常规的郴州地接线路,区间交通为舒适的旅游大巴;大交通可根据不同客源地游客具体安排,可安排高铁、飞机等交通方式。区间交通路线为接站—郴州大道—郴永大道—高椅岭—资五路—东江湖—送站。

游：本线路安排景点为东江湖和高椅岭两个高人气景点。因时间有限，游客选择精华景点游览，国家级5A级旅游景区东江湖旅游区必不可少。高椅岭因独特丹霞地貌，且近年又改造投资，运营安全性得到了极大保障，成为游客的又一选择，受到摄影爱好者的青睐。

购：晚上自由活动，入住东江镇，可在镇上购买当地特色东江鱼等。

娱：资兴的少数民族主要是瑶族，在东江湖旅游除了欣赏绝美的自然风光之外，还可体验资兴瑶族文化。本行程安排的是去往寿佛寺体验寿佛文化，去往农耕博物馆体验农耕文化。

总体来讲，本线路有景点特色代表丹霞地貌、东江湖雾漫小东江奇景；自然美景结合文化体验，行程较为轻松。游览时间充足，景点顺序安排合理，不走回头路。适用团队很广，适合所有休闲旅游团。从客源地来看，本线路适合长株潭以及能吃辣地区的游客；对于不吃辣的团队如广东团队，可在烧鸡公团餐上做改动，比如将口味调整为微辣作为体验，其他菜肴上粤菜。不过，其他非常规团队如摄影爱好者不适合，摄影爱好者团队的游览时间可安排三天或四天，以专门进行拍摄摄影。

思考：请你根据以上分析写一篇导游词并进行讲解训练。

## （三）三日游

外地旅游团来郴州，算上交通时间，在郴州游玩三日是比较普遍的，最常见线路是"东江湖＋莽山"。这是较为经典的线路，总体来说也可分为三种。一是"东江湖＋"的模式：①搭配市区景点如苏仙岭，以及飞天山、高椅岭多个景点；②搭配莽山；③搭配白廊环湖公路周边游览；④东江湖漂流（两日）＋其他景点；⑤搭配温泉游，如天堂温泉、龙女温泉。二是"莽山＋"的模式，由莽山搭配市区周边景点，或者莽山当地三日。三是桂东、汝城三日游，即"市区周边景点＋桂东"或"市区周边景点＋汝城"。主要线路如下：

东江湖、飞天山、苏仙岭、万华岩三日游；

东江湖、高椅岭、仰天湖大草原三日游；

东江湖、莽山、白廊环湖路三日游；

东江湖漂流、莽山三日游；

东江湖、白廊、流华湾、高椅岭三日游；

东江湖、白廊、苏仙岭、万华岩三日游；

东江湖漂流、飞天山、苏仙岭、万华岩三日游；

东江湖漂流、高椅岭、苏仙岭三日游；

东江湖漂流、白廊、流华湾三日游；

东江湖、飞天山、龙女温泉三日游；

东江湖、苏仙岭、万华岩、天堂温泉三日游；

苏仙岭、万华岩、莽山三日游；

仰天湖大草原、莽山三日游；

高椅岭、莽山三日游；

飞天山、莽山三日游；

东江湖、汝城福泉山庄、濂溪书院、金山古村三日游；

东江湖、汝城沙洲、福泉山庄三日游；

飞天山、汝城沙洲、热水漂流、福泉山庄三日游；

莽山、汝城福泉山庄三日游；

莽山、桂东沙田三日游。

### 同步案例 8-2 莽山、东江湖、白廊环湖路三日游

**1. 行程安排和食宿安排**

| 日期 | 行程安排 | 餐食 | 住宿 |
| --- | --- | --- | --- |
| 第一天 | 中午高铁站接团，中餐后赴莽山，游猴王寨景区，参观莽山自然博物馆，看有"蛇中熊猫"之称的莽山烙铁头蛇；参观后返回酒店用晚餐，体验特色蕨根糍粑 | 中餐 晚餐 | 莽山森林温泉酒店 |
| 第二天 | 早餐后赴莽山，游天台山、鬼子寨景区；中餐后赴东江湖；晚上入住东江湖华美达酒店，晚上自由活动，可湖边漫步或体验当地特色美食 | 早餐 中餐 | 东江湖华美达酒店 |
| 第三天 | 早餐后前往东江湖白廊环湖路，可体验自驾、骑行、徒步、垂钓、露营或摄影采风；中餐后送团 | 早餐 中餐 | |
| 接待标准 | (1)景点门票：莽山国家森林公园，莽山温泉。<br>(2)交通：旅游大巴。<br>(3)餐食：2早4正，(八菜一汤，十人一桌)含莽山特色蕨根糍粑。<br>(4)住宿：住莽山森林温泉酒店，东江湖华美达酒店。<br>(5)导游服务：持证导游服务 | | |

**2. 线路鉴赏**

本线路是一条郴州常规的三日游线路，适用范围非常广。结合教材前期所学，请大家按吃、住、行、游、购、娱六要素进行分析。

吃：行程安排了莽山蕨根糍粑小吃,让游客品尝莽山特色美食。在东江湖白廊,晚上游客去湖边散步需求大,在晚餐上不做安排,让游客自行体验东江湖特色美食。游客可以品尝东江湖三文鱼宴、翘嘴鱼宴等,也可以逛街吃烤鱼或其他小吃。

住：本线路安排住宿华美达酒店。华美达酒店因其东南亚风建筑外观和独具匠心的艺术风格,而成为网红打卡地。其本身就是一大风景,在泳池及观景台观景,海天一色景观尽收眼底,游客的住宿体验非常好。

行：本行程线路是一条常规的郴州地接线路,区间交通为舒适的旅游大巴,大交通可安排高铁。区间交通路线为高铁站—郴州大道—南岭大道—良田高速口—京港澳高速—宜连高速—黄沙高速口—黄莽公路—莽山—黄沙高速口—宜连高速—京港澳高速—郴州大道—东江湖—回程送站。

游：本线路安排景点为东江湖和莽山两个高人气景点。三日游一般会选择"东江湖＋莽山",在白廊水果成熟时期,游客可以体验白廊水果采摘乐趣,故将白廊加入行程。时间衔接到位,不赶行程。

购：晚上自由活动,可购买当地特产东江鱼制品等。

娱：莽山的少数民族主要是瑶族,在莽山旅游除了欣赏绝美的自然风光之外,还可体验资兴瑶族文化。另外,可体验"网红温泉"——莽山森林温泉的温泉文化。

总体来讲,本线路有特色景点代表东江湖和莽山;游览时间充足,景点顺序安排合理,不走回头路。适用大多数团队,适合有三天时间的休闲旅游团。从客源地来看,珠三角地区游客尤其适合,其他地区团队也比较适合。

思考：请你根据以上分析写一篇导游词并进行讲解训练。

### (四)其他行程

近年来,郴州旅行社顺应市场需求开发了众多新型线路,如红色旅游线路、研学线路,受到广大游客欢迎。此外,文旅线路也有尝试开发,如骡马古道线路。

1. 红色旅游线路

郴州红色旅游线路一日游一般游览单个红色景点,如沙洲、湘南年关暴动指挥部旧址、各故居一日游。多日游以"沙洲＋"模式为主,即沙洲搭配一些红色景点,或搭配其他自然山水景点如东江湖构成两日游或三日游。主要有如下线路：

沙洲红色旅游景区一日游；

黄克诚(或萧克等)故居一日游；

桂阳夜宿梨山党性教育培训基地、嘉禾萧克故居一日游；

邓华故居、桂阳苏维埃政府旧址一日活动；

湘南年关暴动指挥部旧址、白石渡一日游；

莽山国家森林公园、湘南年关暴动指挥部旧址两日游；

东江湖旅游区、湘南起义纪念馆两日游；

东江湖旅游区、汝城、桂东三日游；

汝城沙洲红色旅游景区和濂溪书院、桂东第一军规广场和唐家大屋三日游。

### 同步案例 8-3　宜章湘南年关暴动指挥部旧址、白石渡一日游

#### 一、参观地简介

1. 宜章湘南年关暴动指挥部旧址

1928年1月，朱德、陈毅率领南昌起义军辗转由粤北进入湘南宜章县境，与中共湘南特委共同策划组织，建立指挥部，一举发动宜章年关暴动，打响了湘南起义第一枪，点燃了湘南20多个县的革命烈火。湘南暴动指挥部旧址先后被公布为全国重点文物保护单位、全国爱国主义教育示范基地、全国红色旅游经典景区。

2. 白石渡

中央红军突破敌人第二道封锁线后，向国民党设置在粤汉铁路宜章段的第三道封锁线挺进。1934年11月，红一军团经过宜章，在周恩来、刘伯承的指挥下，红一师三团歼灭湖南省保安部队的两个连，红一军团占领了国民党军粤汉铁路防线上的一个重要支撑点白石渡，使全军顺利通过粤汉铁路有了保障。2019年，白石渡镇白石渡村的清白堂被公布为全国重点文物保护单位。

#### 二、活动安排

| 时间 | | 活动安排 |
| --- | --- | --- |
| 上午 | 08:30—09:30 | 乘车前往宜章年关湘南暴动指挥部旧址 |
| | 09:30—10:30 | 实地参观湘南暴动指挥部旧址纪念馆，听讲解员介绍湘南年关暴动，不费一枪一弹智取宜章县城，揭开了湘南起义序幕的故事 |
| | 10:30—11:00 | 前往宜章白石渡 |
| | 11:00—12:00 | 重温入党誓词；参观中央红军突破第三道封锁线旧址群 |
| | 12:00—13:00 | 中餐 |
| | 13:00—14:00 | 结束活动，统一乘车返回 |

### 三、线路鉴赏

本条线路是一条适合团队学习考察的经典线路,行程为一天时间。通常去汝城沙洲学习考察的企事业单位较多,其实白石渡也是一个非常好的学习地方,在这学习白石渡的重要战略地理位置以及红军不怕苦的顽强精神,重温入党誓词。不忘初心使命。

思考:请根据以上分析写一篇导游词并进行讲解训练。

## 同步案例 8-4 汝城和桂东红色旅游景区三日游

### 一、参观地简介

1. 汝城沙洲红色旅游景区

汝城沙洲红色旅游景区位于汝城县西部的文明瑶族乡,2019年成功创建国家4A级旅游景区。汝城素有"鸡鸣三省,水注三江"之称,风光秀美,资源富集,各种野生植物、药材数不胜数。景区内有"半条被子的温暖"专题陈列馆、沙洲纪念广场、徐解秀故居、中国工农红军总部宿营地旧址等景点。

2. 濂溪书院

濂溪书院,始建于南宋宁宗嘉定十三年(1220年),是为纪念理学鼻祖周敦颐而建。1050—1054年,周敦颐任桂阳(今汝城)县令,其间"风节慈爱,吏治彰彰",并在此写下《太极图说》,以此为基础,创立了其理学理论,被称为"上承孔孟,下启程朱"的先贤。自书院创办以来,汝城人文蔚起,声名远播,享誉国内外。历代名师在此"传道、授业、解惑",无数仁人志士在此求学、立志、成才。

3. 第一军规广场

桂东是一块红土地,中国共产党成立后,革命的种子播撒在桂东大山深处,犹如星星之火既成燎原之势。第一军规广场位于桂东县沙田镇沙田圩,是为纪念毛泽东颁布"三大纪律·六项注意"而建,与万寿宫、戏台和"三大纪律·六项注意"颁布旧址连为一体。1928年4月初,毛泽东率工农革命军驻扎在桂东县沙田圩。当时军队里没有较为明确的军规纪律,一些士兵在行军中与老百姓相处有许多不注意的地方。毛泽东一直在思考如何制定一条军队纪律来整顿这种风气。同年4月3日,毛泽东在沙田圩正式颁布"三大纪律,六项注意"。"三大纪律·六项注意"后发展为"三大纪律·八项注意",这是我党、我军最早制定的纪律、最早立下的规矩,对加强人民军队建设、密切军民关系、增强官兵团结,以及正确处理军队内部关系起到了不可替代的作用,对毛泽东军事思想和中国人民解放军军史研究具有不可估量的价值。

4.唐家大屋

唐家大屋位于湖南省桂东县泗江镇,始建于清末,原为唐姓民居庭院,两面坡屋顶,小青瓦面,二层砖木结构,正面呈倒"凹"形,外筑院墙,构成小庭院落。唐家大屋被公布为湖南省省级文物保护单位。

1928年8月,红军从井冈山分兵进军湘南,遭致失败。毛泽东率部来桂东迎还红军大队。1928年8月23日,两支部队会合后,在唐家大屋召开了前委扩大会议,总结了"八月失败"的经验教训,议决重返井冈山,从而使井冈山革命根据地得到恢复和巩固。原房屋已坍塌,1966年按原貌修复,1993年,湖南省人民政府公布保护范围和建设控制地带,附近为"工农红军在桂东革命活动纪念馆",外有保护性围墙将旧址和纪念馆连为一体。

二、活动安排

| | 时间 | 教学内容及活动安排 | 住宿 |
|---|---|---|---|
| 第一天 | 13:00—14:30 | 高铁站接团,用中餐,后前往沙洲村 | 汝城 |
| | 14:30—17:00 | (1)参观"半条被子的温暖"专题陈列馆,忆苦思甜;<br>(2)听讲解员介绍"半条被子"故事;<br>(3)参观徐解秀故居,即"半条被子"故事发生地旧址;<br>(4)在沙洲纪念广场集体重温入党誓词;<br>(5)领会红军长征精神,走好新时代的长征路,树立努力工作、不断进取的决心和信心; | |
| | 17:00—18:00 | 乘车前往汝城县城 | |
| | 18:00—19:00 | 用晚餐,后入住酒店 | |
| 第二天 | 7:00—7:30 | 早餐 | 桂东 |
| | 7:30—8:00 | 乘车前往汝城县城濂溪书院 | |
| | 8:00—9:00 | 参观濂溪书院,了解廉政爱民理学大家周敦颐的故事 | |
| | 9:00—10:00 | 参观汝城会议旧址。"汝城会议"为湘南起义做了政治上、军事上、组织上的充分准备,是湘南起义纲领性、方向性的重要会议,对湘南起义起着决定性作用 | |
| | 10:00—11:30 | 乘车前往桂东县沙田 | |
| | 11:30—12:30 | 用中餐 | |
| | 13:00—13:30 | (1)参观第一军规广场<br>(2)听讲解员介绍"三大纪律·六项注意"<br>(3)学习革命歌曲《三大纪律·八项注意》 | |

续表

| 时间 | | 教学内容及活动安排 | 住宿 |
|---|---|---|---|
| | 13:30—14:00 | 前往桂东县 | |
| | 14:00—16:00 | 参观三台山公园。公园内景点丰富,红色文化浓厚,人文景观与自然景观交相辉映,有濂溪学府遗址、清风亭、文峰塔、三台寺、正气亭、红军战场遗址等 | |
| | 17:30—18:30 | 用晚餐,后入住酒店 | |
| 第三天 | 7:30—8:00 | 早餐 | |
| | 8:00—8:30 | 乘车前往桂东县唐家大屋 | |
| | 8:30—9:30 | 参观工农红军在桂东革命活动纪念馆,学习革命先辈们历经艰苦仍不屈不挠的革命精神以及面对敌人不屈不挠、钢铁般的意志 | |
| | 9:30—13:00 | 回郴州市区,中餐后送高铁站 | |

三、线路鉴赏

本线路为三日游学习考察红色线路,与一日游相比,三日游更复杂,需要安排两晚住宿,景点安排集中在汝城、桂东。根据前面所学内容总结,在"吃"的方面,可安排汝城、桂东特色小吃和特色餐。住宿方面,根据团队需求可安排不同类型的住宿地,如特色民宿或酒店。红色线路重在学习考察,学习不同的红色主题,提升爱国意识。

思考:请根据以上分析写一篇导游词并进行讲解训练。

## 二、研学线路

相对长株潭,郴州研学旅游发展较晚,2018年开始,郴州的研学机构(或旅行社研学部)如雨后春笋拔地而起,著名的有致和研学、合一研学,以及各大旅行社。结合研学旅行特点以及郴州丰富的研学旅游、红色旅游资源,郴州目前研学线路有红色沙洲研学一日游、探秘银都两日游等,主题都是爱国主义教育。

**同步案例 8-5** "我的国家我的党"——郴州红色土地二三事

一、研学主题

"不忘初心、牢记使命"。

## 二、研学时间

一天。

## 三、适合学生

郴州所有中小学学生。

## 四、研学目的地

汝城沙洲"半条被子"故事发生地。

## 五、活动设计

1.研学课前准备

学校提前一星期在课堂布置作业,让学生思考以下问题:

(1)共产党人的初心和使命是什么?什么样的人才是共产党人?

(2)学生的初心和使命是什么?如何实现自己的使命?

(3)了解"半条被子"的故事,并能简单复述。

2.研学内容

(1)通过观看电影深入了解徐解秀老人与三个女红军"半条被子"的故事,深刻感受共产党人与人民群众同舟共济的鱼水深情;

(2)通过参观沙洲村革命纪念馆,培育和践行社会主义核心价值观,牢记使命,奋勇争先,为成为优秀的新时代革命的接班人而不懈努力学习;

(3)通过唱红歌、讲红色故事、朗诵革命诗歌进一步深入继承革命文化,传承红色基因,弘扬红色精神。

3.成果展示

活动结束后一星期内学生在课堂展示:

(1)制作相册,摄影展示;

(2)制作美篇,手抄报分享;

(3)开展主题班会、小组讨论会,分享收获、提出建议。

## 六、活动流程

1.研学课前准备

在研学活动开展前15天,组织学校研学活动负责人、研学导师实地考察研学线路、学生就餐、道路交通,做好相关知识准备,充分保障研学活动组织有序、安全有效。

2.研学课程安排表

| 时间安排 | 研学任务 | 研学方式 |
|---|---|---|
| 08:00—09:20 | (1)集合,人数、物资、人员检查;<br>(2)班组团队组建引导;<br>(3)"红小鬼军团"的秘密任务;<br>(4)合唱《我和我的祖国》;<br>(5)团队"火力"全开,任务击破 | (1)自主性与互动性学习内容"安全风险地图击破";<br>(2)原创益智活动"寻找皮卡丘";<br>(3)主题活动"长征路上""水果消消乐" |
| 09:20—12:00 | (1)手工创作体验;<br>(2)参观"半条被子"故事发生地;<br>(3)学习红色标语;<br>(4)观看沙洲宣传片;<br>(4)互动活动:沙洲火线 | |
| 12:00—14:00 | 中餐,午休 | |
| 14:00—15:30 | 参观沙洲革命纪念馆 | (1)创新活动"我的故乡并不美";<br>(2)场馆内进行学习了解汝城革命历史,感受"天赐华夏、别样郴州"之汝城沙洲 |
| 15:30—16:00 | 评价总结小组活动 | |
| 16:00—16:10 | 合唱《没有共产党就没有新中国》 | |
| 16:10—16:30 | 闭营仪式 | |
| 16:30 | 乘车返回 | |

七、服务保障

1.安全保障

(1)研学活动中各项保障均有严格有效的安全防控管理。对活动场所进行安全风险预防性检查,根据相关安全风险预防检查标准进行逐项检查,活动实施中设置安全员及应急操作方案流程,制定严谨的接待标准和规范。

(2)研学旅行活动涉及住宿、交通、餐饮方面的安全防范由项目负责人按安全应急防控管理要求安排。

(3)按国家要求购买旅行社责任险,并单次活动为学生购买相应的意外伤害险。

(4)采用专业团队和机构老师,保障学生在研学旅行中的安全。

2.交通车辆

(1)车辆使用选用正规旅游汽车公司的合法车辆,签订租赁运输责任合同。从业驾驶员选用具有国家认可的从业资格,3年内无责任事故和不良记录的人员。

(2)行前考察出行线路,选择通行顺畅、安全的道路,制定线路图和备选方案。

(3)车辆要求正规厂家生产、性能良好的车辆,必须配备安全带,逃生设施完好。

3.餐饮安排

集体活动外出就餐,选择具有国家机关颁发卫生许可证和经营许可证的餐饮企业,要求经营场所达标,具备大型团队接待能力,从业人员均具有健康证。

4.研学安全预警

(1)学生及教师须带有效身份证件(未办理身份证学生可带户口本原件),请教师携带教师证、学生携带学生证。

(2)听从研学导师及研学活动工作人员安排,有序参加活动,不与他人发生纠纷。

(3)为防止意外事件发生,须提前将学生的不良身体状况如实向研学导师提出,例如心脏病、呼吸疾病、过敏、癫痫、骨伤痊愈未满一年等。

(4)请根据自己的身体状况携带一些必备的药品(如感冒药、止泻药、晕车药)、衣物及雨具;本次活动是学生集体活动,任何人不能擅自离队、买纪念品等,不去团队未安排的景点,在特殊情况下,应通知研学导师、班主任。

(5)请记住研学导师所讲的参观路线(进出的门、途径的景点),集合时间和地点以及车牌号。

(6)严格遵守活动各环节时间安排,守时不迟到,认清自己的队伍、队旗、研学导师和研学工作人员,跟队伍的路线走,认真听讲解,自由活动时间以小组为单位行动。

(7)活动过程中,请保管好手机、照相机、钱包、钥匙等个人物品。

(8)请自觉维护环境卫生。非午餐时间不要吃各种食品,请勿随地丢弃杂物,请将垃圾丢入垃圾桶内。

八、线路鉴赏

本线路是一条研学一日游线路,适合郴州所有中小学学生,研学线路跟常规旅游线路不同。

一是具有明确的主题,即"不忘初心、牢记使命"的爱国主义教育主题。

二是需要进行内容设计,学习内容的重点要突出,本条线路学习了解汝城红色文化,增强学生的家乡自豪感。课程内容通过观看电影深入了解徐解秀老人与三个女红军"半条被子"的故事,深刻感受共产党人与人民群众荣辱与共、同舟共济的鱼水深情;通过参观沙洲村革命纪念馆,培育和践行社会主义核心价值观,牢记使命,奋勇争先,为成为优秀的新时代革命的接班人而不懈努力学习;通过唱红歌、讲红色故事、朗诵革命诗歌进一步深入继承革命文化,传承红色基因,弘扬红色精神。

　　三是要有学生学习的成果展示。本线路成果展示为制作相册,摄影展示;制作美篇,手抄报分享;开展主题班会,小组讨论会,分享收获、提出建议。

　　四是活动过程的教师评估,活动评价与常规线路的游客意见表不一样,更注重对导师的评价。

　　五是安全更有保障,考虑更加细致周到。

　　总体来说,这是一条较为完善的研学线路,各方面都考虑详细周到,线路设计合理,适合所有中小学生研学,不过学生年龄阶段不同,研学导师在讲解介绍时也应侧重不同,深入程度也要有所区别。

**知识拓展**

吃喝玩乐购看这里 "乐游郴州"智慧文旅平台上线

　　2020年9月29日,郴州市文化旅游广电体育局、郴州市发展投资集团有限公司(简称郴投集团)在郴州国际会展中心一楼多功能厅举行"乐游郴州"智慧文旅平台上线试运营发布会,宣布"乐游郴州"智慧文旅平台正式上线试运营。

　　随着大众旅游的消费升级,"互联网+文化旅游"成为文旅产业创新模式,旅游迎来了以网络为平台、以智能为驱动的新时代。在市委、市政府关心和市文旅广体局指导下,由郴投集团投资,旗下郴州文旅公司建设运营的"乐游郴州"智慧文旅平台将互联网和文化旅游相融合,利用大数据、云计算、人工智能、物联网等先进技术,通过整合郴州市域文旅资源,建立涉旅企业诚信体系,致力为本地居民及外地游客提供本地化、专业化的"郴州旅游总入口"。

　　"乐游郴州"智慧文旅平台以微信公众号的形式呈现,包括"一个中心、两大服务平台",即大数据中心、公共服务和商务服务两大平台。大数据中心通过对数据的采集、加工和分析,实现文旅全行业覆盖、全要素采集、全产业监测和全数据展示,提供产业运行监测、行业政务管理、游客信息浏览、应急快速响应等文旅综合服务。在公共服务方面,将提供景区、酒店民宿、文体场馆、旅行社和老字号等文旅资源的信息查询;景区和场馆的在线预约,导游导览和流量查看;游客参与发布游记攻略,品牌和精品线路在线推荐;对文旅产品和服务在线评价和一键投诉。在商务服务方面,将从游客最关心的吃、住、行、游、购、娱六方面入手,精选品质资源及优秀供应商,提供优质产品;在线领取各类优惠券、打折券等,激发消费潜力;综合行业主管部门动态监测数据和游客评价数据,构建涉旅企业诚信体系,推动实现放心消费。

　　(来源:郴州市发展投资集团有限公司)

## 任务实施

请根据案例8-1至案例8-5的分析,结合前期所学,从旅游六要素分析线路,各条线路写一份导游词并进行讲解训练。

## 任务考核

| 考核项目 | 评分细则 | 评分标准 |
| --- | --- | --- |
| 整体设计 | 导游词描述合理,介绍内容详细,具备市场可行性 | 满分20分 |
| 线路特色 | 讲解内容全面、正确,条理清晰,详略得当,重点突出,结构完整。设计方法运用得当,设计线路能吸引人,市场效果良好。旅游六要素分析到位 | 满分40分 |
| 导游规范 | 熟悉导游服务规范,导游服务程序正确 | 满分10分 |
| 仪表礼仪 | 言行举止符合导游人员礼仪、礼貌规范 | 满分10分 |
| 讲解介绍 | 讲解内容全面、正确,条理清晰,详略得当,重点突出,结构完整。讲解内容的特色把握精准,讲解方法运用得当,讲解生动、有趣,能体现一定的导游技巧,现场感强,能吸引人 | 满分20分 |

## 任务拓展

请对以下两条线路进行分析。

任务一:东江湖、苏仙岭、万华岩、飞天山三日游

| 日期 | 行程安排 | 餐食 | 住宿 |
| --- | --- | --- | --- |
| 第一天 | 高铁站接团,后游万华岩;中餐后赴东江湖旅游区;进入景区后途赏中华奇景雾漫小东江、猴古山瀑布、远观东江大坝。乘船赴兜率岛,感受大自然的鬼斧神工,游毕返回码头,乘坐大巴返回,入住东江镇。晚餐安排东江湖三文鱼宴 | 中餐 晚餐 | 在水一方主题客栈 |
| 第二天 | 早餐后赴飞天山,游寿佛寺、天然瀑布、乌龟藏宝、洗心池、古练兵场、睡美人、剪刀坳、聚仙台、老虎山等景点;后返郴州市,晚上入住市区,自由活动品尝小吃 | 早餐 中餐 | 郴州国际大酒店 |
| 第三天 | 早餐后游苏仙岭,观赏白鹿洞、升仙石、望母松等"仙"迹,以及"三绝碑"等人文景观、屈将室等红色景点。中餐后送团 | 早餐 中餐 | |
| 接待标准 | (1)景点门票:东江湖B线门票,苏仙岭、飞天山、万华岩门票。<br>(2)交通:旅游大巴。<br>(3)餐食:2早4正,(八菜一汤,十人一桌)含东江湖三文鱼宴。<br>(4)住宿:住在水一方客栈,郴州国际大酒店。<br>(5)导游服务:持证导游服务 | | |

## 任务二:"探秘银都"研学旅行

研学天数:2天1晚。

开营地点:郴州。

开营时间:202×.××.××—××.××

寄宿招生对象:6岁以上儿童,20人成团。

研学活动安排

| 日期 | 时间 | 地点 | 时长 | 课程形式 | 课程内容 |
| --- | --- | --- | --- | --- | --- |
| 第一天 | 7:30 | 学校集合 | | | |
| | 7:45—8:00 | 开营仪式 | 15分钟 | | 校长或相关负责人寄语 |
| | 8:00—10:00 | 研学专车 | 2小时 | 导师讲述<br>互动提问 | 安全教育<br>永兴历史讲解 |
| | 10:00—11:00 | 黄克诚故居 | 1小时 | 导师引导 | 向将军致敬仪式<br>参观纪念馆 |
| | 11:00—11:30 | 研学专车 | 30分钟 | 同伴分享 | 分享感悟 |
| | 11:30—12:30 | 板梁古村 | 1小时 | 导师引导 | 马田十大碗(午餐) |
| | 12:30—14:00 | 板梁古村 | 1.5小时 | 导师引导 | 参观板梁古村 |
| | 14:00—15:00 | 板梁古村 | 1小时 | 动手体验 | 腐竹制作 |
| | 15:00—16:00 | 研学专车 | 1小时 | 同伴分享 | 分享感悟 |
| | 16:30—18:00 | 晚餐 | 1.5小时 | 动手体验 | 做晚餐 |
| | 18:00—19:00 | 酒店 | 1小时 | 一天小结 | 观看影片小组分享 |
| | 20:30 | 睡觉 | | | |
| 第二天 | 7:00—7:30 | 早餐 | 30分钟 | 队长引导 | 餐桌礼仪 |
| | 8:00—12:00 | 永兴银楼 | 4小时 | 实地参观<br>导师讲解<br>动手制作 | 参观银楼<br>制作银饰、银器 |
| | 12:00—13:00 | 中餐 | 1小时 | 队长引导 | 餐桌礼仪 |
| | 13:30—15:30 | 大布江拼布绣 | 2小时 | 实地参观银饰品<br>布艺动手体验 | 制作大布江拼布绣 |
| | 15:30—16:30 | 返程 | 1小时 | 师生互动<br>生生互动 | 分享总结,结束研学 |

即测即评

导游郴州

## 任务二　郴州特色旅游线路设计

### 📎 任务导入

郴州某旅行社将要接待一个来自广州的旅游团,他们将在郴州度过三天两晚,要求体验郴州的主要山水特色,品尝郴州的特色美食,如果你是旅行社计调小王,你将如何为他们设计这次的旅游线路?

### 📎 任务探究

本任务主要是对本课程的前述所有内容的综合运用,主要考察学生对郴州旅游活动各要素的把握情况,根据郴州旅游资源特色、交通特色、美食特色、住宿特色等设计旅游行程,不涉及有关旅游线路设计中的成本核算及报价(由后续的课程完成)。

### 📎 任务实施

作为旅行社计调,小王可以按以下步骤完成该任务:

(1)根据本课程项目二中有关郴州旅游资源的学习,分析郴州的旅游资源特色,选择出最能代表郴州山水特色的旅游景区(景点);

(2)根据本课程项目三中有关郴州美食的学习,分析郴州的特色美食,选择出符合这次旅游线路设计需求的特色美食代表;

(3)根据本课程项目四中有关郴州住宿的学习,分析郴州的住宿特色,选择出符合这次旅游线路设计需求的特色住宿代表;

(4)根据本课程项目五中有关郴州交通的学习,分析郴州的交通特色,选择出符合这次旅游线路设计需求的交通方式;

(5)设计广州至郴州三天两晚的山水游行程;

(6)阐述该旅游线路的主要特色及其优势。

### 📎 任务考核

(1)设计的线路具有可执行性;

(2)满足规定时间能完成景点游览的要求;

(3)设计的线路满足游客要求;

(4)游客参观时间与景点开放时间吻合;

(5)设计的线路满足经济原则,不走迂回道路;

(6)特色阐述准确到位。

## 任务拓展

任务一:郴州某旅行社将要接待一个来自深圳的旅游团,他们将在郴州度过四天三晚,主要想要放松身心,并以休闲度假为目的,如果你是旅行社计调小李,你将如何安排他们在郴州的吃、住、行、游、购、娱等旅游活动?请为他们设计好这次旅游的旅游线路,并阐述其主要特色及优势。

任务二:郴州某旅行社将要接待一个来自长沙的旅游团,他们将在郴州度过两天一晚,主要以感受郴州红色文化为目的,如果你是旅行社计调小王,你将如何安排他们在郴州的吃、住、行、游、购、娱等旅游活动?请为他们设计好这次旅游的旅游线路,并阐述其主要特色及优势。

# 参考文献

[1] 覃业银,沈芳,陈艳.导游湖南[M].武汉:华中科技大学出版社,2019.

[2] 全国导游人员资格考试教材编写组.地方导游基础知识[M].北京:旅游教育出版社,2021.

[3] 胡建英.旅游资源鉴赏与开发[M].天津:天津大学出版社,2009.

[4] 吕龙根.走进郴州导游读本[M].北京:旅游教育出版社,2002.

[5] 江波,陈朝,等.旅游管理/高等职业院校学生专业技能考核标准与题库[M].长沙:湖南大学出版社,2017.

[6] 毛健,胡祥苏.郴州:郴江幸自绕郴山[M].北京:社会科学文献出版社,2019.

# 教学支持说明

为了改善教学效果,提高教材的使用效率,满足高校授课教师的教学需求,本套教材备有与纸质教材配套的教学课件和拓展资源(案例库、习题库等)。

为保证本教学课件及相关教学资料仅为教材使用者所得,我们将向使用本套教材的高校授课教师赠送教学课件或者相关教学资料,烦请授课教师通过电话、邮件或加入旅游专家俱乐部QQ群等方式与我们联系,获取"电子资源申请表"文档并认真准确填写后发给我们,我们的联系方式如下:

地址:湖北省武汉市东湖新技术开发区华工科技园华工园六路

邮编:430223

电话:027-81321911

E-mail:lyzjjlb@163.com

旅游专家俱乐部QQ群号:758712998

旅游专家俱乐部QQ群二维码:

群名称:旅游专家俱乐部5群
群　号:758712998

# 电子资源申请表

填表时间：＿＿＿＿年＿＿月＿＿日

1. 以下内容请教师按实际情况写，★为必填项。
2. 根据个人情况如实填写，相关内容可以酌情调整提交。

| ★姓名 | | ★性别 | □男 □女 | 出生年月 | | ★职务 | |
| --- | --- | --- | --- | --- | --- | --- | --- |
| | | | | | | ★职称 | □教授 □副教授 □讲师 □助教 |

| ★学校 | | ★院/系 | |
| --- | --- | --- | --- |
| ★教研室 | | ★专业 | |
| ★办公电话 | | 家庭电话 | | ★移动电话 | |
| ★E-mail（请填写清晰） | | ★QQ号/微信号 | |
| ★联系地址 | | ★邮编 | |

| ★现在主授课程情况 | | 学生人数 | 教材所属出版社 | 教材满意度 |
| --- | --- | --- | --- | --- |
| 课程一 | | | | □满意 □一般 □不满意 |
| 课程二 | | | | □满意 □一般 □不满意 |
| 课程三 | | | | □满意 □一般 □不满意 |
| 其 他 | | | | □满意 □一般 □不满意 |

| 教 材 出 版 信 息 | | | | | | |
| --- | --- | --- | --- | --- | --- | --- |
| 方向一 | | □准备写 | □写作中 | □已成稿 | □已出版待修订 | □有讲义 |
| 方向二 | | □准备写 | □写作中 | □已成稿 | □已出版待修订 | □有讲义 |
| 方向三 | | □准备写 | □写作中 | □已成稿 | □已出版待修订 | □有讲义 |

请教师认真填写表格下列内容，提供索取课件配套教材的相关信息，我社根据每位教师填表信息的完整性、授课情况与索取课件的相关性，以及教材使用的情况赠送教材的配套课件及相关教学资源。

| ISBN（书号） | 书名 | 作者 | 索取课件简要说明 | 学生人数（如选作教材） |
| --- | --- | --- | --- | --- |
| | | | □教学 □参考 | |
| | | | □教学 □参考 | |

★您对与课件配套的纸质教材的意见和建议，希望提供哪些配套教学资源：